国家社会科学基金青年项目"跨境电子商务信息服务协同创新模式研究"（项目编号：17CTQ046）

跨境电商信息服务协同创新模式及保障策略研究

郭海玲　著

中国财经出版传媒集团

经济科学出版社

Economic Science Press

图书在版编目（CIP）数据

跨境电商信息服务协同创新模式及保障策略研究/
郭海玲著．－－北京：经济科学出版社，2023.7
ISBN 978 - 7 - 5218 - 4929 - 5

Ⅰ.①跨…　Ⅱ.①郭…　Ⅲ.①国际贸易－电子商务－
研究　Ⅳ.①F740.4

中国国家版本馆 CIP 数据核字（2023）第 126450 号

责任编辑：杜　鹏　张立莉　常家凤
责任校对：刘　娅
责任印制：邱　天

跨境电商信息服务协同创新模式及保障策略研究
郭海玲　著
经济科学出版社出版、发行　新华书店经销
社址：北京市海淀区阜成路甲 28 号　邮编：100142
总编部电话：010 - 88191217　发行部电话：010 - 88191522
网址：www. esp. com. cn
电子邮箱：esp@ esp. com. cn
天猫网店：经济科学出版社旗舰店
网址：http://jjkxcbs. tmall. com
固安华明印业有限公司印装
710 × 1000　16 开　20 印张　310000 字
2023 年 7 月第 1 版　2023 年 7 月第 1 次印刷
ISBN 978 - 7 - 5218 - 4929 - 5　定价：116.00 元
（图书出现印装问题，本社负责调换。电话：010 - 88191545）
（版权所有　侵权必究　打击盗版　举报热线：010 - 88191661
QQ：2242791300　营销中心电话：010 - 88191537
电子邮箱：dbts@ esp. com. cn）

前　言

近几年跨境电子商务在国家的大力支持下，极大地拓宽了企业进入国际市场的路径，已成为互联网时代稳定中国贸易增长的新业态。2014 年"跨境电子商务"一词首次出现在政府工作报告中，2015 年政府全面设立跨境电商试点城市与跨境电商综合试验区，并不断出台相关政策，进一步为跨境电商提供服务，助力跨境电商相关行业健康有序发展。特别是国家层面上"一带一路"倡议的提出，使跨境电商行业步入规模化、集约化发展的快车道。在国家战略发展政策的加持下，越来越多的企业加入跨境电商行业中，在推动我国经济增长的同时充分验证了跨境电商发展的市场活力和增长韧性。

然而，在跨境电子商务交易中，各国市场环境、消费习惯不同、市场需求变幻莫测，面对复杂多变的国际贸易环境及越发旺盛的市场发展需求，缺乏及时有效的信息服务已成为制约中小微企业开展跨境电商业务的主要因素。在这样的发展背景下，如何突破传统的信息服务模式，构建完善的跨境电子商务信息服务协同创新模式并保障其持续有效实施，将成为进一步规范和引导跨境电子商务业务可持续发展的关键点，同时也是当前电子商务和信息服务领域亟待研究的课题。

基于上述背景，本书既包括从宏观层面对跨境电商信息服务协同模式的系统思考与创新，也包括从微观层面对信息服务主体协同度、信息服务对象协同质量感知问题的关注。全书遵循"基础理论研究→协同创新模式构建→模式运作成效评价→模式发展影响因素→模式发展对策建议"的研究思路，共分 11 个章节，主要内容如下。

第 1 章，绪论。首先，通过背景介绍引出研究问题，即如何突破传统信息服务模式，构建完善的跨境电子商务信息服务协同创新模式并保障其持续有效实施；其次，给出本书研究目的，并从理论与实践入手分析研究意义；再次，结合研究问题，对国内外相关研究进行梳理与述评；再其次，对本书研究内容与方法进行介绍；最后，阐明研究思路，并对研究创新点进行分析。

第 2 章，概念界定与理论基础。首先，对跨境电商信息服务相关概念进行阐述，包括跨境电商、中小微出口跨境电商企业及跨境电商信息服务；其次，对商业生态系统理论、信息服务生态系统理论、意义建构理论、资源依赖理论、协同论及复合系统理论等相关理论进行介绍，以此作为本书的理论支撑。

第 3 章，跨境电商信息服务生态系统理论模型分析。在充分考虑跨境电商特点的前提下，结合信息生态、服务生态、商业生态等相关理论，从整体上考量跨境电商信息服务生态系统组成要素以及各要素之间的关系，并在此基础上构建并分析跨境电商信息服务生态系统理论模型。

第 4 章，跨境电商信息服务企业用户信息需求分析。采用深度访谈与问卷调查方法，对以中小微企业为主的跨境电商企业用户信息需求进行调查，并基于 Kano 模型对跨境电商信息服务企业用户信息需求层级进行分析，以此来确定构建跨境电商信息服务协同创新模式的需求基础。

第 5 章，跨境电商信息服务协同创新模式构建。在资料分析与网络调查的基础上，对跨境电商信息服务现状和现存跨境电商信息服务协同模式进行分析，在此基础上，以协同论、资源依赖理论等为指导，从信息服务主体、服务对象、服务内容、服务策略四要素出发，对跨境电商信息服务进行分析，构建多元主体参与的跨境电商信息服务协同创新模式。

第 6 章，协同创新模式下跨境电商信息服务主体协同度评价模型。基于上一部分所构建的跨境电商信息服务协同创新模式，从信息服务主体视角出发，针对跨境电商信息服务生态系统这一复合系统，构建跨境电商信息服务主体协同度评价模型，探究以跨境电商平台运营商、跨境电商服务提供商、政府部门为基础的信息服务生态系统内部各指标之间的协同程度，以及信息服务生态系统整体协同情况，并基于协同效果，分析信息服务生态系统协同度波动的原因。

第7章，协同创新模式下跨境电商信息服务协同质量用户评价模型。基于第5章所构建的跨境电商信息服务协同创新模式，从企业用户视角出发，开发协同创新模式下跨境电商信息服务协同成效评价模型，与第6章信息服务主体协同度评价模型共同构成协同创新模式下的跨境电商信息服务协同成效评价体系。

第8章，协同创新模式下跨境电商信息服务协同发展影响因素识别。本章通过对国内外文献及半结构化访谈资料进行文本编码，获得跨境电商信息服务协同影响因素的各级范畴，并构建跨境电商信息服务协同影响因素模型。

第9章，协同创新模式下跨境电商信息服务协同发展演化博弈分析。首先，在第8章跨境电商信息服务协同发展影响因素的识别与分析的基础上，对影响因素进行筛选及量化处理；其次，将跨境电商平台运营商、跨境电商服务提供商，政府部门作为平等的利益相关者统一到同一个演化博弈分析框架之下，构建跨境电商信息服务协同演化博弈模型，分析三方主体的行为选择演化路径；最后，通过仿真实验探究影响三方主体协同行为选择的关键因素。

第10章，跨境电商信息服务协同创新模式发展的对策建议。根据前文对跨境电商信息服务协同的多维度、多层次研究分析，分别从宏观层面的信息服务协同环境、信息服务协同意识，微观层面的协同参与主体跨境电商平台运营商、跨境电商服务提供商、政府部门出发，为跨境电商信息服务协同发展提供具有针对性的可行建议。

第11章，结论与展望。首先，结合前文研究内容，给出本书所开展的跨境电商信息服务协同创新模式研究的主要结论；其次，指出本书研究的局限之处，并对跨境电商信息服务协同创新后续研究提出了展望。

本书的出版得到了国家社会科学基金青年项目"跨境电子商务信息服务协同创新模式研究"（项目编号：17CTQ046）的资助，在本书编写过程中，借鉴和引用了国内外学者的大量研究成果，在此表示衷心感谢。本书可以提供给政府部门、网络信息资源管理部门、跨境电子商务平台、国际贸易团体等机构相关人员阅读，用于指导跨境电子商务信息服务实践活动，促进传统外贸转型升级。囿于笔者知识水平及所掌握资料，书中所论述的观点及内容难免有不尽如人意之处，恳请各位专家、读者批评指正。

目　　录

第 1 章

绪　　论

1.1　研 究 背 景

互联网时代，跨境电商成为促进经济增长、稳定外贸发展的中坚力量。2020 年，新冠肺炎疫情在全球肆虐，对世界经济带来了难以估量的影响，但从全球跨境电商行业发展情况来看，由于跨境电商很好地发挥了自身所具有的在线营销、在线交易、无接触交付等方面的优势，所以整体仍保持了较好的增长态势。以我国为例，海关总署数据显示，2022 年我国跨境电商进出口总额为 2.11 万亿元，较上一年度增长 9.8%；其中，出口 1.55 万亿元，较上一年度增长 11.7%。

我国政府部门对跨境电商发展关注较早，2014 年"跨境电子商务"一词首次出现在政府工作报告中，2015 年政府全面设立跨境电商试点城市与跨境电商综合试验区，并不断出台相关政策，进一步为跨境电商提供服务，助力跨境电商相关行业健康有序发展。特别是国家层面上"一带一路"倡议的提出，使跨境电商行业步入规模化、集约化发展的快车道，与此同时，我国外贸发展方式也开始由"制造驱动"向"服务驱动"转型升级。2019 年《中华人民共和国电子商务法》的实施，进一步规范了跨境电商产业的发展，为广大跨境电商企业开拓海外市场营造了良好的法律环境。截至 2023 年，跨境电商已经连续十年被写入政府工作报告中，可见政府对跨境电商的重视程度之高。

在国家战略发展政策的加持下，越来越多的企业加入跨境电商行业中。据企查查数据显示，目前我国跨境电商企业种类繁多、规模不一，截至 2021 年，我国现存跨境电商相关企业 3.39 万家，其中，2021 年新增跨境电商相关企业 1.09 万家，同比增长 72.20%，在推动我国经济增长的同时充分验证了跨境电商发展的市场活力和增长韧性。

跨境电商是电子商务与跨境贸易相结合的产物。虽然其发展本身克服了时间和空间等因素影响，但物流、资金流、信息流仍是关乎跨境电商相关企业发展的三条重要命脉。随着信息资源的大量涌现和跨境电商行业信息化水平的不断提升，信息流在跨境电商产业整体发展中起到的重要作用已经得到社会各界的广泛认同（张继德、时斐，2014）。然而，面对复杂多变的国际贸易环境及越发旺盛的市场发展需求，缺乏及时有效的信息服务已成为制约企业开展跨境电商业务的主要因素。为了满足跨境电商企业的多重信息服务需求，跨境电商平台、行业协会等机构提供了种类多样的信息服务。虽然在一定程度上缓解了跨境电商企业的信息服务需求，但现有信息服务仍存在一系列问题：第一，国际市场信息分散，难以满足跨境电商系统化的信息需求；第二，现有的信息服务大多数只停留在信息传递层面，缺少对信息的深度分析与挖掘，致使信息服务同质化现象比较严重；第三，信息服务各主体间缺少合作和沟通，信息资源难以集成，在一定程度上造成信息资源的浪费。

综上所述，虽然跨境电商近年来发展势头良好，但与之相配套的信息服务行业发展还未能跟上跨境电商整体前进步伐。在这样的发展背景下，如何突破传统的信息服务模式，构建完善的跨境电子商务信息服务协同创新模式并保障其持续有效实施，将成为进一步规范和引导跨境电子商务业务可持续发展的关键点，同时也是当前电子商务和信息服务领域亟待研究的课题。

1.2　研究目的与意义

1.2.1　研究目的

（1）基于商业生态系统、信息服务生态系统等相关理论，分析跨境电商信息服务生态系统构成要素及要素间的相互作用关系，并以此为理论支撑，探究信息服务对象中小微企业用户的信息需求，进一步构建出一套以跨境电商信息服务主体为核心维度的跨境电商信息服务协同创新模式。

（2）利用前期研究成果，分别构建信息服务主体视角和企业用户视角下的跨境电商信息服务协同模式运作成效评价模型，以求全面准确地衡量信息服务协同成效，促进跨境电商信息服务协同创新模式的实施、完善与发展。

（3）为了保障跨境电商信息服务协同创新模式的有效实施，进一步识别跨境电商信息服务协同发展的影响因素，进而设计跨境电商信息服务协同影响因素演化博弈模型，通过对影响协同的关键因素进行敏感性分析，揭示信息服务主体协同行为与关键影响因素间的复杂关系，从动态视角对跨境电商信息服务协同发展提供理论及实践指导。

（4）根据协同发展影响因素的研究与协同成效评价指标的构建应用，全方位地对跨境电商信息服务协同创新模式的推进与运作提出有针对性的发展对策与建议。

1.2.2　研究意义

伴随着经济全球化的不断深入，世界各国对跨境电商的重视程度越来越高，信息服务对于解决跨境电商信息需求问题，促进行业整体发展具有重要意义。研究提升跨境电商信息服务质量和信息服务效率的新路径，探究跨境电商信息服务协同创新模式已经成为一个重要课题。基于此，本书具有重要的理论意义和实践意义。

1. 理论意义

第一，本书立足于跨境电商信息服务供需现状，构建了跨境电商信息服务协同创新模式，并对协同评价模型和协同发展影响因素进行了研究，创新了跨境电商研究视角，拓展了信息服务应用领域，有助于促进多学科横向融合；第二，本书基于跨境电商背景，充分借鉴信息服务生态系统理论、协同论等开展研究，既包括从宏观层面对跨境电商信息服务协同模式的系统思考与创新，又包括从微观层面对信息服务主体协同度、信息服务对象协同质量感知问题的关注，进一步促进了学科理论应用的纵向拓展；第三，本书通过对跨境电商信息服务协同模式的创新、协同成效评价及协同发展演化博弈的分析，探究提升跨境电商信息服务质量和效率的新思路，为其他领域信息服务构建发展模式与探索发展思路等提供了方法论参考。

2. 实践意义

第一，本书所构建的跨境电商信息服务协同创新模式在一定程度上能为跨境电商信息服务质量改进和提升提供指导，从而有利于跨境电商行业的整体发展；第二，明确影响跨境电商信息服务协同发展的关键因素，可以推动跨境电商信息服务协同创新模式的实施和发展，充分激发跨境电商信息服务主体活力，为我国跨境电商信息服务协同化发展提供建议与参考；第三，企业用户端及信息服务主体端信息服务协同模式运作成效评估体系的综合开发与探索，可以更加全面、准确地反映信息服务协同模式中多元主体协同情况和协同成效，为日后跨境电商信息服务协同模式成效评估提供方法依据；第四，本书在充分尊重政府主体特殊性的基础上，将政府作为平等的信息服务协同主体，成果可以提供给政府部门、中国国际贸易促进委员会、网络信息资源管理部门、跨境电子商务平台等机构使用，用于指导跨境电子商务信息服务实践活动，促进传统外贸转型升级。

1.3　国内外研究现状

1.3.1　企业信息需求研究综述

信息是企业决策和管理的重要资源，企业在运营跨境电商过程中，信息的重要性更是不容忽视。马费成等学者指出，网络信息用户的信息需求是指用户对具体信息的需求、信息检索工具的检索需求及信息服务的需求（马费成、宋恩梅等，2018）。

随着企业信息化建设的不断发展，企业信息需求日益增多，特别是量大面广的中小微企业信息需求呈现出个性化、多元化和多层次的趋势，深入了解中小微企业跨境电商信息需求，有助于为其提供更优质的信息服务。考虑到不同类型企业信息需求特点有所不同，且信息需求的实现需要相应的保障机制。因此，结合本书研究内容，下面主要对企业信息需求研究、跨境电商企业信息需求研究等方面进行文献梳理。

1. 企业信息需求研究

企业信息需求是一个复杂、动态的概念，且企业信息需求种类丰富，既包括企业资源、市场营销、财务状况等内容信息，也包括政治、经济、社会文化、法律等宏观环境信息，以及供应商、竞争者、用户等微观环境信息（陈建龙、申静，2017）。对某个具体企业来说，企业的信息需求与其所属行业、企业发展战略密切相关，并且在不同时期，不同阶段企业的信息需求侧重点也有所不同。但总体而言，政策、市场、管理、人才等信息在绝大多数企业运营中都发挥着重要作用，是企业高度重视的信息内容（Scornavacca et al.，2004；邢飞等，2020；董洁萍，2015）。同时，竞争情报作为一种特殊的信息产品，可以帮助企业预警突发危机、制定战略决策、监测市场环境、跟踪竞争对手、保障信息安全等，在企业发展中同样具有重要作用。因此，学术界围绕企业竞争情报需求也开展了大量研究，并取得了丰硕成果（查先进，2020；宋新平等，2012）。

除此之外，不同类型、不同规模的企业，其信息需求特点也不尽相同（Clarke et al.，2015）。在我国企业类型中，中小微企业占大多数，且中小微企业多是民营企业，民营企业在我国经济发展中发挥着重要作用。金惠红（2010）从实际情况出发，指出民营企业信息需求具有信息意识薄弱、信息需求迫切、更加追求实用性与可靠性等特点。唐林（2014）指出，农村小微企业存在信息流通不畅的问题，企业只关心交易信息，却忽视了政策信息以及市场信息，并且有限的人力资源在一定程度上影响信息的获取。

正是由于企业信息需求种类繁多且特征复杂，特别是对于中小微企业来说，自身资源有限，对信息化的理解程度较低，且对信息的重视程度不够（Singla，2009），极大程度地阻碍了自身发展与壮大，因此，需要采取各种保障措施全方位地满足企业信息需求。为此，学术界许多学者也尝试在信息需求保障方面做了一系列研究。如马斯克尔（Maskell，2001）指出，信息需求保障工作要全方位、深层次开展。姜文华（2010）指出，为了有效满足中小企业全方位的信息服务需求，需要从企业内部信息化建设、政府和中介服务机构多方面入手，构建多元化信息服务体系，设计智能化信息服务平台。乔东（2010）提出，在进行中小企业综合信息服务平台建设时，要为中小微企业提供用户注册、信息发布和展现、业务接入、信息沟通等多种功能，以更好地满足企业多元化的信息服务需求。考虑到不同类型企业获取信息方式有所不同，信息服务机构要有针对性地提供信息服务，使企业信息需求可以得到有效满足。如于春莉（2010）通过调查发现，民营企业主要通过人际关系、互联网及新媒体获取信息，国有企业主要通过行业协会和政府部门获取信息，并指出高校图书馆应该要充分了解企业信息需求、改进信息服务内容和方式、加强馆企合作、建立集成信息服务系统，以更好地满足企业信息需求。奇韦尔和迪克（Chiware & Dick，2008）考察了纳米比亚中小微企业的信息需求，建议政府和商业服务提供者应采取干预措施，促进中小微企业从正规部门获取信息服务以满足自身信息需求。有学者强调信息服务机构与企业之间的对接可以在一定程度上有效促进信息需求实现。如陈晔认为，要建立一套满足市场和图书馆的运作体系，实现图书馆标准文献服务与中小企业信息需求的对接，进一步满足企业的文献信息需求（陈晔，2015）。詹丽华、潘瑞冰（2014）认为，企业信息需求和高校图书馆信息服务具有相互影响、共同发展的机会，并构建了二者之间的动态关联模型。综上可知，信息服务保障机制是信息需求得以实现的重要前提。

2. 跨境电商企业信息需求研究

跨境电商的出现对我国对外贸易产生了深远影响，同时政府政策的不断出台为跨境电商发展增添了活力，越来越多的中小微企业开始涉足跨境电商。信息是企业竞争的重要力量，跨境电商中小微企业利用信息可以迅速挖掘客户资料，了解市场变化，把握机会，做出决策，占领优势（陶海蓉，2015），因此，随着跨境电商的发展，企业对信息的需求量也日益增加。跨境电商平台具有信息资源整合的先天优势，是中小微企业获取信息的重要渠道，它可以使中小微企业拥有与大企业相同的信息资源，平台通过利用各种先进技术和服务模式，如大数据技术、数据挖掘技术、地理信息技术、智能主体技术等，提升自身信息服务能力，满足企业日益多元化的信息需求。桑国荣（2019）提出，传统小微企业不能充分了解外部市场信息，不重视市场调研，借助跨境电商平台提供的综合服务，其信息透明化程度提高，信息不对称性减少，信息需求获取更加容易，进而提升了整体竞争力。世界电子贸易平台（eWTP）的提出为利益相关者提供了信息共享平台，在平台的建设支持下，中小微企业可以以低成本打破传统的信息壁垒，实现高效率的信息获取和交换。程惠（2020）指出，信息技术是跨境电商发展的基础，为快速增长的跨境电商业务带来了多重机遇，特别是大数据技术可以对消费者需求进行分析，从而促进跨境电商企业实现精准营销。

在跨境电商发展过程中，企业自身信息素养及平台的信息化建设水平都在一定程度上制约了中小微企业对跨境电商信息的获取。钱肖祥（2016）指出，中小企业信息数据较为碎片化，且物流信息化程度较低，需要进一步加强和完善。吴云云（2016）发现，中小企业跨境电商存在信息流不完善的问题，其原因主要是企业缺乏经验和复合型人才，同时客户认知偏差也导致了跨境电商出口信息流不完善的问题。王震（2018）以速卖通平台一家小微企业为案例对象，指出小微企业对信息的掌握和选择能力不足，缺乏数据挖掘技能，无法做出准确决策，应主动提升信息技术水平，做好市场定位。邓亚文（2020）对白沟箱包企业出口跨境电商信息需求进行调研后，发现企业存在获取信息存在渠道单一、经验缺乏以及信息辨别能力差等方面的障碍。综上可以发现，跨境电商企业在信息获取、选择、分析及利用等方面仍存在许多问题，跨境电商平台具有整合信息资源的优势，中小微企业应该积极利用平台提供的信息服务，以便迅速挖掘市场信息、了解客户资料，进而做出准确决策。

1.3.2 信息服务研究综述

信息服务是用户和信息资源之间的连接纽带。面对跨境电商中小微企业全方位、多样化、深层次的信息需求，相关服务机构亟须开展更深入、更有针对性的信息服务。本书分别在中国知网和 Web of Science 以"信息服务""Information Science"为关键词进行检索，可视化分析结果分别如图 1-1 和图 1-2 所示，可知国内外信息服务研究主要涉及传统的图情服务领域、专业信息服务领域、信息服务技术领域、竞争情报服务领域、信息服务产业领域及信息服务与用户领域等方面。与国内研究相比，国外学者更注重对信息服务技术、医疗健康信息服务等开展深入研究。特别是近几年，随着网络化、智能化、数字化进程的加快，个性化信息服务、知识服务、信息集成服务也逐渐成为学者们重点关注的研究主题。可见，信息服务不仅仅是图情领域的实践与概念，其有着广泛的社会生产生活实践基础，受到众多学科的关注。

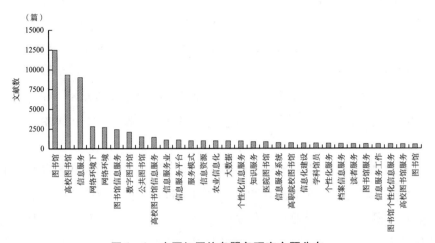

图 1-1　中国知网信息服务研究主题分布

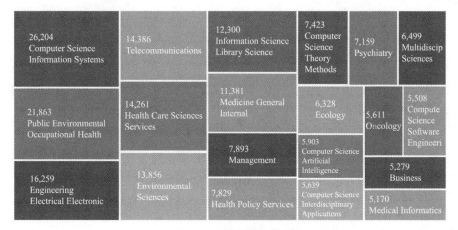

图 1 - 2　WOS 核心合集信息服务研究主题分布

考虑到本研究信息服务的对象为跨境电商企业，因此，下面将主要对面向企业的信息服务研究、跨境电商信息服务研究等方面进行文献梳理。

1. 面向企业的信息服务研究

面向企业的信息服务是指以企业为服务对象，在明确企业信息需求的基础上，围绕企业在生产经营和管理中存在的问题，采取一定的服务策略，提供相应信息产品和服务的活动。面向企业的信息服务主要有公益性信息服务和产业制信息服务，公益性信息服务的信息投入和服务管理一般由国家宏观控制，以无偿服务为主，有偿服务为辅，服务机构包括图书馆、档案馆和信息中心等。除公益性信息服务机构外，产业制信息服务机构的建立与运营也是非常必要的，产业制信息服务以有偿服务为主，无偿服务为辅，主要由市场调节，国家在政策上进行调控，服务主体为经营性企业，服务对象为专门的信息需求者。此外，智库和政府部门也是为企业提供信息服务的重要机构。随着行业竞争的日趋激烈，机构合作成为提升信息服务质量、高效服务企业用户的方式之一。因此，本研究对面向企业的公益性信息服务、政府信息服务、产业制信息服务、智库信息服务及信息服务机构合作相关文献进行了梳理总结。

（1）面向企业的公益性信息服务研究。图书馆、档案馆、文献情报中心是为企业提供信息服务的主要公益性信息机构。它们一般实行普遍服务原则，为服务对象提供平等的、免费的服务。在上述公益性服务机构中，图书馆是社会覆盖面最广的一类机构，它已形成从中央到地方的信息服务网络。由于企业信息服务需求层次广泛，无论是简单的信息查询还是专题信息咨询等服务项目都会涉及，而图书馆可为企业提供上述信息服务支持（毕长泉等，2012；Tamura et al.，2007）。近些年，随着知识产权保护理念的不断提升，企业加强了对知识产权的重视，为了帮助中小微企业利用专利信息进行技术创新和知识产权保护工作，图书馆加大了对专利信息服务的重视力度，专利信息服务相关研究不断增多（王婉等，2020；魏蕊、孙一钢，2019；周静等，2019）。除图书馆外，档案馆和信息服务中心也是为企业提供信息服务的主要机构，可以为用户提供信息检索、知识挖掘、决策参考、数据展现、用户参与等服务（刘亚娟，2009；丁璇，2005）。

（2）面向企业的政府信息服务研究。由于政府自身公信力所赋予的权威性、可信性等优势，政府信息服务也成为企业在网络中获取信息的重要来源。范登波尔（Van den Boer，2016）调研发现，荷兰中小企业常常从荷兰税务和海关管理局（The Netherlands Tax and Customs Administration，NTCA）这一政府机构获取税务信息，访问该机构的官方网站是企业获取信息的主要渠道之一。电子政务系统和平台建设可进一步提升政府部门的信息服务效能，根据我国国民经济"十五"计划至"十四五"规划，国家对电子政务行业的支持政策经历了从"推进政务领域信息化进程"到"深化政务信息系统整合"的变化。可见，政务信息系统资源的整合共享已成为必然趋势。权进国、张恩强（2002）指出，政府门户系统的建立要解决应用系统整合问题，将不同系统的不同功能进行有效组合，并利用相关技术与企业后台业务进行系统连接，为用户提供更全面的信息服务。

随着电子政务实践的不断丰富和完善，政府信息服务质量也受到学者们的不断关注。帕帕迪米特里奥和梅内泽斯（Papadomichelaki & Mentzas，2012）、李志刚和徐婷（2017）结合已有模型和电子政务特点，从不同维度对电子政务信息服务质量进行评价，并提出相应的对策建议，使政府可以更好地优化信息服务。受中小企业自身局限及国际市场环境的影响，政府信息服务在中小企业国际贸易中的作用越发凸显。罗贤春、李阳晖（2012）认为，电子政务可以从贸易环境、支撑平台、沟通桥梁等方面为中小企业国际贸易提供服务，并对其引导机制、支撑机制及增值机制进行阐述，有助于实现政府与企业之间的双赢。

（3）面向企业的产业制信息服务研究。在当前社会环境下，企业信息需求层次日益广泛，公共信息服务机构已难以全方位满足企业多样且复杂的信息服务需求，越来越多的产业制信息服务机构出现，为企业提供专业的信息服务。朱虹（2003）对我国发展盈利性信息服务企业的可能性、必要性及现实性进行探究，并提出了促进盈利性信息服务企业发展的对策建议。周晓芸（2008）认为，完备的信息资源库，信息分析、处理及发送能力，用户服务体系是经营性信息服务企业运作的基本要素。

尽管信息服务业构成中的各类信息服务都呈快速发展态势，但是从发展规模和社会影响力来看，信息咨询服务和数据服务业态更加突出。受信息需求多样化影响，目前，市场上信息咨询服务机构类型多种多样，张军亮、汪丹（2006）指出，信息咨询服务机构主要有信息提供型、咨询服务型以及研究开发型三类，通过发挥自身优势为企业提供高质量的信息咨询服务。杨益军（2012）指出，信息咨询业从纵向上可以划分为狭义信息咨询业、管理咨询业及战略咨询业，其中狭义信息咨询业是基础，管理咨询业是核心层，战略咨询业是最高层次。在信息化时代，企业的生存与数据密不可分，数据是企业的重要资产，因此，越来越多的机构开始为企业提供数据服务，这方面的学术研究也不断增多。首先，相关研究指出，信息服务企业要做好战略数据规划，有效的数据战略规划可以充分发挥数据价值（陆伟等，2004）；其次，数据处理技术，如数据仓库技术、数据挖掘技术等在数据服务中的重要性也不容忽视（刘莉，2006）。

此外，信息服务平台的建立是实现不同组织信息融合与流通的重要方式，也是企业快速获取信息的重要渠道（陈立华，2015）。熊回香等（2020）将战略性新兴产业信息资源服务分为特色化、个性化及共性化信息资源服务三类，并在此基础上构建了包含公共信息平台、信息交易平台及信息论坛的战略性新兴产业信息服务平台,为信息资源服务提供了指导。数据服务平台的建设有助于提升信息服务效率,潘俊和程建和(2013)基于 NET 框架构建并实现了电信企业通用的数据服务平台,为企业战略决策提供支撑和保障。

我国虽然已经出现了大量营利性信息服务企业,推动了信息服务业发展,但同时也面临着许多问题,亟须采取有效措施进行解决。卢小宾、王丽华(2003)指出,我国信息服务企业存在硬件厂商盲目转型服务行业、市场化程度、人员素质、信息服务质量低、产权意识薄弱等问题,并提出了用户需求导向战略、人才战略、创新战略、精品战略及连横战略等发展战略。华丽(2005)、向德平和莫怡文(2003)指出,我国企业信息咨询服务业仍然存在服务开展不深入广泛、企业横向联合度低等问题,并有针对性地提出了对策建议。储节旺和萸雨晨(2022)指出,我国国际信息服务贸易存在信息不对称、数据要素缺乏统一定价标准、数据安全未能保障、人才储备不足、国际信息服务平台服务对象单一、服务方式缺乏个性化等问题。

(4)面向企业的智库信息服务研究。智库是运用科学方法为公众及各种组织提供服务的咨询服务机构(Paul,1971),它可以辅助企业进行决策,特别是在企业策略制定的初始阶段发挥着重要作用(Arshed,2017)。

高校图书馆丰富的信息资源,是智库建设的重要支撑力量(杨群等,2018),其可以充分利用这一优势,深入分析用户需求,扩大智库成果推广与评价,为用户提供文献资料采集、信息检索与分析、个性化信息定制推送等服务(吴育良等,2014)。智库信息服务平台和智库信息服务体系的建设可以促进信息协同,有助于为企业提供全方位、多元化的信息服务,更好地促进企业盈利(吴玉等,2013;单卫国,2014)。宋维媛(2018)从信息资源、信息技术以及人才三个维度构建了企业智库信息服务体系,进一步提出信息、资金、技术、管理和绩效评估五个方面的保障措施。黄晓斌和张明鑫(2020)认为,智库应紧跟时代发展,主动为用户提供个性化推荐服务,为用户提供精准信息,满足用户信息需求。

(5)面向企业的信息服务机构合作研究。随着信息时代的到来,传统图书情报机构已难以满足企业多样化的信息需求，面临着外部竞争者如数据商和系统商等的巨大压力，社会信息服务治理体系需要重新确立。公益性和营利性信息服务机构只有相互配合才能更好地为企业提供服务（周毅，2021）。肖鹏（2016）对四家数据商的主管和工作人员进行访谈后认为，数据商和图书馆之间应该要相互理解，相互配合，才能实现共生共赢。基科伊等（Gichohi et al.，2017）在研究肯尼亚梅鲁县公共图书馆是如何满足该地区小型企业信息需求问题时得出结论，认为公共图书馆通过与有共识的利益相关者合作，可以充分发挥其职能作用。韦伯斯特（Webster，2006）探讨了图书馆领域的跨系统协同信息服务，他认为，图书馆之间以及图书馆与信息服务公司之间可以共享基础设施以及人力资源，从而更好地促进协同。不同行业信息服务机构之间也应该相互配合，机构合作可以帮助信息服务业走出当前困境（陈朋，2004）。胡昌平等（2008）指出，我国已经突破了科研机构、研发组织、企业和服务机构之间的界限，实现了不同机构之间的有效协调。刘玉梅（2014）指出，企业信息机构、高校科研机构、信息中介机构及政府信息部门要相互合作，共同建设信息服务平台、数据库平台及交互平台，推动产学研创新发展。陈怀平、金栋昌（2014）指出，政府单一供给的信息服务模式已难以适应现代社会的发展，政企合作有助于提升公共信息服务效率，并设计了政企合作公共信息服务供给模型。静和马娅（Jing & Maia，2021）建议，政府部门应建立包含高等教育机构、中小企业和科研机构在内的协同科技创新公众信息服务平台，通过为企业提供全面的科技创新信息来促进区域科技协同创新发展。

综上所述，进入数字经济时代，信息服务环境发生了深刻变化，这些变化对信息服务机构提出了新的要求，为了满足企业日益多样化、个性化的信息服务需求，不同信息服务机构之间相互合作已成为必然趋势，目前，政企合作、图书馆联盟等正在如火如荼地开展。

2. 跨境电商信息服务研究

信息服务作为跨境电商"服务驱动"转型升级的一项重要内容（王

健、诸子怡，2022），对其进行深入研究具有重要意义。基于本书研究内容，下面主要从传统外贸信息服务、跨境电商信息服务体系发展、跨境电商信息服务平台建设及跨境电商信息服务质量评价四方面对相关文献进行梳理。

（1）传统外贸信息服务研究。对于传统外贸信息服务研究，宋晓舒（2015）基于国际贸易理论，指出信息的公共物品属性、信息搜集成本以及信息传输速率会影响国际贸易产生、国际贸易成本以及国际贸易流量，并提出有必要完善现有信息服务体系中公共贸易信息内容的提供。菲奥里尼和霍克曼（Fiorini & Hoekman，2018）指出，外贸综合平台拥有商品订单信息及经营信息，可以利用信息优势对经营信息进行把控，降低中小出口企业融资风险。皮尤什和谢里尔（Piyush & Cheryl，2013）指出，外贸综合服务平台借助于大数据和平台信息整合优势，可以帮助中小企业在短时间内享受出口退税服务，大大提高中小企业运营效率。

外贸信息服务体系的建设是一项系统工程，它可以有效推动贸易发展。张曙明（2003）指出，开展外经贸信息服务体系建设，主动为企业提供及时、准确、有效、方便的外经贸信息服务，是提高企业国际市场竞争力的重要手段。孙毅和查胜举（2000）借鉴发达国家发展经验，从外贸服务中心、政府、行业商会等维度对我国的外贸信息服务体系建设提出了建议。综上可知，跨境电商出现之前，信息同样是传统外贸企业发展的重要因素之一，与传统外贸相比，跨境电商信息跨度更广，信息服务类型更加复杂多样。

（2）跨境电商信息服务体系发展研究。科学的信息服务体系可以帮助企业解决信息匮乏、技术不足、人才缺失等问题，引导跨境电商可持续发展。宋舒曼（2019）指出，要从社会和国家两个方面构建跨境电商信息服务体系。郭海玲等（2019）针对跨境电商信息资源存在的问题，构建了由政府及相关职能部门、行业信息资源服务机构及跨境电商企业组成的跨境电商信息资源服务体系，并提出了相应的实施建议。詹帅（2020）在为跨境电商农产品出口物流发展提供建议时，指出要建立健全跨境农产品信息服务体系，并加强跨境电商信息网络建设。郑小雪等（2016）指出，许多跨境电商企业未能充分利用平台提供的知识服务，导致跨境电商供应链效率低下，最终影响客户对企业和平台的满意度。由此可知，我国跨境电商虽处于快速发展状态，但跨境电商信息服务体系还不够完善，在全球经济一体化进程不断加速的大背景下，跨境电商信息服务建设仍面临严峻的挑战。

（3）跨境电商信息服务平台建设研究。跨境电商信息服务平台是中小微企业获取信息的有效方式，张洪胜和张小龙（2021）认为，跨境电商平台是信息服务的重要形式和天然载体，其可以对服务贸易交易信息进行汇集，在一定程度上可以减少信息不对称程度以及跨境交易中的信用风险，有助于提升企业效益，激发企业活力。田燕娜（2019）围绕基础贸易、国际物流和金融服务三要素构建了跨境电商综合服务平台信息系统，为中小微企业提供一站式综合信息服务。李金龙（2015）指出，与国内交易相比，跨境电商货物流转信息获取较为困难，信息服务平台可以对商贸信息进行整合、建立数据中心并规范标准，从而实现数据共享，为企业提供综合性的信息服务。

胡碧琴和赵亚鹏（2016）认为，要构建港口物流产业集群与跨境电商于一体的跨境物流联动支撑服务体系与对接平台，实现信息的共享与交换，推动跨境电商和跨境物流的发展。俞蔚（2019）提出，可以通过建立互通共享的信息服务平台来提升跨境电商信息服务质量，所构建的平台由打破信息壁垒的跨境电商"单一窗口"和提升物流效率的物流信息服务平台两部分构成。胡宇豪（2020）基于"一带一路"背景，提出可以建立跨境信息服务平台，实现跨境电商信息和跨境物流信息的有效协同。顾兆姝（2020）对我国跨境电商物流模式进行分析时指出，信息传递服务的重要性不容忽视，跨境电商平台要健全物流信息服务网络，加强信息化与数字化建设。王昱青和陈震宇（2018）指出，要建立跨境电商质量追溯平台，实时掌控跨境商品信息，确保跨境电商顺利运行。王冬梅（2019）认为，应该整合跨境电商平台信息，加强其综合服务能力，并建立信息动态更新系统，根据市场的变化对企业的服务内容进行不断更新。孙伟和赵文珺（2015）构建了包含信息传递、物流跟踪、内部交易、信息发布、交易支付以及辅助决策等模块的跨境电商服务平台，并设计了信息发布和信息传递模块，保证政务信息和物流信息的精准畅通。田少卿等（2022）提出，自贸港信息补偿服务可以有效改善信息共享问题，并从信息收集、信息补偿层次及信息共享服务机制入手对海南自贸港平台模型构建进行了探究。

实践中，在政府扶持下，由政府与企业联合，或由企业单独建设与运营的跨境电商公共服务平台，通过打通跨境电商"关、汇、税、商、物、融"之间的信息壁垒，实现了政府各部门、政府与企业以及企业与企业之间的互联互通、信息共享和资源整合。如知名度较高的 B2B 电子商务平台为阿里巴巴国际交易市场，它的目标在于为企业搭建高效的信息服务平台（陈建龙和申静，2017）。商务部主办的全国电子商务公共服务平台及中国邮政主办的跨境电商综合信息服务平台是集信息发布、资源共享、政企交流为一体的信息服务平台，为企业提供了"一站式"信息服务，涉及众多跨境电商相关信息，可以解决跨境电商中小微企业信息需求，有助于跨境电商行业健康长远发展。综上所述，虽然跨境电商信息服务平台建设取得了一些新进展，但经过调查分析发现，平台更多扮演的是信息资源门户的角色，仍存在网络资源缺乏且布局不合理等问题，难以满足复杂多元的用户需求。

（4）跨境电商信息服务质量评价研究。信息服务质量高低直接影响跨境电商信息服务行业的发展，质量评价可以发现现有信息服务存在的问题，并及时进行改进，提升信息服务质量。秋孝妃和金承哲（추효비、김승철，2018）指出，信息质量是衡量跨境电商平台质量的一个重要维度。田薇（2017）指出，信息服务能力是评价跨境物流服务能力的一个重要指标，具体包括跨境电商平台搭建、信息系统完善度、通关信息化水平及货物信息追踪能力四方面，并通过实例应用对其合理性进行验证。李炜平（2021）通过对 83 家企业进行调研和访谈后，指出跨境物流信息服务评价可以从企业与政府部门信息交换能力、物流管理信息化水平、增值业务服务及信息技术四方面入手。

综上所述，目前无论理论界还是实业界都在对跨境电商信息服务进行积极探索，并取得了一些成效，但总体来看，跨境电商信息服务建设仍然面临着许多问题，如管理体制不完善、服务市场主体合作不密切、资源运用不充分等问题，难以满足跨境电商用户系统化信息需求，亟须进行信息服务转型。

1.3.3 跨境电商信息服务协同研究综述

随着社会分工的不断细化，外部环境日趋复杂多变，企业用户信息需求针对性和个性化特点越来越凸显，信息服务机构传统的单一线性服务难以满足跨境电商中小微企业多样化且复杂化的信息需求，越来越多的信息服务机构为了提升自身信息服务能力，获取更丰富的信息资源，开始采用信息集成与共享的方式，并逐渐将协同理念融入信息服务活动中，更好地为企业提供信息服务。围绕本书，下面对信息服务协同、跨境电商信息服务协同相关研究进行归纳梳理。

1. 信息服务协同研究

作为协同学在管理学领域的典型应用，信息协同得到了越来越多学者的关注。信息协同强调信息服务主体通过与信息、环境的交互来提升信息传递效率，实现信息增值，获得协同效应（马捷等，2018）。当前，围绕信息协同的研究侧重于信息协同影响因素（张海涛等，2019；张鑫蕊等，2022；肖钠，2020）、信息协同效应（González - Ibáñez et al.，2012；张琦、邵彦敏，2019）及知识协同（Shin & Bae，2012；宋姗姗等，2022）等主题。

在信息协同的基础上，信息服务协同除了注重信息协同外，更加强调服务机构之间的协同，利用协同服务可以促进信息价值有效提升。信息服务协同是各协同参与主体在保持自身独立性的前提下，围绕共同目标，以知识增值或经济增值为核心，通过汇聚信息、服务、人力、技术、资金等要素，实现参与主体间的信息流通、资源共享和服务方式优化，最终产生叠加倍增的非线性效用的信息服务活动（肖国华等，2020）。目前，与信息服务协同有关的研究主要集中在信息服务协同发展及模式、信息服务协同平台及体系建设、信息服务协同机制研究、信息服务协同技术研究及跨系统协同信息服务研究等方面，下面将对这些主题文献进行梳理。

（1）信息服务协同发展及模式研究。随着国际信息环境的变化与创新模式的变革，传统的线性、单一信息服务模式，即依赖单个信息服务机构无法完成信息服务创新的重任（张敏，2010），异质性主体间的协同创新成为应对新形势、新环境下的有效创新模式（Chesbrough，2004；陈劲和阳银娟，2012）。

20世纪60年代，伴随着计算机与远程通信技术的发展，西方国家开始了信息服务协同的系统建设与研究工作。我国信息服务协同系统建设与研究工作起步较晚，但近些年国家投入力度加大，自90年代中后期，我国信息服务协同系统经过逐步建设发展壮大起来，建立了从国家平台到基层分支平台的信息服务协同体系（柯平，2014），学术界对信息服务协同的研究工作也随之逐渐增多起来。

信息服务协同体系中协同主体、内容和环境的复杂性决定了跨系统协同信息服务模式的多样性和多层次性（胡昌平、张耀坤，2010），部分学者基于不同的划分依据对跨系统协同信息服务模式进行了研究（何绍华、林翔，2013；李杉杉等，2016）。同时，移动互联网、大数据、云计算等新兴技术的出现，优化了信息服务资源的筛选、加工与融合处理过程（马费成等，2015），加速了信息服务协同模式的多元化发展（Chen & Chiang，2012；Delen & Demirkan，2013；张斌、马费成，2014）。何绍华和林翔（2013）认为，信息服务功能的有限性、信息服务有效信息资源的相对稀缺性、信息服务时空的无限延展性使得信息服务行业有必要建立基于网络交互式平台的协同模式，实现信息服务的去中心化，提高信息资源的运作效率和共享水平。目前，信息服务协同模式的研究主要集中在三农、旅游、科技等领域（任钰、郭芳芳，2015；覃子珍、娄策群，2017；谢镕键、何绍华，2016；王静等，2014）。

政府在信息服务协同中发挥着重要作用，政务信息协同服务有助于企业提升信息获取效率。于丰园等（2013）以协同学和系统学为基础，立足政府科技计划项目部署运作过程分析，构建了 P – GROW 信息服务协同模型。卢安文、何洪阳（2020）构建了政府和互联网信息服务企业之间的博弈模型，探究了协会和公众参与对博弈主体选择策略的影响。此外，由于企业间竞争的不断加剧，竞争情报协同服务也受到了部分学者的关注。如王心妍（2020）构建了产业竞争情报多元协同服务模式，有助于提升服务效率，促进产业经济发展。王康、王晓慧（2018）构建了产业创新战略联盟技术竞争情报协同服务模式，并从政策、合作意识、合作伙伴及沟通四方面提出了发展对策。

（2）信息服务协同平台及体系建设研究。信息服务协同平台和体系建设有助于为中小微企业提供更方便快捷的信息服务。查克拉巴蒂（Chakrabarty，2006）提出了企业间协作过程理论，构建了生产服务体系的信息协同平台。安德雷德－罗哈斯等（Andrade-rojas et al.，2021）认为，在企业信息协同网络平台的影响下，企业可以通过组织间合作的共享信息进一步改进或开发产品。傅小康（2016）基于云计算技术，构建了集散型物流服务云平台，研究了基于信任的横向和纵向物流服务协同模型与优化方法。刘琦（2014）基于协同理论，构建了基于多元主体的物联网协同信息服务体系。李娜（2011）通过对四个科研信息平台进行案例分析，进一步构建了包含图书馆资源、核心工具集以及机构知识平台的科研协同服务体系。汪祖柱等（2015）基于协同理论构建了协同农业科技信息服务体系模型，并揭示了模型内各系统间的相互作用。陆浩东和戴艳清（2011）基于信息共享空间视角，构建了图书馆信息协同服务模型框架，并从制定协同服务标准、协同服务操作策略以及分布式虚拟化环境协同服务三个方面实施。李纲和李阳（2016）从协同创新理念出发，构建了面向决策的智库协同创新服务体系，并对该体系的主体、平台建设、情报流程、知识创新模式等内容进行了探讨。

（3）信息服务协同机制研究。信息服务协同机制是信息协同服务实现的保障。已有研究多关注图书馆信息服务协同机制（王刚、张屹，2018）、政府信息服务协同环境机制等（马捷等，2018）。在信息服务协同机制中，协同激励机制备受众多学者的关注。如在战略联盟中，共享信息或知识时，激励因素发挥的作用远大于技术因素，信息激励协同可以提升主体效益，提升知识联盟绩效（孙新波，2013）。马喜芳等（2019）从协同视角出发，指出激励机制可以提升组织创造力，并对不同来源激励的相互影响机制进行了探究。达斯和腾（Das & Teng，2013）指出，集体力量和相互依赖是促进联盟成员合作的激励因素。阿玛比尔（Amabile，1993）指出，采用内部和外部激励相结合的方式可以促进激励协同效应产生，提升协同绩效。齐和田（Qi & Tian，2008）提出了模块化激励协同概念，且不同模块应当采取不同的激励措施，并在此基础上建立了激励协同度模型，指出激励协同能有效促进知识创新。此外，有效的激励机制可以促进组织间知识共享（Nan，2008）。马亚男（2008）以委托代理理论为基础，设计了知识联盟组织间知识共享活动的激励机制。骆品亮和殷华祥（2009）探究了知识增值对知识共享的激励效率，并提出了由共享对象选择、知识吸收能力、利益分配和道德风险防范等因素构成的知识共享激励框架。张玲玲等（2009）认为，联盟成员之间的贡献难以区分，根据知识转移与知识共享的重要程度对剩余产出进行分配可以起到激励作用。

（4）信息服务协同技术研究。信息服务协同的实现需要先进的技术支撑，如 Web 技术、协同交互技术、区块链技术等现代化技术的采用可以提升信息服务质量（胡晓平，2020；唐毅、常诚，2019）。梅赫拉等（Mehra et al.，2004）提出了一种 Web 服务技术下的协同编辑方法。原文涛（2019）提出，物流园区信息服务协同系统建设涉及情景感知、云计算、工作流等智能信息技术，并指出其长效运行需要在组织、人员、资金等方面给予保障。李敏、郑川等（2018）构建了包含支撑网络、数据存储、应用支撑、应用组件、应用接口、用户展现 6 个层次的应急信息协同技术架构体系，来提升应急响应能力。杨胜文、史美林（2006）将面向服务的思想应用于协同系统的构建中，设计了 SOCS 系统体系结构、协同服务参考框架、服务交互模型以及事件通知 Web 服务。谢辉（2007）构建了一种面向 Web 服务的多 Agent 协同分布系统。吴玉浩等（2019）探究了大数据时代企业技术标准化与知识管理协同之间的相互作用机制，指出技术标准是企业之间的战略竞争工具，有助于调动企业活力。张亚男等（2021）指出，在竞争情报联盟协作共享工作中引入区块链技术，可以降低合作网络情报共享风险，提升情报共享效率。

（5）跨系统协同信息服务研究。跨系统协同信息服务可以通过提高数据交换的效率获得运营效益，也可以通过业务流程重组和开发创新的知识共享方式获得战略效益（Madlberger & Roztocki，2010）。跨系统协同信息服务的发展离不开信息服务协同技术的发展，特别是基于 Web2.0 的交互技术、计算机支持协同系统的发展，为构建跨系统信息服务平台创造了技术条件，同时协同服务中的标准化、系统互操作等问题亟待解决，因此，跨系统信息服务平台的技术应用与实现是学者们重点关注的问题。马赛厄森和斯尼斯（Mathiassen & Soreness，2008）等指出，信息标准化和异构信息处理能力会影响跨系统信息服务平台的组织及建设。

宏观层面上，对跨系统信息服务协同管理及其保障体系等相关问题的研究成果较多，如胡潜（2008）指出，我国跨系统信息资源整合存在资源体系庞大、资源布局分散、平台建设需求导向模糊等问题，并构建了信息资源跨系统整合平台框架，满足了用户跨部门、跨系统的信息服务需求。胡昌平和胡媛（2015）在已有参考咨询服务的基础上，构建了由用户层、服务层、协同调度层和资源管理层组成的跨系统协同信息咨询服务模型，有效地促进了信息咨询服务协同。此外，胡昌平和张敏（2009）还提出了分布式协同架构下由资源层、技术层、管理层和业务组织层构成的服务支撑体系，并对其实现过程进行分析。同时，以信息共享、协同技术和用户交互为基础，探究了跨系统信息服务组织模式及实现过程（胡昌平、张耀坤，2010）。严炜炜、张敏（2017）构建了面向科研协同的跨系统技术创新信息服务融合平台，有助于发挥创新主体技术优势，提升资源利用率和信息服务水平。赵晖（2010）从内容、协同层次以及主体三个视角出发，建立了跨系统图书馆联盟协同管理框架。甘雨和刘昆雄（2015）结合内容、主体及环境三大信息协同服务要素，从组织关系、资源调度、服务融合度、用户环境四个方面提出了信息服务协同的具体实施策略。

微观层面上，受协同理念影响，越来越多的企业主体开始通过组织间合作整合信息资源，实现信息协同。组织间信息系统协同是实现信息协同的基本保障，周朴雄和余以胜（2008）构建了跨企业的信息资源组织体系，由技术平台构建、信息资源重组及信息机构重组三方面组成。罗汉洋（2005）认为，互联网的出现改善了信息系统性能，是供应链跨组织信息系统建立的主要平台。徐宝祥等（2008）指出，组织间信息系统协同的技术主要有模型驱动思想、网格技术、本体技术以及信息系统安全保障体系等。

综上所述，信息服务协同可以充分集成各协同主体优势，发挥协同效应，不同企业之间、不同科研机构之间及信息服务机构之间都可以进行跨系统协同，跨境电商信息服务协同效应作用机理与跨组织或跨系统协同效应作用机理有很多相似之处，但跨境电商自身具有特殊性，其协同效应作用机理也呈现出了独特性。

2. 跨境电商信息服务协同研究

对于跨境电商行业，大多数学者重点关注跨境电商与物流、跨境电商与高校、跨境电商与产业集群的协同，仅有少部分学者对跨境电商信息协同、跨境电商信息服务协同进行了探究。以下将对这两个主题的文献进行梳理。

（1）跨境电商信息协同研究。黄琳琳（2020）指出，信息协同是构建中小企业跨境电商协同机制的前提，其中，信息标准制定和信息沟通平台构建是解决信息协同的重要措施。尹萍（2018）认为，信息的完整度及多样性、平台对接准确率、信息传递效率、信息技术稳定性是跨境电商供应链协同中信息维度重要的评价指标，并提出要建设综合信息服务平台，为企业提供全方位的信息服务。岳森和冯莉（2021）构建了以跨境电商平台为核心的跨境电商数字化运营体系和基于 TaaS 理念的跨境电商运作模式，并提出了信息协同视角下的跨境电商运作模式重构路径。李顺东（2019）提出了跨境电商信用信息协同理论框架，并对跨境电商信用信息协同的关键影响因素进行了分析，构建了跨境电商信用信息协同指标体系模型，形成了反映信用信息协同运行机理的系统流图。胡宇豪（2020）从协同发展机制、企业信息服务平台、国际标准化建设及复合人才培养四个方面提出跨境电商和跨境物流协同的优化对策，强调了信息协同的重要性。为了促进跨境物流联盟多元主体的互联互通，杜志平和区钰贤（2021）提出了基于信息协同的跨境物流联盟模式，并对该模式下信息协同的关键因素进行了分析，构建了跨境物流联盟演化博弈模型。栾和张（Luan & Zhang，2020）研究了基于协同信息中间件的跨境电子商务综合管理信息系统的功能，提出并实现了一种支持企业间有效电子商务活动的信息系统模型。

（2）跨境电商信息服务协同研究。随着信息技术的不断发展，多元协同治理可以发挥各主体优势，提升信息服务效率，跨境电商信息服务协同成为必然趋势。傶娜（2015）认为，跨境电商交易平台需要实现相关企业和政府管理部门之间的信息互通以及资源共享，不仅向电子商务企业提供完善的跨境通关贸易方案，还需要满足监管部门的交易信息管理需求。郭海玲等（2021）基于跨境电商信息服务生态系统中信息、信息服务主体及信息环境三要素及要素之间的相互关系，构建了跨境电商信息服务生态系统模型，并指出跨境电商信息服务机构要进行合理定位、协作定位和适时定位，以保持自身竞争优势。郭海玲（2021）基于协同理论，从服务对象、服务主体、服务内容和服务策略四个角度出发，构建了跨境电商信息服务协同模式，并从信息资源、人才资源以及技术资源三方面的资源协同对该模式的实现路径进行探究。朱嘉琪（2021）基于协同理论构建了包含主体系统、客体系统、信息资源管理系统、环境系统的跨境电商信息服务体系，并从政府、信息服务机构、平台以及企业四个角度提出了跨境电商信息服务优化建议。马红雨（2020）从协同视角出发，围绕信息服务活动，对跨境电商企业智库、公共信息服务平台、咨询服务平台及交易平台之间的协同关系进行探究，构建了跨境电商企业智库信息服务协同机制，并从信息传递、激励机制及监督惩罚三个方面提出相应的保障机制，有助于提升跨境电商企业智库信息服务水平。

综上所述，跨境电商因跨越不同关境，使得该市场中的信息不对称问题更加严重，给跨境电商交易带来了许多负面影响，跨境交易效率与效益难以提升。现实中，已有一些跨境电商信息服务主体认识到了协同的重要性，开始与其他服务主体进行协同合作，初步构建了主体间协同模式，同时，学术界部分学者也开始关注该问题，相关成果为本书研究提供了可借鉴的理论参考和现实依据。

1.3.4 研究评述

通过以上分析可以发现，为了满足企业用户多样化的信息需求，传统的单一线性的信息服务逐渐被信息服务协同所代替，信息服务协同已成为国内外学者关注的焦点，并取得了一定的研究成果，为本书提供了理论参考。总体来看，跨境电商信息服务协同相关研究较少，跨境电商信息服务实践操作仍缺乏科学的理论指导，具有广阔的研究空间，目前研究仍存在以下不足。

（1）信息服务协同对跨境电商适用性的研究不够。从目前国内外信息服务协同的研究成果来看，已有研究主要集中在农业协同信息服务、专利协同信息服务、图书馆协同信息服务、科研协同信息服务、物流协同信息服务、政务协同信息服务、智库协同创新服务等方面，从信息视角研究跨境电商的相关成果主要集中在信息不对称风险、信息共享与信息整合等方面，现有研究强调了信息对跨境电商发展的重要性，也为跨境电商信息服务协同模式的构建提供了很好的借鉴和理论参考，但已有成果缺乏从协同视角入手对跨境电商信息服务开展系统性研究。由于跨境电商具有流程复杂、运作不成熟及发展不确定性因素较多等特性，因此，其对信息服务水平要求较高，其他领域的信息服务协同模式不能较好地适用于跨境电商信息服务协同发展，所以不能简单照搬其他领域的信息服务协同研究成果。

（2）信息服务协同效应成效评价仍有欠缺。理论界对信息服务协同在信息管理中的重要作用已有共识，也有部分学者对信息服务协同效应评价开展了研究，但整体来看，相关研究工作尚不够深入，未能对协同效果进行系统性量化研究，对跨境电商信息服务领域协同效果的关注度更低，因此，对跨境电商信息服务协同效果进行有效评价是非常必要的，全面、准确反映信息服务协同模式中多元主体协同情况和信息服务协同成效，是实现"以评促改"的重要前提。

（3）跨境电商信息服务协同缺乏相应的保障机制。已有研究提出了信息服务协同的保障措施，在一定程度上可以提升服务效率，但缺乏相应的量化研究，协同效果具有不确定性，无法准确发现跨境电商信息服务协同存在的问题并加以解决，因此，从全新视角研究信息服务协同创新模式有效实施的保障机制有其可行性和必要性。尤其对于跨境电商而言，其信息提供、参与和利用活动涉及主体和环节众多，借助定量研究方法开展有效的激励及监督机制研究是深化跨境电商信息服务协同的重要保障。

因此，本书选取跨境电商信息服务协同创新模式为主题进行研究，相对于国内外已有研究，本书的不同点主要体现在以下方面。

（1）研究视角从宏观转向微观。以往研究侧重国家层面信息服务跨系统协同创新管理及其保障体系问题，而本书以特定的跨境电商产业为研究对象，充分考虑跨境电商特点，研究跨境电商信息服务生态系统构成要素及其相互关系，并以跨境电商信息服务生态系统为理论框架，对跨境电商信息服务协同创新模式及其保障机制开展深入研究。

（2）研究目标从信息服务质量或成效评价转向信息服务协同质量或成效评价。以往研究多以信息服务质量和成效评价为落脚点，分析影响信息服务质量和成效的因素，本书则以跨境电商信息服务生态系统的协同发展为重点，分别从信息服务对象企业用户视角、信息服务主体协同视角对信息服务协同成效进行评价，从而提升整个系统的发展可持续性。

（3）研究方法从定性分析转向定性与定量结合分析。以往对信息服务协同进行研究时，多采用案例归纳与演绎、访谈法等定性方法，而本书除了采用定性的访谈研究方法外，还引入了数学模型论证等定量方法。定性和定量方法的结合可进一步提升研究结果的全面性和可信度。

1.4 研究内容与方法

1.4.1 研究内容

结合上文分析，本书试图主要从以下几个方面展开论述。

（1）跨境电商信息服务生态系统理论模型构建。在充分考虑跨境电商特点的前提下，结合信息生态、服务生态、商业生态等相关理论，从整体上考量跨境电商信息服务生态系统的组成要素以及各要素之间的关系，并在此基础上构建并分析跨境电商信息服务生态系统理论模型，为后续研究提供理论支撑。

（2）跨境电商企业用户信息需求分析。通过问卷调查与深度访谈，对以中小微企业为主的跨境电商企业用户的信息需求及需求层级进行调查，以确定构建跨境电商信息服务协同创新模式的需求基础，具体内容包括：第一，跨境电商信息需求调查分析。以中小微企业用户为调研对象，在文献调查基础上，结合半结构化访谈，归纳出中小微企业用户出口跨境电商信息需求项目。第二，跨境电商信息需求层次模型。基于 Kano 模型设计调查问卷，对调查结果进行数据分析，确定信息需求项目类别，并进行 Better – Worse 系数分析，在此基础上，通过构建跨境电商企业用户信息需求层次模型，进一步深化对跨境电商企业用户信息需求的了解。

（3）跨境电商信息服务协同创新模式构建。在资料分析与网络调查的基础上，对跨境电商信息服务现状和现存跨境电商信息服务协同模式进行分析，进而构建跨境电商信息服务协同创新模式。具体内容包括：第一，跨境电商信息服务现状与存在问题分析。运用网络调查法对跨境电商信息服务现状进行分析，从服务主体、服务内容、服务类别等方面总结其存在的问题。第二，跨境电商信息服务现存协同模式分析。从协同角度探索跨境电商信息服务协同模式构建的必要性出发，对现存的点对点直链式信息服务协同模式、虚拟联盟共建式信息服务协同模式、政府主导式信息服务协同模式、产业集群式信息服务协同模式进行对比并分析其存在的问题。第三，跨境电商信息服务协同创新模式构建。基于前期研究分析，以协同论、资源依赖理论等为指导，从信息服务主体、服务对象、服务内容、服务策略四要素出发对跨境电商信息服务进行分析，构建多元主体参与的跨境电商信息服务协同创新模式。

（4）协同创新模式下，跨境电商信息服务协同成效评价体系研究。基于上一部分所构建的跨境电商信息服务协同创新模式，分别从信息服务主体视角和企业用户视角出发，开发协同创新模式下跨境电商信息服务协同成效评价体系，对跨境电商信息服务多元主体协同情况及信息服务协同效果进行全面测评。具体内容包括：第一，从信息服务协同主体视角，针对跨境电商信息服务生态系统这一复合系统，构建跨境电商信息服务主体协同度评价模型，探究以跨境电商平台运营商、跨境电商服务提供商、政府部门为基础的信息服务生态系统内部各指标之间的协同程度，以及信息服务生态系统整体协同情况，并基于协同效果，分析信息服务生态系统协同度波动的原因。第二，从企业用户视角出发，对跨境电商信息服务协同质量进行测度，通过文献分析筛选评价指标，开发对应量表并通过专家调查法以及向企业发放调查问卷等方式验证指标的合理性，最终建立一套适用于跨境电商信息服务协同平台的协同质量评价模型。

（5）协同创新模式下，跨境电商信息服务协同发展影响因素研究。采用扎根理论识别影响跨境电商信息服务协同发展的关键因素，在此基础上，通过对关键因素进行量化处理来构建跨境电商信息服务协同演化博弈模型，通过仿真模拟，确定各因素对三方主体信息服务协同的具体影响。具体内容包括：第一，基于访谈法和文献分析法，利用扎根理论识别影响跨境电商信息服务协同发展的关键因素，为下一阶段演化博弈模型的构建奠定概念范畴基础；第二，结合协同理论构建，以跨境电商服务提供商、跨境电商平台运营商、政府部门为主体的跨境电商信息服务协同演化博弈模型，并对三方信息服务协同稳定策略进行动态仿真分析，确定影响三方主体信息服务协同的关键因素。

（6）跨境电商信息服务协同创新模式发展的对策建议。根据前文对跨境电商信息服务协同的多维度、多层次研究分析，分别从宏观层面的信息服务协同环境、信息服务协同意识，微观层面的协同参与主体跨境电商平台运营商、跨境电商服务提供商、政府部门出发，为跨境电商信息服务协同发展提供具有针对性的可行建议。

1.4.2 研究方法

1. 文献调研法

本书通过对跨境电商信息需求、跨境电商信息服务、跨境电商信息服务协同等与研究主题相关的文献进行收集并分类整理，之后将搜集到的资料进行归纳总结，最后形成对问题的研究思路。

2. 访谈法

访谈法是指研究人员与受访者之间通过交谈，了解受访对象心理和行为的一种研究方法。本书具体应用于：第一，为更好地开展跨境电商信息服务工作，通过访谈法了解信息服务对象中小微企业在出口跨境电商中的具体信息需求；第二，为了识别跨境电商信息服务协同发展的影响因素，对跨境电商平台运营商、跨境电商服务提供商及相关从业者进行访谈，以获取一手数据。

3. 调查法

调查法是本书中较为广泛使用的一种方法，主要包括问卷调查和网站调查。具体应用于：第一，采用基于 Kano 模型设计的问卷，对中小微企业跨境电商信息需求进行调查，并进行优先级排序；第二，借助专家调查法，利用专家经验筛选和构建跨境电商信息服务协同质量评价指标体系，同时采用问卷法，调查跨境电商企业用户对于信息服务协同平台的期望质量和实际感知质量两个维度的评价情况；第三，采用网站调查法，对当前跨境电商信息服务现状进行分析。

4. 数理统计法

数理统计法是一种运用统计学方法进行的数据分析，进而对随机现象的统计规律做出推断的方法。本书具体应用于：第一，利用 T 检验验证企业用户对信息服务协同质量期望值与感知值之间的差异性，运用乘积标度法确定信息服务协同质量评价指标权重；第二，采用灰色关联度筛选跨境电商信息服务主体协同度评价指标，利用变异系数法确定各指标权重。

5. 数学建模法

数学建模法是一种运用数学语言描述实际现象的方法。本书具体应用于：第一，运用演化博弈论对跨境电商多元主体参与信息服务协同机制进行数学建模分析；第二，通过构建复合系统协同度模型，测评跨境电商信息服务协同状态及协同效果。

1.5　研究思路与创新点

1.5.1　研究思路

本书遵循"基础理论研究→协同创新模式构建→模式运作成效评价→模式发展影响因素→模式发展对策建议"的研究思路。第一，利用文献分析法对跨境电商信息服务协同相关概念和基本理论进行分析，为后续研究提供理论基础。第二，对跨境电商信息服务生态系统理论模型与跨境电商信息服务企业用户信息需求进行分析，按照"理论模型分析→现实需求分析→现有协同模式分析"的层次递进思路，构建跨境电商信息服务协同创新模式。第三，在跨境电商信息服务协同创新模式的基础上，从信息服务主体与信息服务企业用户两个视角入手，分别构建跨境电商信息服务主体协同度评价模型与跨境电商信息服务协同质量用户评价模型，共同组成跨境电商信息服务协同成效评价体系，接下来依据现有跨境电商信息服务相关数据进行实证分析，一方面验证所构建评价模型的科学性和合理性，另一方面得到现阶段跨境电商信息服务协同综合评价结果，为后续研究提供研究前提。第四，在服务主体低层次协同及企业用户协同质量感知较低的背景下，为保障跨境电商信息服务协同创新模式顺利实施，通过对已有文献与访谈文本进行扎根，识别出跨境电商信息服务协同发展的影响因素，并且在此基础上构建演化博弈模型，对关键因素进行敏感性分析，分析其对协同稳定策略的具体影响。第五，针对前期研究结论，从宏观、微观两个视角全方位地对跨境电商信息服务协同创新模式的可持续性发展提出有针对性的对策建议。由此，本书研究思路如图 1 - 3 所示。

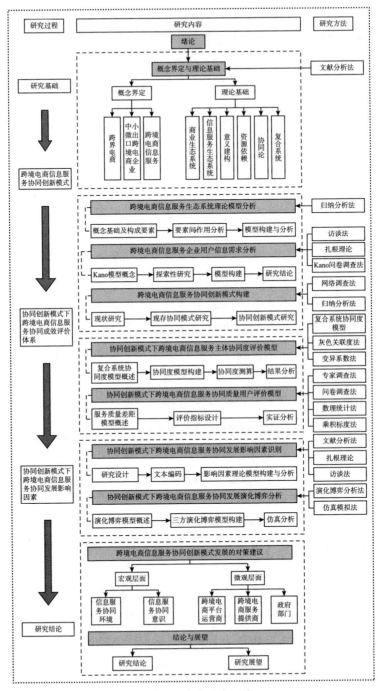

图1-3 本书研究思路

1.5.2　研究创新点

本书的创新点主要体现在以下几个方面。

（1）研究内容创新：与以往学者将信息服务生态主体界定为单一信息服务角色不同，本书从实际出发，界定了平台运营商与服务提供商在跨境电商信息服务中的多元角色，特别是对政府部门定位不再局限于单一监管者角色，政府部门同时也作为平等的信息服务主体参与跨境电商信息服务协同循环，最大限度地还原了各信息服务主体在现实环境下的复合协同运动，弥补了当前已有模式中信息服务主体角色定位单一的不足。

（2）研究理论创新：本书以跨境电商信息服务生态系统为理论框架，在对跨境电商信息服务供需现状进行调查的基础上，将协同理念融入跨境电商信息服务生态系统中，并结合信息服务四要素，全面梳理构建了多维度跨境电商信息服务协同创新模式。相较于目前已有的跨境电商信息服务协同模式，本书在充分考虑跨境电商信息服务独特性的基础上，又兼顾了模型构建的全面性，具有一定的实用性。

（3）研究视角创新：本书从信息服务主体协同视角和企业用户视角出发，分别构建跨境电商信息服务协同度与协同质量评价模型，与以往单一测评方式不同，多重视角结合可以较为全面地测度及诊断跨境电商信息服务多元主体协同情况及服务效果，有助于全面提升信息服务协同质量。

（4）研究方法创新：本书基于扎根理论对现有文献进行研究分析，识别出具有普适意义的信息服务协同发展影响因素，在此基础上构建跨境电商信息服务协同演化博弈模型，并通过敏感性分析，进一步确定具有实践惯性的跨境电商信息服务协同影响因素。上述扎根所获定性数据有利于拓展演化博弈定量研究结果，同时演化博弈定量研究结果可以进一步验证扎根定性数据的准确性，混合方法的采用可以为协同创新模式的实施提供更加客观全面的理论保障。

第 2 章

概念界定与理论基础

2.1 概念界定

2.1.1 跨境电商

1. 跨境电商基本概述

跨境电商是指分属不同关境的交易主体，通过电子商务手段完成进出口贸易中的展示、洽谈及交易环节，并通过跨境物流运送商品直至交易完成的国际性商业活动。跨境电商并不是简单地直接把传统国际贸易搬到线上，它经过流程整合与流程再造，使跨境贸易的运营管理更加科学高效（苏凯，2017），其中，流程再造涵盖了信息的整合、分类、组织、加工等。

按照贸易方式，跨境电商分为进口跨境电商和出口跨境电商两种。由于近年来中国担任"世界工厂"的角色，在跨境电商发展方面仍然延续传统外贸的发展，以出口为主流方式。从网经社发布的进出口结构数据来看，跨境电商出口在 2021 年占比达 77.46%，出口跨境电商呈现出蓬勃的发展态势。伴随着我国跨境电商的发展，政府对跨境电商政策的支持力度也不断加大，同时考虑到我国出口商品品牌化建设成效显著，而且"一带一路"倡议助力跨境贸易增长，对跨境出口电商发展更是提供了积极良好的政策环境，随着新市场的不断开拓，我国跨境电商出口仍将在一段时期内保持主流的地位。

本书主要聚焦国内企业用户对出口跨境电商的信息需求，因此，以下所提及的跨境电商一般为出口跨境电商。出口跨境电商是商家利用跨境电商平台向海外销售产品的贸易方式，包括 B2B（business to business）、B2C（business to customer）、C2C（customer to customer）三种商业模式。B2B跨境电商是指企业与企业之间通过网络实现在线交易进行贸易往来的商业活动，企业之间通过跨境电商平台展示商品信息，最终达成交易意愿，实现交易，此类订单金额及数量相对较大，是现代企业进行跨境交易的主要方式之一。B2C 跨境电商是指企业与出口国消费者之间通过网络实现在线交易进行贸易往来的商业活动，消费者通过跨境电商平台浏览商品信息，购买支付成功后，查询订单信息及物流信息等，此类订单金额较少但数量较多，企业与消费者之间通过这种方式交易更加便利，减少了中间环节。C2C 跨境电商是指隶属于两个不同国家和地区的消费者与消费者之间的电子商务，此类跨境平台的主体大多数都是个人，相较于传统代购在可信度及真实性等方面更具优势。在上述三种模式中，本书重点关注 B 端企业卖家。

出口跨境电商产业链流程如图 2 - 1 所示。生产商或者制造商通过跨境电商平台（自营平台/第三方平台）将产品全方位展示，商品被选购后，下单并完成支付，跨境电商企业将产品进行打包交付给跨境物流公司，商品经过出口国与进口国的海关通关商检后，由境外的物流公司配送至企业或者消费者手中，实现整个跨境电商交易流程。或者直接通过第三方综合服务平台（包含物流、通关、商检等环节）进行配送，实现上述流程。可见，出口跨境电商整个贸易流程相比于一般电子商务流程要复杂得多，涉及国际支付与结算、国际物流、进出口海关、国际退换货纠纷等信息环节，更显示出跨境电商的特性。

跨境电商具备以下特点：一是全球化。互联网打破了传统外贸的交易形式，跨境电商突破了国界的限制，在国内电子商务发展的基础上实现了国际化延伸，用户通过互联网即可实现全球化便捷购物。二是即时性。在信息化时代，以互联网为媒介，买卖双方不受时间和空间的限制，信息交互也是即时的。当信息发送时，跨境电商企业可以同步接收消息并进行交流，及时了解消费者需求。也正是因为跨境电商即时性的特点，省去了传统外贸中的很多中间环节，这有助于买卖双方建立稳定高效的交易关系。三是数字化。在整个出口跨境产业链中，通过跨境电商交易平台逐步实现了信息化、数字化的贸易环节，包括商品信息介绍、信息交流与咨询、物流信息查询等。随着数字技术的不断发展，全球化贸易中的信息可以通过图片、数字、声音、视频等进行传递，信息呈现更加可视化。

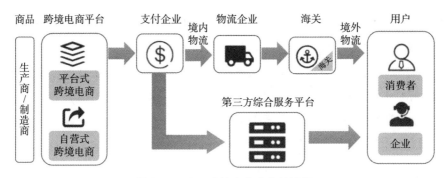

图 2-1　出口跨境电商产业链流程

2. 跨境电商平台发展概述

纵观跨境电商发展历程，其商业模式经历了多次创新，从最早的信息化营销平台到信息整合匹配平台，再到在线交易平台。

1999 年，作为阿里巴巴集团的第一个业务，阿里巴巴国际站的成立为中小微企业参与国际分工开辟了新路径。从阿里巴巴国际站成立到 2004 年，跨境电商平台主要提供线上黄页信息服务，参与跨境贸易的交易双方在线上借助黄页服务实现信息撮合，并完成线下交易，典型平台还包括环球资源网、中国制造网。2004~2015 年，跨境电商处于由信息撮合向线上交易过渡的阶段，同时，支付、物流、外贸综合服务等供应链服务逐渐由平台提供，交易数据与信息逐渐沉淀。平台运营商将原本跨境电商中分隔的营销、支付、物流等环节纳入自身服务范围，为用户提供一体化跨境电商服务集成供应链解决方案，而在这个过程中建立涵盖服务供应链各个环节的综合型服务信息系统是整个服务供应链运行的基础，该信息系统包括商品质量追溯系统、金融服务数据库、信用和风险评估等子系统，通过不断更新与适时维护提升服务供应链的信息服务能力。该类平台主要代表包括阿里巴巴国际站、速卖通、亚马逊、Wish 等。

阿里巴巴国际站信保业务于 2015 年上线，该业务有效保障了交易双方的利益，并使得交易全链路的数据基本实现沉淀，标志着我国 B2B 跨境电商实现线上交易全面转型。在这一阶段，受数字技术飞速发展和消费者个性化需求的影响，以阿里巴巴国际站为代表的一批跨境电商平台不断拓展功能，形成提供一站式营销、交易、支付结算、物流等服务的数字化外贸综合服务体系。通过跨境电商平台自身沉淀的海量数据，平台能够为买卖双方实现供需匹配，买卖双方可以在平台完成线上交易和履约。

2020 年，在新冠肺炎疫情的冲击下，线下消费受到限制，"宅经济"的诞生为线上交易带来机遇，促进跨境电商规模扩大。2020 年 8 月，国务院发布《国务院办公厅关于进一步做好稳外贸稳外资工作的意见》，其中，提到充分利用外经贸发展专项资金、服务贸易创新发展引导基金等现有渠道，支持跨境电商平台等发展；2021 年 3 月 12 日，"十四五"规划纲要发布，其中对跨境电商做出重要部署，并首次提出"贸易数字化"一词。在对外贸易中，跨境电商发挥着先导作用。一方面，跨境电商全流程数字化改造是贸易数字化的保障。利用数字化技术推进跨境电商全流程的数字化改造，建立多方协同的体系支撑，将大大提升跨境电商效能与竞争力。另一方面，跨境电商数字化、信息化公共服务平台为实现数据驱动提供支撑。建设数字化、信息化公共服务平台，实现商流、数据流、信息流的畅通交换，对数据的智能分析和洞察，有助于跨境电商企业获得更敏捷的行动力和市场反应速度，能够真正释放数据与信息带来的驱动作用。

2.1.2　中小微出口跨境电商企业

1. 中小微企业的概念

相比于传统外贸，跨境电商充斥了大量的中小微卖家。由于可以吸纳数量巨大的就业人口，中小微企业在各国经济发展中均发挥着重要作用。纵观各国政府和理论界对中小微企业的定义，可以发现，它们主要从定性和定量两个方面来界定中小微企业的概念。定性方面，一般根据企业发展水平来考量，但考虑到企业发展水平是随时间不断变化的，同时各国发展水平也不尽相同，因此，相关定义存在较大差别。定量方面，一般从企业人数、资产总额和营业收入这三个指标出发综合考量。在我国，2017 年国家统计局出台了《统计上大中小微型企业划分办法（2017）》，按照行业门类、大类、中类和组合类别，依据从业人员、营业收入、资产总额等指标或替代指标，并结合行业特点进行划分，最终将我国的企业划分为大型、中型、小型、微型四种类型，如表 2 - 1 所示。为便于研究，同时考虑到跨境电商出口主要以批发业和零售业为主，本书中中小微型企业的界定标准将参照表 2 - 1 中批发业及零售业相关指标的标准范围。

表 2 - 1　　　　　　　　　　中小微型企业划分标准

行业名称	指标名称	计量单位	中型	小型	微型
农、林、牧、渔业	营业收入（Y）	万元	$500 \leqslant Y < 20000$	$50 \leqslant Y < 500$	$Y < 50$
工业*	从业人员（X）	人	$300 \leqslant X < 1000$	$20 \leqslant X < 300$	$X < 20$
	营业收入（Y）	万元	$2000 \leqslant Y < 40000$	$300 \leqslant Y < 2000$	$Y < 300$
建筑业	营业收入（Y）	万元	$6000 \leqslant Y < 80000$	$300 \leqslant Y < 6000$	$Y < 300$
	资产总额（Z）	万元	$5000 \leqslant Z < 80000$	$300 \leqslant Z < 5000$	$Z < 300$
批发业	从业人员（X）	人	$20 \leqslant X < 200$	$5 \leqslant X < 20$	$X < 5$
	营业收入（Y）	万元	$5000 \leqslant Y < 40000$	$1000 \leqslant Y < 5000$	$Y < 1000$

续表

行业名称	指标名称	计量单位	中型	小型	微型
零售业	从业人员（X）	人	$50 \leq X < 300$	$10 \leq X < 50$	$X < 10$
	营业收入（Y）	万元	$500 \leq Y < 20000$	$100 \leq Y < 500$	$Y < 100$
交通运输业*	从业人员（X）	人	$300 \leq X < 1000$	$20 \leq X < 300$	$X < 20$
	营业收入（Y）	万元	$3000 \leq Y < 30000$	$200 \leq Y < 3000$	$Y < 200$
仓储业*	从业人员（X）	人	$100 \leq X < 200$	$20 \leq X < 100$	$X < 20$
	营业收入（Y）	万元	$1000 \leq Y < 30000$	$100 \leq Y < 1000$	$Y < 100$
邮政业	从业人员（X）	人	$300 \leq X < 1000$	$20 \leq X < 300$	$X < 20$
	营业收入（Y）	万元	$2000 \leq Y < 30000$	$100 \leq Y < 2000$	$Y < 100$
住宿业	从业人员（X）	人	$100 \leq X < 300$	$10 \leq X < 100$	$X < 10$
	营业收入（Y）	万元	$2000 \leq Y < 10000$	$100 \leq Y < 2000$	$Y < 100$
餐饮业	从业人员（X）	人	$100 \leq X < 300$	$10 \leq X < 100$	$X < 10$
	营业收入（Y）	万元	$2000 \leq Y < 10000$	$100 \leq Y < 2000$	$Y < 100$
信息传输业*	从业人员（X）	人	$100 \leq X < 2000$	$10 \leq X < 100$	$X < 10$
	营业收入（Y）	万元	$1000 \leq Y < 10000$	$100 \leq Y < 1000$	$Y < 100$
软件和信息技术服务业	从业人员（X）	人	$100 \leq X < 300$	$10 \leq X < 100$	$X < 10$
	营业收入（Y）	万元	$1000 \leq Y < 10000$	$50 \leq Y < 1000$	$Y < 50$
房地产开发经营	营业收入（Y）	万元	$1000 \leq Y < 20000$	$100 \leq Y < 1000$	$Y < 100$
	资产总额（Z）	万元	$5000 \leq Z < 10000$	$2000 \leq Z < 5000$	$Z < 2000$
物业管理	从业人员（X）	人	$300 \leq X < 1000$	$100 \leq X < 300$	$X < 100$
	营业收入（Y）	万元	$1000 \leq Y < 5000$	$500 \leq Y < 1000$	$Y < 500$
租赁和商务服务业	从业人员（X）	人	$100 \leq X < 300$	$10 \leq X < 100$	$X < 10$
	资产总额（Z）	万元	$8000 \leq Z < 120000$	$100 \leq Z < 8000$	$Z < 100$
其他未列明行业*	从业人员（X）	人	$100 \leq X < 300$	$10 \leq X < 100$	$X < 10$

资料来源：国家统计局。

注：＊项为行业组合类别。

2. 中小微出口跨境电商企业概述

本书中的中小微出口跨境电商企业主要是指在跨境电商平台上进行注

册，通过提高交易数额，逐步建立自身互联网信用并从事跨境贸易的中小微企业。近年来，国际全球化发展愈演愈烈，国家跨境电商扶持力度不断加大，越来越多的中小微企业涌入出口跨境电商。

进入数字经济时代后，中小微企业在寻求国际化发展过程中，虽然获得了平等发展的权利，能够以低成本获得高质量的信息服务和知识服务，从而在一定程度上克服了信息劣势，减少了与大型企业由于信息不对称而造成的潜在损失，但在数字化转型过程中，企业不仅需要掌握全面的宏观数据信息，还必须清晰地了解消费者的个性化需求，这对中小微企业来说具有一定的挑战性，具体表现为以下几个方面。

（1）信息意识淡薄。刚刚进入跨境电商行业的中小微企业，由于成立时间短，对于整个行业了解不足，只能着眼于片面化的平台经营，对于各环节如何更好地完善与经营，其认识并不全面。跨境电商作为新兴的贸易模式，近年来发展如火如荼，部分企业选择进入跨境电商行业时具有一定的盲目性，只看到跨境电商的成功发展而忽略了其中的风险因素，认为基于跨境电商平台进行商品展示即可多途径实现交易，忽略了平台比较、经营模式、物流选择等环节信息对企业经营的重要性。随着现代观念的转变，越来越多的消费者希望实现个性化服务，与商家通过沟通买到心仪产品，这便要求中小微企业提升信息意识，注重与消费者之间的信息互动交流，及时获取消费者需求及反馈信息，分析平台数据，尽最大努力满足自身信息需求。

（2）信息获取渠道单一。大部分中小微跨境电商企业由传统外贸企业转型而来，营销观念还停留在传统的贸易思维模式中，仅仅依靠线下广交会或者传统的市场调研获取信息。造成这种情况的原因，一方面是企业信息素养较低；另一方面则是受限于跨境电商信息服务市场发展还不完善。因此，在跨境电商运营模式中，企业不仅需要更加注重利用多种渠道获取多样化信息，比如，可以通过资讯类跨境电商平台、新媒体平台等多种渠道搜集政策、目标市场等信息，充分完善企业自身数据库，广大信息服务主体也需要进一步通过有效协同发展来提高全行业的信息服务水平，进而拓宽中小微企业信息获取渠道。

（3）信息利用效果差。信息一般经过分析与加工后，才能实现价值增值，进而才能运用到出口跨境电商交易活动的各个环节，指导企业决策。中小微跨境电商企业由于资金、技术、人才等缺乏，对信息的利用能力有限，不能全面分析自身所拥有的信息，难以充分发挥信息价值。并且从供给端来看，信息服务主体较为分散的信息服务所导致的信息服务质量不高也是影响中小微企业信息利用效果差的原因之一。

2.1.3　跨境电商信息服务

1. 跨境电商信息服务的概念

信息服务是信息管理活动的出发点和归宿，是信息管理学研究的重要内容和领域，是以服务对象需求为导向，利用切实有效的服务策略向用户提供所需信息的服务活动（周承聪，2011）。信息服务活动包含信息服务对象、信息服务主体、信息服务内容、信息服务策略四个要素。信息服务对象是信息服务的导向和出发点，一切信息服务的最终目的都是满足服务对象的信息需求；信息服务内容是信息服务的基础，通过特定的服务和信息产品展现出来；信息服务策略是实现信息服务的路径，指提供信息服务的手段方法；信息服务主体是信息服务活动的实施者，运用服务策略将服务内容提供给服务对象。这些要素之间相互作用、紧密连接，共同构成了信息服务活动。

结合跨境电商的特点，跨境电商信息服务可以定义为跨境电商信息服务主体以跨境电商进出口贸易过程中信息服务对象的信息需求为依据，搜集、整理、加工、分析信息资源，并以不同的服务方式或手段将服务内容提供给跨境电商信息服务对象的活动。

2. 跨境电商信息服务四要素

跨境电商信息服务过程可以涵盖信息服务对象、信息服务主体、信息服务内容、信息服务策略四个要素，如图 2-2 所示，分别从这四个要素来把控整个跨境电商信息服务过程，可以提高跨境信息服务质量，探索跨境电商信息服务新模式。

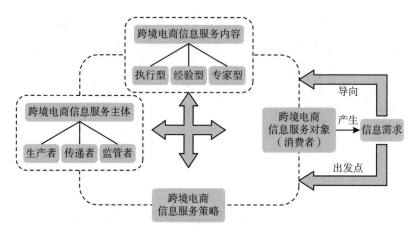

图 2-2　跨境电商信息服务要素结构

（1）信息服务对象。跨境电商信息服务对象是信息服务的接受者，包含跨境电商平台运营商、平台内经营者等多种类型。现实中，不同类型的信息服务对象在特定情境下会产生不同的信息需求，特别是中小微企业受困于自身资源局限性，对信息服务需求更加迫切。满足信息服务对象的信息需求是信息服务活动的出发点和落脚点，贯穿整个信息服务流程始终。

（2）信息服务主体。信息服务主体是信息服务的发起者。根据信息服务内容，信息服务主体可以划分为信息服务生产者、信息服务传递者、信息服务监管者三类。信息服务生产者为信息服务提供必要的信息资源，信息服务传递者对信息资源进行集成和处理，信息服务监管者保障信息服务的规范性和有序性。跨境电商信息服务主体包括跨境电商运营商、跨境电商服务提供商、政府部门等。综上所述，信息服务主体在信息服务活动中扮演了重要角色，是信息服务的提供者和实施者，各信息服务主体间通过合作完成信息资源的产生→集成→加工→流通→保障过程，再选择适宜的信息服务策略将信息服务内容传递给信息服务对象。

（3）信息服务内容。信息服务内容是信息活动的价值所在，也是区分不同信息服务主体的重要标准。信息服务的发展主要是由信息技术来推动的，而信息服务的质量又与信息服务主体能力息息相关，因此，信息服务依托于人力、技术等资源来进行优化和发展。据此可以将信息服务划分为执行型信息服务、经验型信息服务、专家型信息服务三种类型（李桂华，2022）。三种类型信息服务的难度和服务价值依次升高，服务范围由宽泛到具体。其中，跨境电商执行型信息服务依托于与之匹配的服务系统，在收集跨境电商信息资源的基础上对其进行序化处理，设计并定期维护配套的信息管理系统，其前台产品主要为用户所需的跨境电商信息或信息组合；经验型信息服务要求信息服务人员具备一定的跨境电商知识和服务经验，在采集用户所需跨境电商信息的基础上，对跨境电商信息进行整合和进一步加工。对于经验型信息服务来说，用户能否准确表述自己的跨境电商信息需求以及服务人员自身的跨境电商知识经验都会对信息服务效果产生重要影响，其前台产品主要为定制的跨境电商信息服务产品。专家型信息服务则由专业性和知识性更强的服务人员主导，根据用户的跨境电商信息需求进行广泛的收集和深入的解读和分析，其前台产品主要为围绕跨境电商用户所提需求的针对性报告与解决方案。总的来说，上述类型的信息服务内容由信息服务主体提供，再通过信息服务策略传递给信息服务对象，信息服务主体在选择信息服务内容时也会着重参照信息服务对象的信息需求。

（4）信息服务策略。信息服务策略是信息活动开展的具体手段和方法，会直接影响信息服务对象的感观和体验。信息服务主体在选择信息服务策略时，既要考虑到信息服务主体的信息服务能力与信息服务的内容特点，也要考虑到信息服务对象的便捷度和体验感，综合两方因素进行选择。

综上所述，当跨境电商信息服务对象产生并意识到信息需求时，会主动向跨境电商信息服务主体寻求帮助，跨境电商信息服务主体接收到信息服务对象的需求后，通过具体的方式方法和实施策略将跨境电商信息服务内容提供给信息服务对象。服务过程中，信息服务对象也会针对跨境电商信息服务内容和信息服务策略两方面向跨境电商信息服务主体进行反馈，这些反馈能够帮助跨境电商信息服务主体不断改进信息服务内容和服务策略，由此实现跨境电商信息服务主体与跨境电商信息服务对象的交互，直到完成整个跨境电商信息服务活动。需要注意的是跨境电商信息服务内容和信息服务策略并不是割裂的，而是相互影响，相互促进的。跨境电商信息服务内容需要通过具体的信息服务策略来展现，合理的信息服务策略又会对跨境电商信息服务内容起到正向促进作用。整个跨境电商信息服务活动过程中，跨境电商信息流在信息服务主体、信息服务对象、信息服务内容、信息服务策略四个要素之间不断循环传递和流通。

3. 跨境电商信息服务的特点

作为一种国际商业活动，跨境电商信息服务呈现出了新的特征，具体如下。

（1）信息服务内容类型多样。从信息服务内容的类型来看，既包括物流、支付、海关等浅层次的执行型信息，又包括市场需求分析和发展前景预测等深层次的经验型或专家型信息；既包括传统国内电商交易流程信息，又包括通关、报检、外汇结算和退缴税等信息。

（2）信息服务成本较高。跨境电商需要跨越不同国家或地区的关境，相比国内电商而言，其信息获取难度较大，信息获取效率和交易成本会有所增加，从而会增加信息服务成本。

（3）信息服务机构构成复杂。目前，跨境电商信息服务机构有多种运营模式，包括政府主导、企业主导、行业协会主导、高校及科研院所主导。不同运营模式的信息服务主体提供的信息服务侧重点有所不同，但不同信息服务主体之间缺乏互联互通，信息资源共享与业务协同程度较低，造成资源严重浪费。

（4）信息服务策略差异化。跨境电商信息服务对象包括大量国外商家和消费者，考虑到这部分群体的消费习惯和价值差异，信息服务主体的服务策略制定应从全球角度出发，从地区情况着手进行具体实施。

（5）信息服务主体多重关系并存。同一类型信息服务主体之间通常是竞争、合作或竞合关系，不同类型的信息服务主体之间通常是平等、合作的共生关系。在一定的条件下，信息服务主体之间的关系会发生转变。

2.2　理 论 基 础

2.2.1　商业生态系统理论

1935 年，英国生态学家坦斯利（Tansley）首次提出了生态系统的概念，指在一定时空范围内，物种、群落和无机环境之间，利用能量流动和物质循环通过频繁交互作用而形成的复杂系统，这种复杂系统是地球表面自然界的基本单位。伴随着商业组织日益复杂、商业活动越发频繁，1993 年，摩尔（Moore）首次将生态系统的概念引入企业管理活动中，提出了商业生态系统的概念。他认为，商业生态系统是基于组织和个人相互作用的一个经济联合体。在商业生态系统内，成员之间的交互不能仅以竞争作为自身发展战略，它们之间应该相互依赖，共同存亡，进而实现整个商业生态系统共同发展演化。基于生态系统提出来的商业生态系统不局限于系统规模的大小，它既可以指企业内部商业活动的集合，也可以指多种企业协同并存共同形成的商业联合体。扎哈拉和南比桑（Zahra & Nambisan，2012）认为，商业生态系统一般需要有一个核心参与者来组织系统，同时激励其他参与主体通过相互协作、共同演化，实现目标与行为的匹配，是一个典型的领导型网络组织。

伴随着互联网的出现，依托商业生态系统理论，刘志坚（2006）较早将其引入电子商务研究中，强调电子商务生态系统是由一些紧密关联的企业或组织，以互联网为平台，通过联盟等形式实现优势互补、资源共享的有机生态系统。作为电子商务发展衍生出来的一种新型贸易形态，跨境电商生态系统的观点较早出现在实业界，以马云为代表，在阿里巴巴招股说明书中，曾 24 次提到"生态系统"（张夏恒，2021）。随后，学术界出现了从商业生态系统理论视角分析跨境电商的大量研究，如张夏恒（2016）

最早提出了跨境电商生态系统的构成要素，他认为跨境电子商务平台是整个跨境电子商务生态系统资源的领导者，承担着资源整合与信息沟通及协调的作用，是跨境电商生态系统的核心物种。李隽波等（2019）借助扎根理论，归纳出跨境电子商务生态系统的构成要素为成员、内部要素和生态系统环境三个层面。跨境电商生态系统具体指与活动相关的个体、企业、组织或政府机构为"物种"，以跨境电子商务平台为沟通、竞争与合作的途径及媒介，通过各种形式进行优势互补与资源共享，且物种间及物种与环境间存在动态的物流、商流、资金流、信息流的流动、沟通、共享与循环，进而构成一个多要素、多层面、多角度、多层级的复杂的电子商务生态系统（张夏恒，2017）。跨境电商生态系统内部存在很多子系统，不仅包括跨境电商、跨境物流、跨境支付，还包括海关、检验检疫、营销、金融等。因此，跨境电商生态系统中伴随着大量的信息流动，且各子系统之间的有效协同可以促进跨境电商生态优化升级。但考虑到跨境电商生态圈中各子系统关系复杂，相互制约，任何一个子系统内部信息不完善，系统之间的信息不匹配都会影响跨境电商生态的良性运转。因此，实施信息协同，构建包含多元主体的跨境电商生态系统可以促进信息共享及信息资源有效融合，提升信息化建设，有助于跨境电商生态系统健康可持续发展。

综上所述，为了更好地实现跨境电商的可持续发展，异质性、互惠性的企业如跨境物流、跨境支付、营销、金融等融合在一起，形成了共生共赢型组织，而商业生态系统为系统内的各个成员的发展营造了良好的和谐共生情境。

2.2.2　信息服务生态系统理论

2010 年，瓦尔戈和卢什（Vargo & Lusch）基于服务主导逻辑提出了服务生态系统的概念，服务生态系统的核心思想是参与者在服务交换过程中通过资源整合和制度约束互动并在特定情境下实现价值共创（Lusch & Nambisan，2015）。服务主导逻辑和服务系统在一定程度上为服务生态系统中的资源整合与价值共创思想提供了理论支撑。巴里尔等（Barile et al.，

2016）将服务生态系统的特征简要概括为：第一，服务生态系统是一个相对独立的、有边界的系统；第二，服务生态系统中的参与者能够进行自我调节和资源整合；第三，服务生态系统中的参与者相互连接、实现资源共享；第四，经过服务交换后，服务生态系统可以实现价值共创。

信息服务生态系统作为信息服务业与服务生态系统二者的集合体，指的是在一定的社会空间与社会时间范围内，信息服务生态因子之间通过信息传递与信息交流相互联系、相互作用而形成的一个统一整体（周承聪，2015）。信息服务生态系统可以分为信息服务生态主体和信息服务环境两大部分，根据生态主体与信息服务的作用关系可以分为信息服务生产者、信息服务传递者、信息服务消费者以及信息服务监管者（郭海玲，2021）。信息服务环境是信息服务生态主体存在发展的背景、场所等要素的总和。由此可以看出，信息服务生态系统是一个复杂系统，以信息服务个体和信息服务种群为基础，通过信息服务种群内外部组织的协同作用，共同发展而成的一个信息服务网络系统。

进入 21 世纪，随着互联网通信技术的飞速发展，国内外学者对信息服务生态系统的研究进入了新的阶段，开始应用该理论研究解决具体领域中的实际问题，并形成了较为丰富的研究成果。申（Shen，2005）借鉴信息服务生态理论对有限的医学图书馆信息资源进行科学部署。在评估生态效益方面，阿布扎比（Abukhader，2008）利用生态效益概念制定了信息服务生态系统效益评价指标。范乌登霍芬（Van Oudenhoven，2018）等构建了基于现代电子商务理论的信息服务生态效益模型。

国内对信息服务生态的研究开始较晚，国内学者大多将信息服务生态应用于信息资源应用评价与信息服务模式构建研究。陶威等（2016）针对当下信息服务产业个体互动性不足的情况，在价值共创共享和信息服务生态系统视角下探索信息服务系统协同演化机制与规律，力求提升信息服务生态系统质量。刘佳等（2019）利用信息生态学和服务生态系统等理论分析了科技信息服务生态链的构成与特点，并在此基础上构建了科技信息服务生态链模型。娄策群和徐黎思（2011）将信息服务生态链进行解构，通过分析生态链中节点质量、数量、特点以及相互间关系确定影响信息服务生态链功效的因素，并按照影响要素提出有针对性的策略。谢人强和叶福兰（2018）从研究信息服务生态系统中的信息人、信息、信息技术、信息环境等要素出发，构建了数字图书馆网站信息服务生态性评价指标体系。由上述研究与成果可知，信息服务生态系统作为一套成熟的理论体系，在相关研究中具有较大的影响，深受国内外学者的认可与使用。

2.2.3 意义建构理论

1983 年，德尔文（Dervin）在以用户为中心这一观点的基础上提出了意义建构理论。意义建构理论将人的认知与信息行为结合到一起，个人角色与其所面临的时空环境构成了特有情境，信息的不连续性使得情境产生不确定性，给个体的认知过程造成障碍或鸿沟，在这种状态下，个体通过自身认知与外部环境的共同作用，搭建起能够跨越鸿沟的桥梁，达成解决方案。意义建构理论是解释沟通、信息与意义之间关系的概念性工具。其核心内容为：第一，外部情境是不断变化的，信息是不连续的，存在间断部分；第二，面对信息时，个体具有主观能动性；第三，个体面临的情境会对信息内容获取和信息渠道选择产生影响。意义建构理论最初由情境、鸿沟和使用/帮助三个主要元素构成，如图 2 - 3 所示。其中，"情境"是指个体所处的特定时空背景；"鸿沟"是指个体在构建认知时出现的障碍或待解决的需求；"使用/帮助"是个体在跨越鸿沟后形成的解决问题的方法。

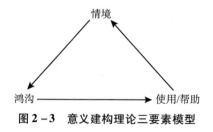

图 2 - 3 意义建构理论三要素模型

随着研究的深入，德尔文（1987）将原来的模型扩展为四要素模型，加入了"桥梁"元素，指个体通过信息查询等方式来搭建"桥梁"，以实现跨越"鸿沟"的目的，如图 2-4 所示，企业用户在出口跨境电商交易过程中，由于跨境电商的复杂性和不确定性，难免会遇到各种各样的问题，产生跨境电商信息需求，通过在跨境电商交易平台、政府网站、新媒体平台等来获取信息弥补认知差距，从而获得理想的认知结果，进入一个新的认知状态中。

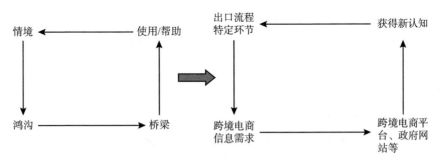

图 2-4　意义建构理论四要素模型应用

2.2.4　资源依赖理论

资源依赖理论的萌芽产生于 20 世纪 40 年代塞尔兹尼克的"共同抉择"理论，直到 70 年代在菲佛和萨拉尼（Pfeffer & Salanic）合著的《组织外部控制：资源依赖视角》（*The External Control of Organization：A Resource Dependence Perspective*）一书中被首次定义。资源依赖理论强调了组织的生存和发展离不开各种资源，而这些资源是组织自身不能完全自给自足的，需要通过与外部环境进行资源交换来获得，由此产生依赖性。这种依赖是相互的，即两个组织可以同时相互依赖。该理论的核心包括三条原则：第一，组织是由内外部共同构成的一个综合体；第二，环境中包含对组织有生存价值但稀缺的资源，由此，组织获取资源具有不确定性，不确定性是指从其他组织中获取资源的困难度和多变性；第三，组织的工作和环境之间存在两个目标：获取对资源的控制，减少对他人的依赖，获取对资源的控制，提高他人对自己的依赖（王姣，2015）。

随着资源依赖理论的逐渐成熟，其被广泛应用于各个领域，部分学者将其与协同学理论相关联并进行研究。吕晖等（2010）构建了供应链伙伴间资源依赖、信任、关系承诺与跨组织信息系统协同之间关系的理论模型。邹波等（2013）基于资源依赖理论，对大学、企业、政府"三螺旋"创新的协同效应进行了深入研究——三者通过坚守自身边界，在分工的基础上强化了自身的资源优势，为产生创新的协同效应奠定资源基础；三者通过打破各自边界，在互动过程中进行资源互补，并通过每一方发挥其他方的功能，提高了对环境的适应能力，产生创新的协同效应。王海军和温兴琦（2018）桥接了资源依赖、模块化理论和协同创新理论，分析了资源依赖和模块化对于协同创新的交叉调节影响关系，研究设计了基于模块化的"产学研用"协同创新网络组织模型和模块化协调机制。曾靖指出：地方高校可以与地方建立稳定的资源依赖关系，通过建立协同发展的"城市＋大学"新型校地关系，推动地方高校转型发展目标的实现。刘和东和陈文潇（2020）基于资源依赖、行为协同等理论，解构提升合作绩效机制的黑箱，并运用结构方程模型验证资源互补与行为协同，提升高新技术企业合作绩效机制，找准提升高新技术企业合作绩效的有效路径。

综上可知，各主体间的资源互补性是它们产生依赖关系的基础，在该基础上形成的依赖关系对主体间的协同效应具有促进作用，而资源依赖理论也由此成为多主体间协同研究的基础理论之一。在跨境电商信息服务协同中，信息、知识、技术、人才等资源依赖成为跨境电商平台运营商与其他信息服务提供商之间协同的动力机制和催化剂。

2.2.5 协同论

协同论（synergetics）诞生于20世纪70年代，是由德国著名物理学家哈肯（Haken，1977）在研究激光理论的过程中提出的科学理论，意为"一门关于协作的科学"。起初协同学被用于物理学领域，主要用来研究开放系统中的能量交换问题，随后，协同学融合了系统论、控制论、信息论、突变论等思想，内涵逐渐扩充，开始应用到计算机科学、社会学、管理学等诸多学科领域中。协同学将一切研究对象看作由要素或子系统构成的复杂系统，这些要素或子系统之间会进行一系列的物质或能量交换，相互作用，最终在协同效应的作用下使整个系统的功能和特征发生变化。

协同学认为，系统中各要素或子系统之间的相互作用使得系统整体性质发生变化，系统内部大量子系统之间相互竞争合作，产生协同效应。简单来说，组织的整体效应并非是单纯的系统各要素数量相加之和，通过有效协同可以实现"1 + 1 > 2"的效果。现实社会中，协同是一种更高层次的合作方式，参与协同的各主体之间通过共享技能、共享有形资源、协调战略、垂直整合、联合力量等方式实现协同共享，最终形成一个稳定运行的协同系统，通过系统内协同合作，放大系统的整体功能效用（许子媛，2017）。

随着计算机技术和信息服务理念的发展，越来越多的学者将协同学应用到信息资源协同、信息行为研究以及机构协同信息服务等相关信息科学领域中。其中，信息资源协同研究涵盖理论研究和实践研究，理论研究集中在对信息资源协同配置的内涵、协同机理及评价体系构建等方面，实践研究注重分析某一行业或企业组织的信息资源协同配置机制问题。目前，已有学者基于协同学思想，分析了金融、农业、智慧政府等行业机构的信息资源优化协同配置机制。随着 Web 2.0 和社交媒体网络的发展，图情机构的信息服务也逐渐呈现出协同化趋势（邓胜利、付婷，2018）。因图情机构、智库等在资源集聚方面具有明显的优势，都是协同服务体系中的关键成员，相关成果主要集中在对图情机构之间，以及图情机构与其他信息服务机构间协同创新问题的研究上，相关研究具体分析了图书馆与不同信息服务系统之间通过合作、互动及整合方式实现特定信息服务任务的过程（吴敏琦，2013；初景利，2018）。

可见，在图书情报领域，协同学理论非常具有影响力。跨境电商信息服务生态系统同样是一个寻求多主体协同合作的复杂系统，不同的服务主体是其子系统，各子系统之间如何协同配合使得跨境电商信息服务系统整体实现可持续发展是一个亟待解决的问题，而协同论可以为该问题研究提供新的理论视角。其可行性主要表现为：其一，在理论层面，协同论思想强调多元主体的协同配合，通过协同合作来使跨境电商行业内部资源充分流动，子系统间的资源得到优化配置，进而创造更多效益，最终优化系统效能，实现跨境电商信息服务水平的提升，这为跨境电商信息服务模式构建及成效评价打下了坚实的理论基础；其二，在实践层面，在跨境电商信息服务实践活动中，存在各参与主体配合度低、系统运行效能低等诸多问题，需要在协同论的指导下，实现跨境电商信息服务系统的高效运转。所以，无论是在理论上还是实践中，协同论在跨境电商信息服务中的应用都是可行的。

2.2.6 复合系统理论

复合系统通常是指由结构、功能各不相同的两个或两个以上子系统因某种共同目的在特定区域内通过协同作用而组成的复杂系统的集合，复合系统内部、各子系统之间存在相互联系和相互作用，其整体状态与每个子系统息息相关（张兰生，2020）。由于事物的生存与发展都是普遍联系的，所以在现存系统中单纯的系统并不多见。从宏观的角度来看，所有系统都处于一个复合系统中。

复合系统在结构上是由各个子系统构成的，而各个子系统又是由描述系统结构与功能最基本的元素组合而成，这展现了复合系统明显的层次结构特性。而且由于构成系统的基本要素数目多、差异性大，这导致每个子系统呈现出复杂多样的结构，进而影响到复合系统的划分（白华、韩文秀，2000）。复合系统的总目标是通过各子系统的复合协调来使整体复合系统达到总体优化水平。因此，在建构复合系统时必须考虑各个子系统的独立性、相关性以及复杂耦合的特点，这样才能确保所建构的复合系统具有明确的目的性、整体性、动态性、科学性以及层次性的特点。

基于复合系统理论的上述特点，越来越多的学者逐渐认识到复合系统理论对解决各学科领域复杂问题的重要意义，并且开始使用复合系统理论来开展学术研究，在此基础上形成了较多的学术成果。王海龙等（2014）构建了信息产业模块化与产业创新复合系统协同度模型。冯缨和徐俊

（2018）以复合系统理论为基础，构建了社会化媒体环境下的信息生态系统协同度模型，为信息生态系统的应用提供了新的视角。除此之外，复合系统理论也被广泛用于解决区域创新、高新技术产业协同创新等创新系统协同模型构建方面（王玉冬等，2019；Ivascu et al.，2016）。由上述研究与成果可知，复合系统理论作为一套体系完备的理论，在解决复杂系统问题上有较大应用价值。

2.3　本 章 小 结

本章为跨境电商信息服务协同创新模式研究的概念界定与理论基础分析。首先根据研究内容界定了跨境电商、中小微出口跨境电商企业、跨境电商信息服务等相关概念，并对跨境电商信息服务四要素及其特点进行了概括；接下来对商业生态系统理论、信息服务生态系统理论、意义建构理论、资源依赖理论、协同论、复合系统理论进行了梳理和评述，其中商业生态系统理论和信息服务生态系统理论是跨境电商信息服务生态系统模型建立的依据，意义建构理论是跨境电商企业用户信息需求分析的支撑，资源依赖理论和协同论是跨境电商信息服务协同创新模式构建、评价及完善的基础，复合系统理论是跨境电商信息服务协同度测算的依托。本章内容为后续所有研究提供了坚实的理论基础。

第 3 章

跨境电商信息服务生态
系统理论模型分析

　　探究跨境电商信息服务协同创新模式，需要在把握跨境电商信息服务生态系统的基础上，深入分析跨境电商信息服务生态系统构成要素，探究各要素之间的相互作用关系。基于前文对商业生态系统、信息服务生态系统等相关理论的综合研究，本章将结合跨境电商信息服务特点，构建跨境电商信息服务生态系统理论模型。跨境电商信息服务生态系统模型，一方面可为构建跨境电商信息服务协同创新模式提供理论依据，另一方面也有助于帮助跨境电商信息服务主体分析与解决信息服务失衡问题，进一步提高跨境电商信息服务质量和效率，推动跨境电商信息服务健康长远发展。

3.1　跨境电商信息服务生态
系统概念及构成要素

　　从商业生态系统、信息服务生态系统的概念来看，它们均是在遵循生态系统概念诠释的基础上与自身特性相结合而形成的相应概念。本书依托商业生态系统、信息服务生态系统构建了跨境电商信息服务生态系统，因此，跨境电商信息服务生态系统同样遵循生态系统基本原理。本书认为，跨境电子商务信息服务生态系统具体是指：以跨境电商信息资源为基础，以跨境电商信息服务机构为核心，以用户需求为发展定位，以信息服务价值共创为战略目标，由跨境电子商务信息服务过程中的各种信息服务生态主体，信息服务环境共同参与形成的一种具有跨境电商信息资源整合、共享、传递、互动等功能的竞合共生、动态调节的生态系统（郭海玲等，2021）。综上所述，跨境电商信息服务生态系统是一个极其复杂的复合生态系统，其组成要素包括跨境电商信息服务生态主体、跨境电商信息资源和跨境电商信息服务生态环境。

3.1.1　跨境电商信息服务生态主体

1. 跨境电商信息服务生态主体构成

信息服务生态主体是信息服务活动的实践者和主导者，通过利用各种工具和技术，促进信息服务生态系统的协同演进、稳定平衡及动态发展（郭海玲等，2021）。在跨境电商背景下，信息服务生态主体主要包括跨境电商平台运营商、跨境信息服务提供商以及政府部门为主的跨境电商信息服务供给主体以及跨境电商平台内经营者为主的信息服务需求主体。基于跨境电商的发展与实际运行情况，不同主体均在整个生态系统中发挥着不可或缺的重要作用。其中，跨境电商信息服务供给主体是跨境电商信息服务的提供者，可以进一步划分为跨境电商信息服务生产者、信息服务传递者及信息服务监管者，分别负责产出、传递、监管信息资源，促进信息服务实施与发展。跨境电商信息服务需求主体是具有一定信息需求的信息服务消费者，指参与信息活动并对信息有需求的个人、企业或其他组织机构。二者在跨境电商信息服务生态系统的演进过程中发挥着重要的能动作用，共同促进跨境电商信息服务的平衡与发展。

2. 跨境电商信息服务生态主体层次关系

跨境电商信息服务生态系统是借鉴自然生态系统而来，因此，其也具有生态系统的特征。自然生态系统主体按照结构层面范围由大到小可以划分为生物群落、生物种群、生物个体（见图 3 - 1）。跨境电商信息服务生态系统作为一种全新的生态系统，是整个研究的基础，必须界定好生态主体的层次关系。

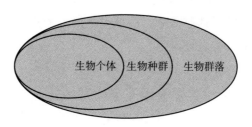

图 3-1　生态主体层次关系

（1）生物个体。生物个体是参与生态系统活动的最基本单位。在跨境电商信息服务生态系统中，个体是参与跨境电商信息服务行为的独立信息人，是跨境电商信息服务生态系统运行的直接参与者。信息人指的是一切需要信息并参与信息活动的个人和社会组织（周承聪，2015）。在现实世界中，因为个人、企业或组织机构都需要信息并进行着信息活动，所以每一个人、每一个企业、每一个组织机构都可以称为个体。个体作为跨境电商信息服务生态系统中信息交流与传递的具体单位，能够随着生态系统的变化及时调整与不断更新，所以在整个生态系统中起着重要的作用。

（2）生物种群。生物种群指的是在一定时间和空间内同种生物个体的集合，也是生态学中的一个重要概念。在跨境电商信息服务生态系统中，信息服务生态种群是具有相同信息活动特征生态个体的集合。从构成种群来看，跨境电商信息服务生态系统种群包括核心种群、支撑种群、领导种群、关键种群和寄生种群。虽然在跨境电商运作过程中，寄生种群发挥着不可或缺的作用，包括翻译公司、技术支持公司、营销服务商，等等，但因为其种类繁多，且不同种群寄生方式也有所不同，所以本书暂不对寄生种群进行深入研究，下面将重点介绍其余四种种群类型。

第一，跨境电商平台种群。跨境电商平台是国际贸易的重要载体，能够让不同国家的交易个体打破时空界限，实现跨国交易的电子交易平台。种群是物种进化特征反映的基本单位，跨境电商平台种群是指能够发布跨境商品交易信息、完成跨境商品交易流程的相关跨境电商企业的集合体（张兰生，2020），在信息服务层面，种群具有跨境电商平台个体所具有的全球性、无形化和及时性的特点。在主体属性上，跨境电商平台种群既能够作为信息服务生产者汇总和发布信息，让交易更加方便快捷；又能够作为信息服务传递者将不同国家的商贸信息精准传递到企业用户手中；还可以作为信息服务消费者获取并吸收来自各类服务提供商以及政府部门方面的信息，通过其他主体的信息服务来提升自身服务质量。由此看出，跨境电商平台种群是跨境电商信息服务生态系统中的核心种群。

第二，跨境电商物流种群。跨境电商物流是在电子商务环境下，依靠互联网、大数据、信息化与计算机等先进技术，使商品从跨境电商企业流向跨境消费者的物流活动（何江、钱慧敏，2017）。跨境电商物流种群是由跨境商品运输、仓储等跨境电商相关服务支持企业集合而成的，有较为多样的物流运输模式，例如，邮政包裹、国际快递、跨界专线物流以及海外仓等。在主体属性上，跨境电商物流种群可以作为信息服务生产者对物流层面的信息进行整合生产，以期转化为自身信息服务，也可以作为信息服务消费者，通过供应链中其他主体的信息服务对跨境电商信息进行收集获取以辅助决策。由此看出，跨境电商物流种群是跨境电商信息服务生态系统中的支撑种群。

第三，跨境电商支付种群。跨境支付是指两个及以上国家或者地区之间因跨国贸易、跨国投资等商贸活动而产生的国际间资金往来，并借助结算工具和支付系统实现资金跨国或跨地区转移的金融活动。跨境电商支付是基于跨境支付发展而来的，是将跨境支付作为必要手段以完成跨境电商交易的活动。由此，跨境电商支付种群是指跨境电商交易活动中为交易双方提供交易结算的支付机构的集合。在实际跨境电商运行中，跨境电商支付种群通常包括汇款公司、国际信用卡组织、跨境收款公司以及第三方跨境支付公司等。在主体属性上，跨境电商支付种群与跨境电商物流种群类似，在跨境电商信息服务生态系统中可以在信息服务生产者与信息服务消费者之间进行角色转换。所以，跨境电商支付种群也是跨境电商信息服务生态系统中的支撑种群。

第四，政府种群。政府是指国家进行统治和社会管理的机关，是国家表示意志、发布命令和处理事务的机关（李鹏，2010）。政府种群在跨境电商信息服务生态系统中处于特殊地位，这是由政府在信息服务中所起到的作用所决定的。在跨境电商信息服务生态系统下，政府种群通常由工业和信息化部、国家互联网信息办公室、海关总署、商务部、质检总局等多个部门组成。在主体属性上，政府种群所扮演的角色十分复杂。首先，作为信息服务生产者，政府种群中的统计局等相关部门提供其他主体信息内容的整理加工服务，在此基础上发改委、商务部等部门通过信息的分析汇总还可以产生各种政策或相关行业指导意见等相关信息，并且政府种群信息服务具有其他种群所不具备的权威性与真实性；其次，作为信息服务传递者，政府种群中还有国新办等部门进行信息报道与发布服务；再次，作为信息服务消费者，政府中的相关部门也适时地获取或使用其他种群的信息服务；最后，政府种群还可以作为信息服务监管者，这是政府种群不同于其他种群的重要体现，政府种群具有无可争辩的执法权，并且政府种群是非商业主体，通过对跨境电商信息服务的监管可以很好地维护整个生态系统的公平与正义。由此可以看出，政府种群是跨境电商信息服务生态系统中的领导种群。

第五，企业用户种群。在跨境电商背景下，企业用户指在跨境电商平台内从事跨境贸易的境内外中小微企业，它们是跨境电商信息服务的主要消费者与重要服务对象。不同于传统企业用户对信息服务的被动获取，在依靠互联网高速发展的电子商务时代背景下，企业用户的个性化、专业化信息需求发展趋势日益显著。从跨境电商信息服务生态系统的视角来看，虽然企业用户种群不属于本书信息服务生态的核心主体种群，但作为信息服务的最终环节与信息服务的终端接受者，企业用户种群在评价信息服务质量与成效反馈上具有突出作用。

（3）生物群落。自然条件下，生物群落是指在一定时间和空间内分布的各物种的种群集合（陈光磊，2015），生物群落下各个种群的物种通过捕食、共生、寄生等方式实现基础能量的获取与种群的生存与繁衍，种群间的相互关系决定了群落的结构与功能。同理，在跨境电商信息服务群落中，跨境电商信息服务种群也主要通过信息流的传递来获取能量。但不同于自然界的能量守恒定律，信息资源具有无损性与增殖性，所以各个信息服务种群间的共同传递可以促使信息价值的有效增长。跨境电商信息服务生物群落的形成作为跨境电商信息服务生态系统发展标志性的分界点，在整个跨境电商信息服务生态研究中具有重要意义。

3.1.2　跨境电商信息资源

信息资源是信息服务生态系统的基本单位，遍布于生态系统各个角落，且信息资源的有效传递可以推动信息服务生态系统发展。在跨境电商信息服务生态系统中，信息资源是信息服务发展的基础，主要指为用户提供的与跨境电商业务开展相关的文字、图片、语音、视频等各种类型的信息。它既包括跨境电商市场动态信息、政策信息、交易主体信息以及相关产品信息等一次信息，同时也包括对以上信息进行整合、加工、分析而形成的二次信息。从信息内容方面来看，跨境电商信息资源也包含跨境电商相关政治信息、经济信息、科技信息等。这些不同类型信息资源的数量和质量会直接影响跨境电商信息服务生态主体决策效率及决策行为，是跨境电商发展的核心力量。

3.1.3　跨境电商信息服务生态环境

信息服务生态环境通常指对信息服务生态系统中的信息活动产生影响的环境因素。跨境电商信息服务生态环境由内部环境和外部环境构成，其中起主要作用的是内部环境，主要包括信息服务技术、信息服务时空、信息服务制度等一切能对跨境电商信息服务生态主体造成影响的信息服务要素的总和（娄策群、赵桂芹，2006）。其中，信息服务技术是辅助跨境电商信息服务供给主体向跨境电商信息服务需求主体提供信息服务的技术手段，常见的跨境电商信息服务技术包括信息传输技术、信息加密技术、安全认证技术等；信息服务时空是开展信息服务活动的特定时间与空间，虽然跨境电商的全球化发展逐渐突破了原有时空限制，但国内外信息服务用户在实际体验中仍然受限于信息服务时空差异；信息服务制度是跨境电商信息服务的认识标准与行动准则，主要用于保障信息服务在公平合法的范围内健康发展。外部环境主要包括政治环境、经济环境、科技环境、社会环境、文化环境、法律环境，是信息服务生态系统外部宏观层次上的环境因素，间接影响信息服务生态主体的信息服务活动，且与内部环境因素相比，外部环境对信息服务生态系统的影响较为微弱。政治方面，主要涵盖国家政治形势、政策变化等，是保障跨境电商发展的政治力量；经济方面，主要指社会整体经济发展水平，是跨境电商发展的基础；科技方面，主要包括互联网的普及程度及社会整体信息化程度等，是跨境电商发展的重要生产力；社会方面，主要指社会舆论、道德风气等，良好的社会环境可以促进跨境电商信息服务生态主体之间的友好互动；文化方面，主要包括社会整体价值观、社会风俗习惯等，是跨境电商健康发展的精神支柱；法律方面，主要指国家相关部门颁布的法律法规等，在一定程度上能对跨境电商的发展起到调节作用。

3.2　跨境电商信息服务生态主体与其他要素间的相互作用

　　事物之间以及事物内部诸要素之间是普遍联系的，所以跨境电商信息服务生态系统作为一个有机整体，其各构成要素并不是孤立的，而是相互影响的，相互联系的。此外，由于信息服务生态主体是跨境电商信息服务生态系统中所有信息活动的主要实施者，因此，本节对跨境电商信息服务生态主体与各要素之间的相互关系进行探究，主要包括信息服务生态主体内部的相互作用；信息服务生态主体与信息资源的相互作用及信息服务生态主体与生态环境的相互作用。

3.2.1 信息服务生态主体内部的相互作用

跨境电商信息服务生态系统中包含多种不同类型的信息服务生态主体，如图3-2所示，具体有信息服务生产者、信息服务传递者、信息服务监督者和信息服务消费者。信息服务生态主体内部的相互作用可以分为两种：一种是同种信息服务生态主体内部的相互作用；另一种是多种信息服务生态主体之间的相互作用。

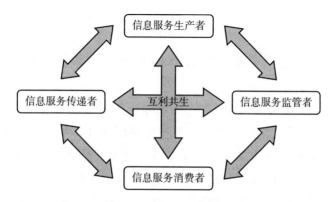

图3-2 信息服务生态主体内部的相互作用

同种类型的信息服务生态主体多为相互竞争、相互约束的关系，而不同类型的信息服务生态主体之间多为相互依存、相互合作、互利共生的关系。对于同种类型的信息服务生态主体来说，由于其行为逻辑、作用方式、达成效果类似，并且所依赖的资源和服务群体在很大程度上有交叉，所以在信息资源、技术方法、服务时空等方面存在竞争。但这种竞争也不是绝对的零和博弈，主体间的良性竞争可以促进各主体服务升级，从而推动跨境电商信息服务生态系统朝着更稳定、更高效的方向发展。而对于不同类型的信息服务生态主体而言，则主要通过交流合作的方式相互作用、相互影响。企业或组织通过各种形式的合作来实现资源要素的共建共享和服务优势的互补，最终实现协同效用。

近年来，为满足信息服务对象的综合性服务需求，进一步提高信息服务质量和服务效率。物流、海关、质检、税务、金融机构等相关跨境电商信息服务生态主体通过数据互联、平台功能内嵌等方式，不断加深合作内容，加快信息资源流通速度，在一定程度上实现了跨境电商信息服务的集成化与一体化方向发展。各个主体有序协同、各司其职，信息服务生产者产出跨境电商信息资源，信息服务传递者向信息服务消费者传递所需信息，有效地扩大了信息服务生产者的影响效应。与此同时，信息服务监督者主要对信息服务生产者和信息服务传递者的行为进行监督和规范，在信息服务主体层次上形成有效服务网，从而达到信息服务主体间共建共享共赢的效果。

3.2.2　信息服务生态主体与信息资源的相互作用

首先，信息资源是信息服务生态主体顺利沟通交流的桥梁纽带，可以促进主体之间协同合作。其次，信息资源是信息服务生态主体开展活动的原材料，在跨境电商信息服务生态系统中，信息服务生态主体的所有生产、传递、加工、利用活动都是围绕信息资源所展开的。例如，以跨境物流、跨境支付等企业为代表的跨境电商信息服务生产者在日常活动中会产生大量与跨境电商有关的、有价值的服务支持信息，而跨境电商平台运营商等主要的信息服务传递者对这些信息资源进行搜集、利用和存储，以政府部门为主的信息服务监管者主要对信息资源的发布与利用进行监督，而广大的跨境电商平台内经营者作为信息服务消费者通过以上信息服务来获取并利用信息资源。最后，信息资源也会对信息服务生态主体的认知产生影响，信息资源的知识性和价值性在一定程度上能够使信息服务生态主体的知识结构发生变化，从而辅助信息服务生态主体进行决策，并指导信息服务生态主体的实践活动。

3.2.3　信息服务生态主体与生态环境的相互作用

在跨境电商信息服务生态环境中，内部环境发挥着主要作用，所以重点考虑信息服务生态主体与信息服务生态系统内部环境间的作用关系，两者间的相互作用体现在两方面：一方面，信息服务生态环境可以对信息服务生态主体的活动产生影响；另一方面，信息服务生态主体在信息服务生态环境中可以发挥主观能动作用。通过识别信息服务生态主体与信息服务生态环境各因子之间的作用规律，并加以充分利用，可以促进跨境电商信息服务生态系统的良性发展。信息服务生态主体与信息服务内部环境各因子间的关系如下。

1. 信息服务生态主体与信息服务技术的相互作用

信息服务生态主体与信息服务技术的相互作用主要体现在二者相互匹配、相互推进。一方面，信息服务技术是由信息服务生态主体根据跨境电商行业实际发展所研发、创造、改进的方法。例如，为了提高跨境电商交易活动的开展效率，最大限度地利用信息资源，跨境电商信息服务生态主体开发了跨境电商信息管理系统、智慧物流等一系列信息服务技术。这些信息服务技术在减轻信息服务生态主体工作压力的同时，又推动了信息服务生态主体的发展。信息服务生态主体在利用信息服务技术的过程中也可以根据实践经验不断改进信息服务技术。另一方面，信息服务技术的发展也不是毫无方向的，信息服务技术与信息服务生态主体必须相互匹配。信息服务技术的出现是为了更好地服务信息服务生态主体，因此，信息服务技术的发展方向必须与信息服务生态主体的发展方向相适应。虽然技术的革新能够大范围提高工作效率，但也势必会影响或损害部分生态主体的现有既得利益，这又使得在信息服务技术的推广过程中会遇到很多阻力。但从长远发展的角度来看，技术的革新无疑是整个行业进步的重要推动力，因此，信息服务生态主体必须要积极主动地适应信息服务技术的发展。

2. 信息服务生态主体与信息服务制度的相互作用

信息服务制度是由各信息服务生态主体认可的、用以规范信息服务生态主体信息行为的相关制度。为维护跨境电商信息服务生态系统的稳定发展，保护信息服务生态主体的正当权益，跨境电商信息服务生态主体需要受到相应规则和制度的约束，并且已有规则也必须随着跨境电商的发展情况不断进行调整，使之具备较强的发展性与时效性。例如，随着跨境电商准入门槛的降低，产品侵权问题频发，为了保持跨境电商信息服务生态系统良性运转，政府作为信息服务监管者，颁布和调整了一系列知识产权方向的法律法规。此外，信息服务制度也能够增强信息服务生态主体的自律意识，减少信息服务生态主体之间的纠纷。例如，跨境电商企业在实际运营中可以通过现有制度法规来规范自身交易行为，从而避免不必要的纠纷。

3. 信息服务生态主体与信息服务时空的相互作用

任何主体的活动都离不开特定的时空环境。同样，信息服务生态主体的信息服务活动也需要在一定的信息服务时空背景下展开。因此，信息服务生态主体需要在正确认识信息服务时空特点的前提下，了解当前信息服务时空的局限性，并把握信息服务时空发展规律，从而制定和开展相应的信息服务活动。换句话讲，信息服务也会受到一定的空间范围和时间跨度的限制，这种限制因素是不可回避的客观存在。在这种背景下，信息服务生态主体的所有活动都要在特定范围内展开，这要求信息服务生态主体能够结合现有时空局限，合理开展和制定信息服务活动，最终使信息服务活动达到事半功倍的效果。

3.3 跨境电商信息服务生态系统理论模型构建与分析

跨境电商信息服务生态系统属于一个复杂系统，各信息服务生态主体的角色不是一成不变的，并且同一个信息服务生态主体可能具有多个属性并扮演着多个角色。因此，在对跨境电商信息服务生态系统进行研究时，不能仅单向地来区分信息服务生态主体的属性，而是要从不同生态主体所参与的具体信息服务活动入手，综合对其在跨境电商信息服务生态系统中的主体属性进行客观全面的界定。本书遵循用户导向原则,以企业用户为信息服务对象,在结合跨境电商信息服务的特点与生态系统层次结构的前提下,将同种类型的信息服务生态主体集合为各信息服务生态种群,按照各信息服务生态种群在跨境电商信息服务生态系统所承担的主要任务,以信息资源流动和各种群相互关系为方向,构建我国跨境电商信息服务生态系统模型,具体如图 3 – 3 所示。

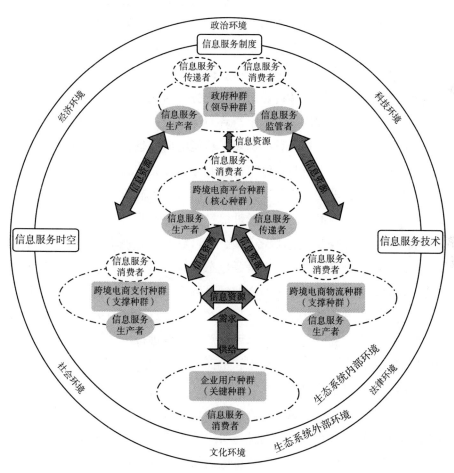

图 3 – 3   跨境电商信息服务生态系统理论模型

具体来说,本书所构建的信息服务生态系统模型是基于信息服务技术、信息服务时空、信息服务制度等跨境电商信息服务行业内部环境与政治、经济、社会、文化、法律、科技等跨境电商信息服务行业外部环境，突出体现各跨境电商信息服务种群在跨境电商信息服务生态系统中的发展定位及相互关系，通过跨境电商信息资源流向进行连接。其中，跨境电商平台种群是跨境电商信息服务生态的核心种群。由于从事跨境电商的大多数中小微企业缺乏相应的技术和资源，无法自己获取相应的信息服务，跨境电商平台种群成为沟通企业用户与信息服务提供商的重要桥梁，所以跨境电商平台运营商在跨境电商信息服务中起着至关重要的作用。虽然跨境电商平台运营商在一定程度上也扮演着信息服务消费者的角色，但其作为信息服务的汇集站，一方面为企业用户提供了大量原始的交易信息，另一方面其具有信息资源整合和传递的先天优势，因此，跨境电商平台在信息服务生态中处于主要的信息服务生产者与信息服务传递者的位置。跨境电商支付种群和跨境电商物流种群都属于跨境电商信息服务提供者，是向广大企业用户提供基础支付与物流等信息业务和相关信息服务增值业务的种群，虽然这两个种群在一定程度上也作为信息服务消费者来利用其他主体所提供的信息服务，但它们旨在通过信息服务的消费来提高自身信息服务生产水平，并且在整个信息服务系统中可以同步地向信息服务生产者转变，所以这两个支撑种群在信息服务生态中处于主要的信息服务生产者的位置。政府种群是信息服务生态中的领导种群，不同于其他的信息服务种群，政府主体有其特殊性，例如，政府在实际的跨境电商运行中既需要对跨境电商平台运营商、服务提供商所汇总的信息进行收集，又要通过对所获取的信息进行进一步的分析加工，进而形成宏观经济发展数据，供企业借鉴使用，这凸显了政府在信息服务生态系统中信息服务生产者的角色定位。同时，为了保障信息服务生态系统的稳定有序运行，政府还要积极扮演信息服务监管者角色，对其他生态主体的信息服务活动进行规范监管。因此，本书中将政府主要定位于跨境电商信息服务生产者与信息服务监管者的双重角色。以广大中小微跨境电商企业为代表的企业用户种群作为跨境电商信息服务生态的关键种群，是信息服务的终端消费者，企业用户种群通过信息服务消费来满足自身的跨境贸易信息需求，其在信息服务生态中扮演着消费者的角色，通过信息服务主体种群的供给满足自身需求。终端企业用户的信息需求是整个跨境电商信息服务的出发点和归宿，是跨境电商信息服务生态系统的关键种群。

由此可以看出，本书所构建的跨境电商信息服务生态系统模型主要以跨境电商信息服务消费者（企业用户种群）的信息服务需求为发展定位，跨境电商信息服务传递者（跨境电商平台种群）为服务枢纽，携手信息服务生产者（跨境电商平台种群、跨境电商支付种群、跨境电商物流种群、政府种群）与信息服务监管者（政府种群）共同参与到信息服务中，从而使信息服务整体效能最大化，并且信息服务以畅通的信息流为服务条件，以外部环境机制为服务保障，以信息服务价值共创为目标，各信息服务生态群落在竞争与合作的相互作用中交互运动、自我调节达到动态平衡，最终实现互利互惠、协调共生。

3.4　本章小结

本章在前文理论研究的基础上，结合商业生态理论、信息服务生态系统理论定义了跨境电商信息服务生态系统，接下来分别介绍了跨境电商信息服务生态系统的构成要素及各要素间相互作用关系，最后在充分考虑跨境电商信息服务特点与生态系统层次结构的前提下，构建了跨境电商信息服务生态系统模型，并对模型进行了解释说明。为后续章节跨境电商企业用户信息需求分析、跨境电商信息服务协同创新模式的提出、跨境电商信息服务主体协同度测算、跨境电商信息服务协同质量评价模型研究提供了坚实的理论模型支撑。

第 4 章

跨境电商信息服务企业用户信息需求分析

　　跨境电商信息服务生态系统是跨境电商信息服务协同创新模式构建的重要理论支撑，而跨境电商信息服务生态系统的运行是以企业用户信息需求为导向的，因此，本章主要对跨境电商信息服务企业用户信息需求进行分析。在我国，对于大型企业而言，其资金实力雄厚，一般都设有专门的信息中心和信息分析研究部门，对企业所需信息有着较为深入的了解和把握，而且有能力大范围获取企业所需信息。但一般的中小微企业没有专门的信息服务人员和信息收集部门，致使自身信息需求无法得到有效满足。与此同时，随着互联网技术的不断发展，跨境电商企业用户获取信息资源的渠道日益多样化，但行业的快速扩展也带来了信息质量良莠不齐、信息资源过度分散以及信息服务供需不匹配等问题，严重阻碍了跨境电商信息服务的良性发展。

　　在上述背景下，为了更好地满足中小微企业出口跨境电商信息需求，充分发挥信息资源价值，优化跨境电商信息服务质量，本章通过调研中小微企业跨境电商信息需求，并基于 Kano 模型构建中小微企业出口跨境电商信息需求层次模型，以期为后续提升跨境电商信息服务质量和服务效率提出有针对性的解决方案与措施。

4.1　Kano 理论模型

4.1.1　Kano 模型概念

Kano 模型是在雷德里克·茨伯格（Herzberg, 1959）的双因素理论的基础上产生的。1979 年，日本学者东京理工大学狩野纪昭教授（Noriaki Kano）首次提出 Kano 模型，这一模型常用于分析用户需求的层级关系，并按需求重要性进行排序，在用户需求和用户服务研究领域得到了广泛应用。然而整体服务中的子类服务不一定会直接影响用户满意度，子类服务与整体服务满意度呈非线性关系，当增加某个子类服务时，用户满意度可能会提升，也可能不受影响。Kano 模型从产品功能完善和用户对功能的态度两个方面对其质量进行考察，将服务质量的隐形属性进行显性化，并对这些属性进行评价（易明等，2020）。Kano 模型将用户的需求划分为基本型、期望型和魅力型三个维度。依据对质量的二维认知，将产品的质量属性分为必备要素、一维要素、魅力要素、无差异要素和逆向要素，用户需求划分为相应的五种类型：基本型需求（必备型需求）、期望型需求、魅力型需求、无差异型需求和反向型需求（Kano et al.，1984），如图 4 - 1 所示。

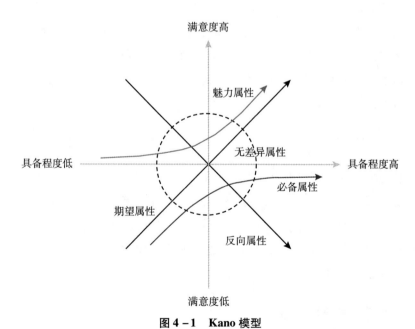

图 4 - 1　Kano 模型

图 4 - 1 中原点代表了该行业的平均水平，横坐标轴表示服务质量属性

的具备程度，纵坐标轴表示用户的满意程度，横坐标值越靠右表示服务属性具备越充足，纵坐标值越往上表示用户满意度越高。

1. 基本型需求

基本型需求是用户认为产品或服务必须要满足的需求，是该产品最基本的功能需求。当产品或服务能够满足用户的基本型需求时，用户的满意度不一定会有所提高，与之相对的是，一旦基本型需求不能够被满足，用户的满意度会大幅度降低，甚至可能放弃使用该产品或服务，造成用户流失。需要注意的是，基本型需求对应的是产品或服务理所应当要具备的功能，但不会被特意提出，如手机通话功能、冰箱制冷功能等。

2. 期望型需求

期望型需求通常与用户的满意度线性相关，如果产品或服务能够满足用户的期望型需求，用户满意度会随之提升；反之，如果产品或服务不能够满足或部分满足用户的期望型需求，则用户的满意度会处于低水平状态，比如，款式和功能相同、价格一致的家电产品，用户更青睐于更加节能省电的产品。

3. 魅力型需求

魅力型需求是用户没有预想到的需求，一旦产品或服务成功捕捉到用户的魅力型需求并加以满足，用户的喜悦感、满意度以及积极评价都会显著提升。由于魅力型需求是用户本身也未预料到的需求，若没有满足，用户对产品或服务的满意度也不会因此而下降。比如，超市的买一赠一服务、积分兑换服务等。

4. 无差异型需求

无差异型需求是指不在用户关注范围内的需求，可以具备也可以不具备，无差异型需求不会影响用户的满意度。无差异属性处在距离原点接近的位置，无论功能或服务如何完善，用户的满意度均不会有太大变化。如在购买手机时，用户通常并不在意手机的外包装是礼盒还是普通纸盒。对于无差异型需求，可以减少投入，把工作重心转移到其他需求方面。

5. 反向型需求

反向型需求是用户所反感和排斥的需求，用户的反向型需求一旦被触及，便会产生不满、抗拒等情绪，满意度会因此降低；提供商如果意识到用户的反向型需求，应尽力避免或是向相反的方向改进，用户的满意度也会因此增加。如快递公司所提供的付费后再进行收货确认服务，激发了用户的反感情绪。

针对上述不同类型的需求，对其含义做进一步解释，如表 4 - 1 所示。

表 4 - 1　　　　　　　　　　　需求属性通俗释义

需求属性	通俗释义
基本型需求（M）	用户认为必须要具备的要素，理所当然的需求
	满足基本型需求不会显著提升用户满意度，不满足基本型需求会使用户满意度大大降低
期望型需求（O）	用户希望能够提供的要素
	满足期望型需求可以提升用户满意度，不满足期望型需求会使用户感到失望
魅力型需求（A）	用户预期之外的要素，没有设想到的需求
	满足魅力型需求能够显著提升用户满意度，不满足魅力型需求并不会对用户产生其他影响
无差异型需求（I）	用户不会在意的要素
	满足或不满足无差异型需求都不会对用户满意度产生影响
反向型需求（R）	用户反感的要素
	提供反向型需求会使用户产生反感、不满等负面情绪

概括来说，基本型需求直接决定用户能不能使用该产品或服务，期

望型需求满足与否代表了产品或服务好不好用，魅力型需求的提供可以让用户眼前一亮，无差异型需求不影响用户体验，反向型需求用户不希望触及。在进行用户需求分析时可以发现，基本型需求是用户使用产品或服务的决定性因素，期望型需求与用户满意度呈正相关，魅力型需求不会造成用户满意度降低，实际操作时，应该按照"基本型需求 > 期望型需求 > 魅力型需求 > 无差异型需求 > 反向型需求"的顺序来满足用户需求。

表4-2是用户对五种需求类别提供与否的简单总结。

表4-2   **用户对需求类别的满意度**

需求类型	提供对应的产品功能或服务	不提供对应的产品功能或服务
基本型需求	理所当然，理应具备	不喜欢、不满意、放弃
期望型需求	需要、喜欢、感到满意	不喜欢、不太满意
魅力型需求	喜欢、感到满意、开心	不在意，能接受
无差异型需求	不在意，能接受	不在意，能接受
反向型需求	不需要、不喜欢、不满意	喜欢、感到满意

4.1.2　Kano 模型的优势与局限

Kano 模型最早应用在市场营销领域，后来逐渐扩展到图情领域、医疗健康领域等，适用范围较广，Kano 模型的优势主要体现在以下方面。

第一，可以从产品质量属性与用户满意度属性两方面进行考量，将产品质量属性与用户满意度关联起来，探究需求——功能匹配状态对用户满意度的影响。

第二，可以将用户需求划分为不同层次并判断层次优先级，根据层次的类型、特点及优先级顺序，有针对性地提供产品和服务，合理进行资源配置，使资源发挥最大效用，争取用最小的投入最大限度地提高用户满意度。

第三，可以识别用户潜在需求，在此基础上进一步优化产品或服务，或是为新产品、新服务提供研发思路，以便在市场竞争中占据优势。

第四，可以精准识别魅力型需求，依此改进服务，利用用户的惊喜心理以小博大，大幅度提升用户满意度，以获得更多用户的青睐。

当然，Kano 模型也存在一定的局限性，具体表现为以下方面。

第一，在实际使用模型进行分类时，有时会存在部分属性相同或相似度较高，难以区分类别的情况，而且属性细化到一定程度时，用户难以明确表达对该属性的态度，给判别及归类带来了困难。

第二，通过问卷法进行调研时，由于篇幅有限，难以对每个问项进行详细说明，除此之外，被调查者的信息素养相差较大，这些都可能会使被调查者对问题的理解出现差异。

第三，Kano 问卷通常情况下是从正反两方面提问，可能会使用户感觉重复，若不认真作答会引起问卷数据质量下降。

4.1.3 Kano 模型分析方法

1. 识别信息需求项目

Kano 模型主要是根据标准化问卷对产品的功能属性或服务进行分析，通过分析对企业用户的信息需求进行归类，因此，Kano 模型首先要识别用户信息需求项目。本章首先基于文献分析对检索出的文献进行梳理，结合半结构化访谈，根据研究主题进行整理归纳，总结中小微企业信息需求项目。

2. 设计并发放问卷

Kano 模型主要分析信息服务要素与顾客满意度之间的关系，因此，在问卷中对每项信息都从正向和反向两个方面进行提问，来了解企业在某项信息需求满足与不满足两种情况下的感受。由于满意程度往往呈渐变趋势，故设置成"满意""理应如此""无所谓""勉强接受""不满意"5个选项，其问卷结构如表4-3所示。

表4-3   Kano 模型标准化问卷

选项	满意	理应如此	无所谓	勉强接受	不满意
若提供此信息					
若不提供此信息					

3. 整理统计调查结果

对收集的问卷进行结果分析,并对照常见的 Kano 属性二维分类表,如表4-4所示。根据每位被调查者对正反问题选择的选项在 Kano 二维矩阵中进行定位,进而确定其归属的需求类别,判断依据是基于最终占比最大的类别,即为该信息所属的需求类别。

表4-4   Kano 属性二维分类

选项		反向问题(不提供该信息)				
		满意	理应如此	无所谓	勉强接受	不满意
正向问题 (提供该信息)	满意	Q	A	A	A	O
	理应如此	R	I	I	I	M
	无所谓	R	I	I	I	M
	勉强接受	R	I	I	I	M
	不满意	R	R	R	R	Q

注:A:魅力型属性之;O:期望型属性;M:基本型属性;I:无差异型属性;R:反向型属性;Q:可疑结果。

表4-4中反向型需求表现为信息提供程度与满意程度成反比,即提供该信息不满意,不提供反而满意,对应左下角为最明确的反向需求,其他不明确的均会将可疑结果扩大。左上角和右下角为可疑结果,无论提供与否用户都满意以及无论提供与否用户都不满意,在统计时可以忽略不计。根据 Kano 属性分类表计算,可能会出现两者或更多百分比占比相近的情况,如果按照最大值原则判定归属类别会存在偶然情况,此时可以利用 Kano 模型进行需求影响力分析,确定提升用户满意度的关键需

求。即 Better – Worse 系数计算，表示某项目需求可以增加满意或者消除不满意的影响程度，计算公式如下：

增加后的满意系数：

$$Better/SI = (A+O)/(A+O+M+I) \qquad (4-1)$$

消除后的不满意系数：

$$Worse/DSI = -1 \times (O+M)/(A+O+M+I) \qquad (4-2)$$

Better 的值通常为正值，表明提供该项目，用户满意度会提升，且取值越大或越接近 1，对用户满意的影响程度越大，用户满意度提升的影响效果越强，上升就越快。Worse 数值通常为负值，表示如果不具备该项目需求，用户满意度会下降；其取值越接近 – 1，表明对用户不满意的影响程度越大，用户满意度降低的效果越强，下降越快（张静，2020）。本书将根据计算所得的 Better – Worse 系数，来判定绝对值高的项目需求为优先提供或改善的项目。具体过程：首先计算出所有项目需求的 Better – Worse 系数，取 Worse 值的绝对值的平均值、Better 值的平均值为坐标原点，形成以 Worse 值为横坐标、Better 值为纵坐标的坐标轴，并使所有项目需求点分布在四个象限内，形成 Better – Worse 系数象限，如图 4 – 2 所示。

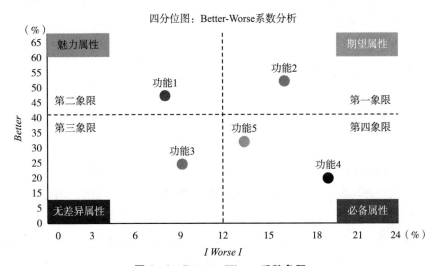

图 4 – 2　Better – Worse 系数象限

本书将对调查结果进行数据分析，进而形成 Kano 属性分类表和 Better – Worse 系数象限图，以便对中小微企业出口跨境电商信息需求项目进行优先级排序，从而有针对性地对跨境电商信息服务质量提升提出对策建议。

4.2　跨境电商信息需求探索性研究

在信息时代与全球化背景下，信息需求与信息服务已成为中小微企业在各行各业发展中不可回避的问题，成为关乎中小微企业发展与竞争力优势的重要支撑，它的解决与完善能有效保持中小微企业发展活力，是促进国民经济增长、保持社会稳定的关键。基于上述背景，本章选择中小微企业作为企业用户对象的代表进行研究具有一定的实践价值。

我国中小微出口跨境电商企业的发展离不开跨境电商平台运营商及跨境物流、支付等服务提供商的支持。本书结合半结构化访谈进行文本编码，目的是更全面地了解中小微企业出口跨境电商的信息需求状况。通过半结构化访谈，一方面，可以了解中小微企业对本企业出口跨境电商基本信息需求的认知情况；另一方面，能够探索中小微企业在出口跨境电商信息方面的满足情况。

4.2.1　研究对象

1. 中小微企业的选择

本书综合上文对于中小微企业的概念界定以及出口跨境电商的定义，将中小微出口跨境电商企业界定为：在跨境电商平台上进行注册，通过提高交易数额，逐步建立网络信用，并从事跨境贸易的企业，其从业人员、营业收入、资产总额等指标基本符合表 2 – 1 中对中小微企业的界定标准。为确保研究对象的访谈资料可以客观全面地反映研究的问题，选取访谈对象时遵循以下原则：第一，受访人员从事跨境电商行业在 1 年以上；第二，受访人员需在企业内承担核心业务并熟知整个跨境流程；第三，受访企业尽可能行业类型广泛且地域分布广泛。研究样本量以受访企业的访谈内容重复出现，且在进行资料分析时不再出现新的主题为标准，即达到理论性饱和。

2. 访谈对象基本情况

本书共选取了 30 家中小微企业为研究对象，访谈对象职位在经理及以上，且对出口跨境电商行业足够了解，其中男性 16 名、女性 14 名，具体访谈对象基本情况见表 4 – 5。

表 4 – 5　　　　　　　　　访谈对象基本信息汇总

编号	企业出口年限	企业员工数量	职位	经营产品	跨境电商平台	主要目标出口地
1	1～5 年	1～50 人	销售经理	箱包为主	阿里巴巴国际站	美国、南美洲国家、非洲国家
2	5～10 年	150～200 人	副会长	保定周边特产	阿里巴巴国际站、亚马逊、独立站	东南亚、美国、非洲
3	5～10 年	1～50 人	销售经理	玩具＋其他百货	速卖通	俄罗斯、欧洲、美国、巴西
4	1～5 年	1～50 人	销售经理	数码 3C	阿里巴巴国际站	北美、欧洲、日本
5	5～10 年	1～50 人	总经理	纺织品配饰类	阿里巴巴国际站	美国为主
6	5～10 年	1～50 人	销售经理	日用百货类	虾皮 Shopee	东南亚为主
7	1～5 年	1～50 人	公司法人	服饰、家居及百货	亚马逊	俄罗斯、美国、西班牙
8	1～5 年	1～50 人	运营经理	汽配	阿里巴巴国际站、速卖通	美国、东南亚
9	1～5 年	1～50 人	运营助理	仿真植物（棕榈）	阿里巴巴国际站	阿拉伯为主
10	5～10 年	50～100 人	业务经理	建材类零件	阿里巴巴国际站	南美洲、西欧
11	1～5 年	100～150 人	业务经理	饰品	阿里巴巴国际站	美国、欧盟、南非等

编号	企业出口年限	企业员工数量	职位	经营产品	跨境电商平台	主要目标出口地
12	10 年以上	150~200 人	运营经理	气球为主	阿里巴巴国际站	各地都有
13	5~10 年	1~50 人	运营经理	水杯为主	阿里巴巴国际站	美国为主
14	1~5 年	150~200 人	运营经理	箱包类	亚马逊、速卖通、Wish、eBay	美国、日韩、欧洲
15	5~10 年	1~50 人	业务经理	仿真模型（恐龙）	阿里巴巴国际站	欧洲、韩国为主
16	5~10 年	1~50 人	运营经理	美妆类（假发、眼睫毛）	阿里巴巴国际站、速卖通、亚马逊	美国、法国、北美、西欧等
17	10 年以上	150~200 人	业务经理	小型机械	阿里巴巴国际站	欧洲、南北美洲、中东、东南亚
18	1~5 年	1~50 人	公司法人	家居日用、厨房收纳	亚马逊、速卖通	美国、俄罗斯
19	5~10 年	150~200 人	项目经理	玻璃制品	亚马逊	俄罗斯、东欧
20	5~10 年	1~50 人	总经理	厨房用品、宠物用品	亚马逊、速卖通、eBay	欧洲、北美
21	10 年以上	50~100 人	总经理	服装、箱包	阿里巴巴国际站	美国、欧洲
22	10 年以上	50~100 人	项目经理	服装	亚马逊	美国
23	1~5 年	1~50 人	总经理	灯具	亚马逊	日本
24	10 年以上	200~250 人	运营经理	美容健康用品	亚马逊、速卖通、阿里巴巴国际站、法国Cdiscount	美国、欧洲、加拿大、澳洲
25	1~5 年	1~50 人	运营经理	灯具	亚马逊	美国、欧洲
26	5~10 年	100~150 人	运营经理	旅行枕	亚马逊	美国、欧洲
27	1~5 年	1~50 人	运营经理	服装	亚马逊、速卖通	美国、欧洲
28	1~5 年	1~50 人	运营总监	儿童玩具类	速卖通	美国
29	1~5 年	1~50 人	销售经理	成人用品	亚马逊	日本
30	1~5 年	1~50 人	运营经理	家居为主	阿里巴巴国际站	美国为主

4.2.2 研究方法

1. 半结构化访谈

半结构化访谈介于结构化访谈和非结构化访谈之间，它既保留了结构化访谈的定向目的性，又包含了一定的探索性。访谈时，研究人员与受访者之间可以围绕访谈提纲进行交流，并根据受访者回答内容，及时对访谈提纲进行调整。本章访谈的主要目的是深入了解中小微企业出口跨境电商过程中的信息需求。访谈共涉及两方面主题，每个主题下包含相应的次主题，为保证资料整理的全面性，访谈之前会征得被访谈对象的同意对访谈过程进行录音，并保证访谈内容以匿名的形式进行整理及分析，不会为企业带来负面效应等。访谈提纲见表4-6。

表4-6 访谈提纲

访谈主题	主要内容
基本信息	受访公司及受访者的基本概况包括公司员工数量、经营年限、主要产品业务、受访者职务等信息
出口跨境电商信息需求	日常经营活动中需要关注的出口跨境电商信息包括所关注的信息类别、信息内容等
信息获取渠道	获取信息，满足信息需求的渠道或途径

2. 资料分析方法

本研究的资料收集与整理严格遵循质性研究程序，成立两人小组对原始资料进行收集整理。访谈前与受访企业约定访谈时间并发送访谈提纲，并告知录音情况，征得同意后方可进行录音。每位访谈对象的访谈时间在45~60分钟，整个访谈持续时间在两个月左右。考虑到被访企业地域分布广泛，受访者时间有限，以及疫情期间出行不便等因素，本研究的访谈主要以面对面访谈、微信语音访谈、电话访谈等方式进行。访谈结束后将访谈录音文件转换为文本，在 24 小时内进行整理，并提取访谈要点，遇到表述不清或记录不详细的地方，会适当对被访者进行二次访谈以作为访谈资料的有效补充，以保证整个访谈过程及结果的可靠性与严谨性。后续为确保编码过程的有效性，由项目组两名研究人员同时逐一对访谈原始记录文本进行了至少两次编码活动。

4.2.3 资料编码

1. 开放式编码

开放式编码旨在用概念和范畴来标识原始资料，并将这些概念和范畴纳入一定的秩序之中（Corbin & Strauss，1990）。在编码过程中参照卡麦兹（Charmaz，2006）的开放式编码建议，对转换的访谈文本及录音原本语句进行拆解分析，并提炼相应的概念作为编码的代码，在一定程度上呈现出受访者所表述的内容，最终提炼出信息需求框架。编码过程借助 Nvivo12.0 工具，导入访谈文本中重要信息所在语句，并标注出语句出自哪位受访者，用字母 P 进行标注，进而对参考点进行编码提取初始概念，用字母 A 进行标注，按照这个过程共提炼出 64 个初始概念，将相近的节点进行归类，提取初始范畴用字母 B 进行表示，共计 19 个初始范畴。开放式编码过程见表 4 - 7。

表 4 - 7　　　　　　　　　访谈资料的开放式编码

初始范畴	初始概念	原始资料（部分）
B1 政治因素	A1 法律法规信息	P2 "会关注那些国家的法律变动"
	A2 脱欧信息	P1 "英国脱欧会对后续的关税，对外贸的影响可能会更强烈一些"
	A3 政策变动	P25 "像前阵子疫情的时候，美国每个公民能够领到一些福利补贴的基金，然后导致我们亚马逊平台的销量逐渐增加，这也是一个非常重要的信息，所以说像美国本土的一些政策也是很重要"

续表

初始范畴	初始概念	原始资料（部分）
B2 经济因素	A4 经济状况	P1 "有些地方的疫情变化就会直接造成当地的一些经济的停滞，因直接造成我们当地的工厂停工"
	A5 贸易趋势	P1 "现在贸易趋势由大变小，不乐观，大家其实都在观望"
	A6 金融危机	P5 "金融经济危机会影响出口国家的群众购买能力"
B3 文化因素	A7 消费偏好	P21 "通过与客户沟通了解文化风土人情，同时通过行业网站 pop、潮流咨询网站提供的时尚潮流信息，获取客户审美需求"
	A8 宗教信息	P5 "我们想用国外的公司来了解当地的一些宗教信仰"
	A9 节日习俗	P26 "比如圣诞节流行红色，所以每年圣诞都会弄一些圣诞产品来去卖"
B4 环境突发因素	A10 疫情变化	P11 "欧洲最近疫情比较严重，影响比较大"
	A11 气候变化	P8 "需要了解的可能就是各个国家的空气指标，或是自然环境信息"
B5 市场及行业因素	A12 市场行情变化	P1 "市场需求什么产品对我们来说非常重要，市场现在处于一个变动的情况，市场一变就会导致我们的产品的需求有变化"
	A13 市场供需不平衡	P3 "防疫物资涉及国家的一些政策，但这个政策一变动的话，可能瞬间就变成求大于供了"
	A14 展销会信息	P9 "展销会、汽配会、所有关于汽配的我们都会去，我们公司之前主要是线下跑展会的"
	A15 同行信息	P3 "公司想做得好一点，这些都要关注的，比如同行竞争的信息，同行信息竞争可能要去用数据分析"
B6 人才因素	A16 人才招聘	P1 "人才本身的大环境不是特别好，整个的这种培育环境不是特别好，我们就会更多地在杭州和深圳两个地方去招聘人才"
	A17 人才引进	P5 "关注技术和平台运营人才，另外关注这种科班出身的、采购专业的同行或人才的引进"
	A18 人才对接	P1 "很多大学生毕业以后，虽然学的是国贸，很多东西都不对口"

初始范畴	初始概念	原始资料（部分）
B6 人才因素	A19 人员培训	P5 "很多像运营和采购都是我们从原有的团队里去剥离出来，然后让他们去学习这个产品知识"
	A20 培训课程	P8 "阿里提供一站式服务，有免费培训课程，进行后台操作也会有新手教程，以及不定时讲师课程"
	A21 打造人才就业基地	P2 "我们打造的就业实习基地，去高校签署实习合作协议，和高校合作，解决他们的就业问题和实习问题"
B7 平台规范因素	A22 平台比较信息	P24 "这个要看平台中的产品热度情况，因为这个平台可能卖的比较好的就是延长胶，但是可能换一个平台，卖的比较好的就是浸润粉和水晶粉，需要做比较"
	A23 语言翻译信息	P15 "阿里有自动翻译成中文的功能，有不精准的地方，可能就去其他网页进行翻译，一般准确度挺高的，客户说的比较简单"
	A24 店铺资质审核	P1 "阿里巴巴对入驻店铺的资质审核比较严格，精品店铺需要实地认证，需要供应商审查、质检报告等一系列资料"
	A25 平台规则变动	P5 "每个月都会关注阿里巴巴平台的一些规则变化、版块变动和最新活动"
	A26 平台政策解读	P3 "会关注雨果网、关注和自己行业相关的信息，关注平台发布的行业动态，也会解读一些政策的变化"
B8 产品供应因素	A27 选品信息	P7 "我们会抓取一些类似于国内的数据作为参考，主要就是关键词的搜索，看关键词的趋势来进行选品"
	A28 原材料信息	P2 "因为疫情的原因，袜子的原材料价格上涨了20%"
	A29 成品信息	P6 "在当地产品库检索，选择上升空间更大一点的蓝海产品或品牌"
	A30 采购信息	P18 "我们主要通过数据监控插件进行全网比较来了解供应商采货价格"
	A31 产品信息	P23 "我们卖的灯具，圆的灯和长的灯，它的安装方式各方面肯定就不一样，而且它使用的场景可能也不一样，所以说需要考虑产品信息"

初始范畴	初始概念	原始资料（部分）
B9 技术因素	A32 技术研发信息	P8 "因为我们的产品偏技术一点，也会更关注自身技术的研发与更新"
	A33 技术专利信息	P8 "我们的产品偏技术，属于汽车废物废弃再循环跟排尾气系统，这项技术会有很多专利"
B10 营销因素	A34 商品展示信息	P8 "偶尔会需要一些产品图，也可能会借鉴一些同行拍照方式以及文案编辑"
	A35 竞品营销信息	P9 "公司会在门户网站或者阿里巴巴上去搜索排名比较靠前的同行产品的信息"
	A36 运营技巧	P10 "想要运营效果或者想要让自己的运营更提高一个层次的话，会去听运营课程"
B11 推广因素	A37 内部平台活动信息	P5 "我们每个月都会关注阿里巴巴平台的一些内部活动信息，及时参与获取优惠"
	A38 外部推广平台信息	P2 "公司在宣传方面做得很好，不管是印出来的宣传册，还是在阿里巴巴上面的推广，投入资金很多，每次搜索也能搜到"
	A39 运营方式	P5 "我们更关注的是客户的复购，方式就是小单快返"
B12 金融因素	A40 金融信息	P13 "金融方面的信息也会了解，如融资贷款方面"
	A41 知识产权信息	P19 "跨境贸易中，知识产权保护特别重要，我们从一开始就非常注重知识产权保护"
B13 风控因素	A42 纠纷信息	P16 "比如，尾款追不回来，平台可能会去交涉，其他就是用户可能无理由地去拒绝，这时候平台就会更多地去维护用户的利益"
	A43 维权信息	P4 "有一些国家，尤其是墨西哥那边，没有国内这么法治这么好，维权很麻烦的"
	A44 侵权信息	P22 "商标专利侵权之类的非常重要，一定要做好自己的一个商标的专利或者是一个品牌专利都要做好"
B14 订单因素	A45 订单变动信息	P2 "受疫情影响，海外很多人改变了出行方式，如骑自行车出行，自行车订单排得非常满"
	A46 支付信息	P7 "从虾皮的后台可以直接查看相关的支付信息，也可以用爬虫软件去分析有些客户的信息"
	A47 支付方式	P17 "如果客户选择风险比较大的支付方式，我们需要引起注意"

初始范畴	初始概念	原始资料（部分）
B15 核算因素	A48 汇率信息	P20 "我们需要天天关注汇率问题，对我们的影响也是非常直接的"
	A49 关税信息	P5 "美国对我们这个行业之前就有一些关税，有关税壁垒的话，税率一上涨，就把我们的利润率抵消了"
B16 售后因素	A50 退换货信息	P6 "退换货申请之后需要审核，审核完之后看平台和客户的协议来决定谁来支付运费，确定责任方"
B17 物流因素	A51 仓位信息	P1 "有专业人去选仓，除了选址，也会考虑成本的问题，牵扯的东西也多"
	A52 仓储费用	P7 "受疫情影响物流费用上升，国外很多仓储费用也在上升"
	A53 海外仓信息	P14 "我们有海外仓的一个想法，我去洛杉矶的时候，跟那边也聊过，成本还可以，但是那边的海外仓也比较混杂"
	A54 物流时效	P14 "从海外仓运输，时效就很快，还有一种是从中国发货，这种最慢，价格也低，各个国家的渠道和路线价格是不一样的，根据需求去选择到底用哪一个"
	A55 运输成本	P1 "三四月的时候空运价格飞涨，从 70 块钱每公斤涨到 120 块钱或 130 块钱每公斤，将近翻了一倍"
	A56 物流公司选择	P14 "客户会有指定的快递，比如说阿里无忧，或是邮政的邮包，客户指定是什么快递，我们就用什么"
	A57 运输方式	P6 "根据产品特性选择运输方式，基本上大宗物品都是选择海运，货运成本低"
	A58 海关信息	P10 "关注海关的变动，就像中国的海关网，或者买一个管理软件，在上面查海关信息"
	A59 检验检疫信息	P14 "动物或者生鲜类需要进行检疫"
	A60 通关情况	P14 "工厂那边负责把东西打包好，然后得运到海关，业务员去跟海关沟通好怎么交付，打几个包"
B18 交易对象信誉因素	A61 消费者背景	P9 "通过网络渠道调查一下客户的整体实力，查一些客户信息，做一些客户的背景调查，做客户的背调"
	A62 消费者诚信	P16 "从平台上去查客户的信誉信息，国际站也会做信贷信用承保"

续表

初始范畴	初始概念	原始资料（部分）
B19 交易对象需求因素	A63 消费者需求及反馈	P5 "产品更多的其实要应对客户的需求，对应客户需求和喜好去做一些创新"
	A64 潜在消费者信息	P1 "关注谷歌趋势，去搜索关键词，搜索客户信息"

2. 主轴编码

经过开放式编码过程，提炼出政治因素、经济因素、文化因素、生态环境因素、市场因素、行业因素及人才因素等 19 个初始范畴。通过对开放式编码结果做进一步提炼，运用主范畴与初始范畴之间的关系，尽可能地将主范畴与相关子范畴聚集，提炼出更高层次的维度，最终形成了国际环境维度、市场环境维度、人才环境维度、平台维度、商品维度等 8 个主范畴，用字母 C 表示。主轴编码信息见表 4 - 8。

表 4 - 8　　　　　　　　　　主轴编码信息

主范畴	初始范畴	范畴内涵
C1 国际环境维度	B1 政治因素	国内及目标出口国家或地区有关跨境电商的政策法律、规章制度等信息
	B2 经济因素	目标出口国家或地区的经济制度、国民经济发展水平、消费水平等信息
	B3 文化因素	目标出口国家或地区的文化习俗、宗教信仰、节日庆典、消费偏好等信息
	B4 环境突发因素	目标出口国家或地区的自然环境变化、灾害疫情、环境管控等信息
C2 市场环境维度	B5 市场及行业因素	目标市场的供需情况，行业内动态及竞争对手信息
C3 人才环境维度	B6 人才因素	跨境电商人才需求、人才培养、人才供应、人才招聘等方面的信息
C4 平台维度	B7 平台因素	跨境电商平台交易规则、活动规则以及提供的服务功能等信息

主范畴	初始范畴	范畴内涵
C5 商品维度	B8 产品供应因素	跨境电商行业产品选择过程中所需的选品平台、参考数据、采购准则等信息
	B9 研发因素	跨境电商企业技术研发与产品创新等信息
	B10 营销因素	跨境电商企业产品组合、定价、销售策略等信息
C6 运营维度	B11 推广因素	跨境电商企业的广告投放、商品推广、经营技巧等信息
	B12 金融因素	跨境电商企业融资环境、资信、贷款等信息
	B13 风控因素	交易纠纷、知识产权保护、侵权处理等信息
C7 交易流程维度	B14 订单因素	交易订单、订单支付、单据配备等方面的信息
	B15 核算因素	产品通关税务、货币汇率等信息
	B16 售后因素	产品交付后购买者的反馈意见、售后问题处理等信息
	B17 物流因素	物流方式、运输企业、运输成本控制、海关查验通关等信息
C8 交易对象维度	B18 交易对象信誉因素	交易对象的历史交易记录、资质确认、信誉度等信息
	B19 交易对象需求因素	交易对象的需求反馈、意见建议以及潜在需求识别

3. 选择式编码

选择式编码是对主轴编码阶段形成的主范畴进一步进行处理,该步骤的主要目的是找到各范畴与主范畴之间的联系,需要编码者返回原始访谈文本,通过开发故事线来进一步描述现象,分析并挖掘出故事线的核心范畴。本书采用自下而上编码的方式,通过上述编码过程与原始访谈资料的结合,确定了环境信息、经营信息、交易信息三个类别将主范畴关联起来,分别用字母 D 来表示,得到核心范畴,并将其命名为"中小微企业出口跨境电商信息需求",用字母 E 表示。选择式编码关系结构如表 4 - 9 所示。

表 4 - 9　　　　　　　　　　　　　选择式编码关系结构

核心范畴	类别	主范畴
E 中小微企业出口 跨境电商信息需求	*D1* 环境信息	*C1* 国际环境维度
		C2 市场环境维度
		C3 人才环境维度
	D2 经营信息	*C4* 平台维度
		C5 商品维度
		C6 运营维度
	D3 交易信息	*C7* 交易流程维度
		C8 交易对象维度

4. 理论饱和度检验

理论饱和度主要指研究所需的概念、范畴等已经全部提取完毕，后续研究再增加访谈样本也不会出现新的概念和范畴，该情况即被视为达到了理论饱和。本章检验理论饱和度的步骤如下：从确定的样本对象中选取剩余的 4 份样本作为检验样本，邀请编码小组的其他编码成员根据研究目的检验样本编码。待以上过程均完成后，与初始概念、初始范畴进行对照检验，如果发现新样本中出现新的概念、范畴，则说明理论未饱和；反之，则理论饱和。本书经过对照检查，发现并没有出现新的概念或范畴，说明本书的概念、范畴提取已达到饱和，研究结果具有一定的合理性。

4.2.4　编码结果分析

经过资料编码确认了本书的主范畴为国际环境维度、市场环境维度、人才环境维度、平台维度、商品维度、运营维度、交易流程维度及交易对象维度等，信息需求类别包括环境信息、经营信息及交易信息，核心范畴为中小微企业出口跨境电商信息需求。结合文献资料及上述访谈编码所得结果，总结出跨境电商信息服务对象信息需求呈现出以下特点。

1. 多样性

信息需求的多样性主要体现在信息需求内容以及信息需求形式的多样性。跨境电商的持续发展使得越来越多的企业加入这一行业中，这些企业的发展阶段、经营背景、核心产品、目标市场、面临的问题都各不相同，使得企业的信息需求呈现出多样化态势。在跨境交易的过程中，跨境电商企业需要掌握多种信息，既包括与宏观环境相关的政策法律、经济文化等方面的信息，与经营相关的市场需求、人才、产品、仓储等方面的信息，也包括实际交易活动相关的订单、物流、通关等信息。除此之外，企业对于信息需求的侧重点也有所不同，例如，刚刚成立的跨境电商企业更关注交易平台选择、流程规划等方面的信息，成熟的跨境电商企业更关注行业发展、销售渠道拓展等方面的信息。此外，网络时代也使得信息内容、形式呈现多样化特征，跨境电商企业在尽可能全面掌握信息的基础上，对信息形式提出了新的要求，企业希望信息能够以多样化的形式进行呈现，使其更直观、更便于理解。

2. 动态性

跨境电商企业的信息需求是一个动态变化的过程，随着企业交易活动的开展，企业的信息需求也随之调整。交易前，跨境电商企业需要通过交易平台或其他网络渠道来获取和交流信息，以便了解国际市场信息，寻找贸易机会，该阶段企业更关注市场行情和买方需求信息等。在交易过程中，企业需要围绕交易订单与买方进行信息交流，在这个阶段，企业更关注买方及订单内容信息，包括买方所在地、所需产品、销售价格和销售量等。交易确定后，需要履行交易内容，进行货物交付并收付货款，在这个阶段企业往往更关注物流运输和跨境结算信息。由此可见，跨境电商企业的信息需求会随着交易阶段的发展而发生变化。

3. 重叠性

跨境电商归根到底是一种涉及不同关境主体的商业贸易，B2B 和 B2C

是跨境电商最主要的两种交易模式，这两种交易模式在交易流程上有一定的共通之处，跨境电商企业由此产生的信息需求也在一定程度上有所重叠。企业关注的信息主要集中在环境信息、交易信息、经营信息三个方面，环境信息（政策法律、经济文化等信息）是所有企业在准备跨境电商活动时首先要获取的信息；交易信息（订单、物流、通关、售后等信息）是企业完成交易活动所不可或缺的信息；经营信息（产品、市场需求、人才等信息）是企业日常运营需要了解的信息。

4. 时效性

信息作为跨境电商的重要资源，具有明显的时效性。由于跨境电商涉及不同关境的交易主体，交易链更长，影响因素更加复杂，任何一方面的变化都可能对跨境电商交易活动产生影响，因此，企业需要及时准确地获取实时信息，并据此不断调整交易活动。对于跨境电商来说，一旦超过了既定的时间，情况便会发生变化，原有的信息就失去了其价值。这就要求平台能够提供快捷的信息服务和便捷的使用方式来满足用户的信息需求。

4.3　跨境电商信息需求层次模型构建

4.3.1　研究步骤设计

首先，结合上文访谈内容确定中小微企业出口跨境电商信息需求项目；其次，基于 Kano 模型基本原理设计调查问卷，选取适合研究主题的企业发放问卷；再次，对回收的问卷进行整理，筛选有效问卷进行统计分析，并根据需求项目所占权重确定各信息需求项目的 Kano 归属类别；最后，构建中小微企业出口跨境电商信息需求层次模型。Kano 模型分析方法步骤如图 4 - 3 所示。

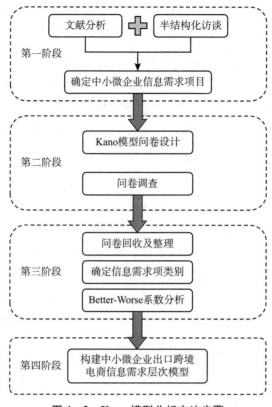

图 4-3　Kano 模型分析方法步骤

4.3.2　企业信息需求项目

综合上文中文献综述及半结构化访谈内容，本书经过汇总归纳得出中小微企业出口跨境电商信息需求项目，需要说明的是：对于 C8 交易对象中 B18 交易对象信誉因素与 B19 交易对象需求评论因素等相关信息的获取，以目前的互联网技术，结合半结构化访谈情况，了解到交易对象的信用信息及需求评论信息均可以通过电商平台的后台数据，不用耗时耗力去做大量用户访谈调查就可以直接看到交易对象的行为数据。而对于交易层面的 C7 交易流程中的 B17 物流信息作为跨境电商发展的重要保障，其中的仓储信息、运输信息及海关信息影响着跨境电商的成败与发展，因此，本书基于上文访谈结果对企业用户信息需求项目进行部分调整，调整后的内容具体如表 4 – 10 所示。

表 4 – 10　　　　　　　中小微企业出口跨境电商信息需求项目

需求类别	信息需求项目
环境信息维度	1. 贸易国政策法规（法律法规、政策环境等信息）
	2. 宏观经济环境信息（经济条件、贸易水平等信息）
	3. 贸易国文化信息（文化习俗、宗教信仰等信息）
	4. 环境突发信息（自然灾害、疫情、气候变化等信息）
	5. 市场及行业信息（市场供需信息、行业竞争者信息等）
	6. 人才供求与对接信息
经营信息维度	1. 平台交易规则及服务信息
	2. 产品及供应商信息
	3. 产品技术及研发信息
	4. 产品营销信息（包括营销策略、成功案例等信息）
	5. 运营信息（运营推广等信息）
	6. 金融信息（融资、贷款等信息）
	7. 风控信息（纠纷、侵权、维权等信息）
交易信息维度	1. 订单信息（订单量、支付方式、交易时间等信息）
	2. 核算信息（汇率、税率等信息）
	3. 售后信息（退换货等信息）
	4. 仓储信息（仓储费用信息、仓位信息等）
	5. 运输信息（费用、时效、运输方式等信息）
	6. 海关信息（检验检疫信息及通关等信息）

1. 环境信息

（1）贸易国政策法规。跨境电子商务的发展离不开法律的规范和各项利好政策的支持，每个国家都会结合国情出台相应的跨境电商法律法规和政策文件，以引导和规范跨境电子商务发展。跨境电子商务相关政策法规的出台与跨境电子商务发展关系密切，企业需要了解和掌握贸易国的政策法规，进行合理的规划设计与过程控制，使交易得以顺利开展。

（2）宏观经济环境信息。主要指宏观经济运行的周期性波动等规律性因素和政府实施的经济政策等政策性因素，包括经济的发展阶段和发展水平、经济制度与市场体系、收入水平、财政预算、贸易与国际收支状况等。国家经济制度的形成与变迁往往是经济环境作用的结果，因而制度因素与宏观经济环境联系紧密。企业在选择目标市场时，要考虑贸易国的宏观经济环境，因地制宜，制定合适的交易策略。

（3）贸易国文化信息。受地缘文化以及文化亲近等因素影响，一国进出口商品特征与国内文化结构之间具有很强的关联性，地域风俗、宗教信仰、种族移民以及语言因素等文化信息都会影响交易需求。文化差异较小即双边文化接近，不仅能够对贸易总量产生积极影响，降低贸易中沟通成本以及信息成本，同时也有利于出口品质的提升。企业在向目标市场和目标用户推广商品时，要充分考虑贸易国的文化特征，制定恰当的销售策略。

（4）环境突发信息。环境突发信息包括自然灾害、事故灾害、社会冲突事件发生过程中产生的信息。突发事件发生后，社会公众对事件的意见、情绪与态度也会影响买方企业对于跨境电商交易活动的态度，因此，企业在进行跨境交易时也要注意环境突发信息带来的影响。

（5）市场及行业信息。市场需求决定了产品的选择方向和购买力，企业需要全面精准地了解市场信息，围绕目标市场客户，根据买方需要和喜好选择产品，确定要售卖的产品，预估产品需求量。同时，企业也可以通过行业报告、平台检索数据、交易数据等进行精准定位，从而选择最适合自己产品的市场进行长期深耕和维护。商业活动面临的另一个重要问题是同行竞争。如何在众多竞争者中脱颖而出，获得买方的青睐成为每个企业需要思考的问题。面对愈发激烈的市场竞争，跨境电商企业更要了解同类产品、替代产品企业的信息，在此基础上采用差异化竞争策略，有针对性地满足买方的细节需求，与竞争者进行区分，形成独特的竞争优势。

（6）人才供求与对接信息。跨境电商领域需要从业者具备较高的专业能力，因此，该领域所需人才应该具有较强的专业性和复合型特征，需要对电商行业、海外贸易、产品销售都有所了解，有一定的外语能力，熟悉国际贸易规则和业务，掌握各大跨境电商平台运营规则和操作要领，了解交易国消费习惯和知识产权保护政策，能够运用互联网思维引领跨境电商产业发展。跨境电商的成长速度过快，使得许多企业出现跨境电商人才短缺的问题，因此，企业应重点关注人才信息，结合企业发展阶段选择所需的人才。

2. 经营信息

（1）平台交易规则及服务信息。跨境电商运营平台可以分为自建平台和第三方平台两类。对于自建平台，企业可以根据需求自行设计功能模块，无须受到第三方平台的制约，但也对企业的资金、运营能力及引流能力提出了更高的需求。受自身能力限制，更多的企业选择入驻第三方平台，以获取更庞大的用户流量，目前市场上影响力较强的平台包括：亚马逊、速卖通、阿里巴巴国际站等。大部分的平台能够满足用户信息检索、产品上架、交易、支付、物流查询等功能，选定平台后，企业需要配备专业人员负责平台的日常运营，实时监控各项交易数据。

（2）产品及供应商信息。产品的品质及服务体验是影响用户消费决策的重要因素。对于跨境电商平台而言，面对种类繁多、质量参差不齐的产品，跨境电商企业需要根据产品品类属性，对目标市场和客户群体的具体情况进行分析，利用差异化策略，从全球市场中找到质量更高、品牌影响力更强的产品。除自产自销外，更多的企业选择由供应商提供货源，在这种情况下，企业也要对供应商的生产资质、生产线、价格进行对比考量，以选择适宜的合作供应商。

（3）产品技术及研发信息。随着各机构信息化建设速度的加快，越来越多的信息技术出现，如商品编码技术、电子签名技术、区块链技术、应急处理技术等，先进技术的采用既能节约企业的运营成本，也能缩短企业的交易周期。跨境电商企业应充分利用信息化建设成果，重视领域内的技术研发与创新成果。

（4）产品营销信息。在网络信息时代，单纯的宣传已经不能满足跨境电商企业的产品营销需求，经营者需要深入分析业内成功营销案例，掌握各项营销信息和营销手段，如常用的 5W2H、SWOT、STP、4P、4C、4R、4S 等营销策略分析方法及其应用，以达到更好的营销效果。

（5）运营信息。跨境电商活动的运转离不开企业的运营和推广，为保证交易活动的顺利开展，企业除了要掌握基本的运营策略之外，还要对运营方式进行选择与创新。以内容运营为基础，合理运用信息技术工具开展运营活动，维护企业、客户及其他利益相关者的稳定关系，为企业后续活动的展开和产品经营推广奠定基础。

（6）金融信息。指在组织和管理货币流通、金融证券交易、信用活动以及资金结算过程中产生的数据和信息。金融承载着大量资金流，是现代经济的核心。跨境电商作为一种典型的商业活动，需要密切关注融资渠道、货币汇率变化、银行清行等金融信息。

（7）风控信息。由于跨境电商交易活动常常要涉及两个及以上关境，其交易过程会面临各种各样的风险，如纠纷、侵权等风险。这需要跨境电商企业拥有良好的风险控制意识，在交易前进行风险把控，通过技术手段、第三方担保等方式，尽可能地规避交易过程中可能出现的风险。

3. 交易信息

（1）订单信息。买方确认购买商品后会形成订单信息，跨境电商企业需要对订单进行确认，包括产品信息确认、地址确认、备货时间确认、运输时间确认等，此时企业工作人员需要尽快与买方沟通，确认订单信息并将其录入系统以便开始后续流程。随着经营活动的开展，企业能够积累大量的订单信息，通过对这些订单信息进行分析、总结、回顾，进一步挖掘信息潜在价值，以对后期的交易活动开展提供决策参考。

（2）核算信息。跨境电商在为国家经济发展带来更多税源的同时，也对现行税法征收原则和征管技术带来了巨大挑战。因为跨境电商税收管理与国家间经济主权相关联，处理不当易引发区域间经济贸易纠纷。此外，跨境电商税务征收中，除征收国内电子商务税种外，还应征收出口关税等税种，涉及审定商品价格、商品归类、原产地规则以及进口货物保税等多方面规定，企业应关注税收方面的信息。

（3）售后信息。商品销售之后卖方需要为客户提供订单物流查询跟踪、商品预期到货时间、到货通知、收货确认、产品使用指导、质量问题处理等信息服务。在跨境电商交易过程中，售后服务可以使客户将商品的价值感知和价值体验统一起来，优质的售后服务对提升客户满意度，获取良好口碑有重要作用。因此，企业应持续跟踪售后信息，直至完成整个交易活动。

（4）仓储信息。仓储与产品销售和物流效率息息相关，许多跨境电商企业为提高物流速度、降低物流成本，选择建立海外仓，在出口国提供货物仓储、分拣、派送等服务，企业应考虑自身资本与风险承受能力，结合地理位置，合理规划仓储位置。此外，企业需要对库存仓库的各种物品、产品以及其他资源进行管理和控制，使其库存储备保持在合理水平，从而在保证及时发货的情况下，尽可能地降低库存水平，减少库存积压与损耗，降低贬值风险。

（5）运输信息。跨境电商交易过程中的一个突出问题是跨境物流问题。一方面，跨境涉及物理距离较远，跨境电商运输成本居高不下；另一方面，跨境配送使得商品需要进行中转配送，而现有物流体系不够完善。企业的物流模式可分为自营和外包两类。自营的物流体系方便、快捷，但建造成本偏高，运营费用也很昂贵。因此，很多企业会选择把配送业务外包给一些物流公司，但是快递配送的时间较长，商品容易丢失或者质量受损，导致供应商产生额外损失，同时还会影响买方网络购物体验。此外，跨境物流还面临不同的国家政策、经济、文化、人才短缺等因素影响，影响运营效率。因此，跨境电商企业为了降低运输费用占比，需要时刻关注运输信息。

（6）海关信息。海关报关是指出口货物的收发货人、受委托的报关企业，按照海关的规定以及有关法律的要求，办理货物出境，填写报关单，向海关报告实际出口物品的清单，并接受海关审核的行为，申报流程包括企业申报、海关受理、查验、征税、放行、结关几个阶段，企业要及时跟进商品通关信息。海关报关报检是跨境电商物流的重要组成部分，不同国家有不同的清关规定，跨境电商企业要对本国和贸易国的通关规定有所了解，以免造成不必要的损失。

4.3.3 Kano 问卷设计与发放

1. 问卷设计

基于文献调查与半结构化访谈分析结果，根据中小微企业出口跨境电商信息需求项目设计问卷内容，针对跨境电商平台信息服务项目，采用 Kano 模型的问题设置方式进行提问，即从某项信息需求的正向和反向两方面进行设问，以了解跨境电商平台在提供该信息和不提供该信息两种情况下中小微企业的态度。例如："如果跨境电商平台有贸易国政策法规，您觉得？""如果跨境电商平台无贸易国政策法规，您觉得？"。在问题选项方面采用矩阵形式，将中小微企业对于某项信息的具体感受分为 5 个量度，分别对应"满意""理应如此""无所谓""勉强接受""不满意"五个选项（见附录一）。

2. 问卷发放

结合中小微出口跨境电商企业分布特点，以浙江、深圳、北京及河北地区中小微企业为目标对象进行问卷发放。线上通过微信、QQ 社群、知乎、微博、阿里巴巴国际站、速卖通等途径发放网络问卷，线下通过跨境电商协会进行问卷发放，经过为期半个多月的时间，共计回收问卷 125 份，剔除存在明显逻辑性错误及填答问卷时间过短的问卷 11 份，筛选出有效问卷 114 份，问卷有效率为 91.2%。

4.3.4 Kano 问卷结果分析

1. 描述性统计分析

表 4-11 为问卷样本描述性统计分析，通过分析问卷基本信息，总结

中小微企业调查对象的基本特征可以发现，企业员工数量在 10 ～ 50 人居多，约占 42.11%，员工在 100 ～ 300 人的企业数量相对较少，约占 11.4%；在出口跨境年限方面，近半数的中小微企业经营出口跨境年限在 1 ～ 5 年（约为 49.12%），在 10 年以上的较少（约为 3.51%）；在跨境电商平台选择上，阿里巴巴国际站占比最高（约为 63.16%），其次是亚马逊（约为 42.99%）、速卖通（约为 28.95%）等平台。

表 4 - 11   问卷样本描述性统计分析

基本信息	选项	样本数	百分比（%）
员工数量	3 ～ 10 人	28	24.56
	10 ～ 50 人	48	42.11
	50 ～ 100 人	25	21.93
	100 ～ 300 人	17	11.4
企业出口跨境年限	1 年以下	33	28.95
	1 ～ 5 年	56	49.12
	5 ～ 10 年	21	18.42
	10 年以上	4	3.51
跨境电商平台	阿里巴巴国际站	72	63.16
	亚马逊	49	42.99
	速卖通	33	28.95
	eBay	20	17.54
	中国制造网	10	8.78
	Wish	10	8.78
	Shopee	8	7.02
	Lazada	8	7.02
	环球资源网	7	6.14
	敦煌网	5	4.39

2. 信度与效度检验

为保证问卷质量符合标准，本书使用 SPSS 工具对中小微企业出口跨境电商信息需求 Kano 问卷的信效度进行检验。

信度用以衡量问卷所得结果稳定性与一致性的程度，它是问卷中最基本也是最常做的分析。信度一般用内部一致性程度 Cronbach's α 系数来进行检验，Cronbach's α 系数越高，表示其内部一致性越高。由于 Kano 模型问卷分别从正反两个方面进行设问，因此，将问卷问题分为正向和反向两部分分别对其进行信度检验。经过运算得到信度检验结果如表 4 – 12 所示，即每组数据 Cronbach's α 系数均在 0.8 以上，因此，本书设计问卷数据信度良好。

表 4 – 12　　　　　　　　　　　Kano 问卷信度分析

维度	题号	正向问题 α 系数值	反向问题 α 系数值
环境信息维度	7 ~ 12	0.886	0.950
经营信息维度	13 ~ 19	0.922	0.970
交易信息维度	20 ~ 25	0.938	0.979
综合问卷	7 ~ 25	0.961	0.986

效度检验用于检验问卷的有效程度，主要包括内容效度、结构效度。本书问卷中的题项是在参考已有相关文献并对中小微出口跨境电商企业进行访谈的基础上得到的企业信息需求项目内容，资料来源于现有的中小微企业出口跨境电商实例，因此，在一定程度上提高了本研究的内容效度。

本书主要借助 KMO 值和 Bartlett 球形检验来测量结构效度。其中 KMO 检验是用于检验变量间的偏相关系数；Bartlett 球形度检验主要关注 P 值，如果 $P < 0.01$，即说明问卷结构效度较好。本书采用 SPSS 工具从正向和反向两个维度对问卷进行效度检验，可以看出 KMO 值均在 0.9 左右，且 P 值均为 0.000，说明问卷结构效度较高，具体分析结果如表 4 – 13 所示。因为本章研究主要是为了获取中小微企业出口跨境电商信息需求的优先级次序，而不是对公共因子进行研究，因此，不再对其做后续公共因子进行提取与命名分析。

表 4 - 13 　　　　　Kano 问卷的 KMO 和 Bartlett 的检验

题目类型	KMO 值	Bartlett 球形度检验		
		近似卡方	df	P 值
正向问题	0.913	2009.599	171	0.000
反向问题	0.893	5655.351	703	0.000
综合整体	0.958	3272.752	171	0.000

3. Kano 信息需求优先级确定

接下来根据分析流程，分别对问卷中每个信息需求项目进行统计，以编号为 1 的"贸易国政策法规"为例，得出其 Kano 属性二维矩阵，如表 4 - 14 所示。

表 4 - 14 　　　　信息需求项目 1 的 Kano 属性二维分类 　　　　单位：%

信息需求项目		平台无贸易国政策法规				
		满意	理应如此	无所谓	勉强接受	不满意
平台有贸易国政策法规	满意	6.14	7.02	6.14	9.65	23.68
	理应如此	0.00	10.53	0.88	6.14	13.16
	无所谓	0.00	1.75	7.89	0.88	0.00
	勉强接受	0.00	0.00	0.88	3.51	0.88
	不满意	0.88	0.00	0.00	0.00	0.00

在表 4 - 14 基础上将相同维度的比例进行叠加汇总，得出表 4 - 15，通过比较得出该信息需求项目占比最大的类别，即贸易国政策法规归为 I 无差异型需求。

表 4 - 15 　　　贸易国政策法规信息需求项目的 Kano 类别隶属度 　　　单位：%

A	O	M	I	R	Q	最大占比	归属类别
22.81	23.68	14.04	32.46	0.88	6.14	32.46	I

注：A：魅力型需求；O：期望型需求；M：基本型需求；I：无差异型需求；R：反向型需求；Q：可疑结果。

按照上述过程对 19 个信息需求项目类别进行判定，得到表 4 - 16 中小微企业出口跨境电商信息需求项目的 Kano 属性初始分类。

表 4 - 16　　中小微企业出口跨境电商信息需求项目的 Kano 属性初始分类

编号	A（%）	O（%）	M（%）	I（%）	R（%）	Q（%）	最大占比	归属类别
1	22.81	23.68	14.04	32.46	0.88	6.14	32.46	I
2	28.07	22.81	8.77	34.21	0.00	6.14	34.21	I
3	27.19	21.05	7.89	39.47	0.88	3.51	39.47	I
4	31.58	14.91	7.89	37.72	2.63	5.26	37.72	I
5	19.30	28.07	8.77	41.23	0.00	2.63	41.23	I
6	18.42	19.30	11.40	44.74	0.88	5.26	44.74	I
7	28.07	6.14	28.07	31.58	0.00	6.14	31.58	I
8	25.44	26.32	8.77	34.21	0.88	4.39	34.21	I
9	33.33	13.16	4.39	42.11	0.88	6.14	42.11	I
10	20.18	19.30	17.54	36.84	1.75	4.39	36.84	I
11	34.21	16.67	5.26	37.72	1.75	4.39	37.72	I
12	21.05	20.18	5.26	46.49	0.00	7.02	46.49	I
13	16.67	26.32	11.40	41.23	0.88	3.51	41.23	I
14	16.67	28.07	26.32	26.32	0.88	1.75	28.07	O
15	15.79	30.70	19.30	29.82	0.00	4.39	30.70	O
16	8.77	23.68	38.60	22.81	0.88	5.26	38.60	M
17	21.93	23.68	16.67	34.21	0.88	2.63	34.21	I
18	15.79	30.70	14.04	35.09	0.88	3.51	35.09	I
19	17.54	21.05	25.44	30.70	0.88	4.39	30.70	I

将表 4 - 16 进行汇总，得到中小微企业出口跨境电商信息需求项目的 Kano 初始类别汇总，如表 4 - 17 所示。

从表 4 - 17 可以看出，期望型需求包括两个，对应编号 14、15，基本型需求有一个，对应编号为 16，其余 16 个信息需求项目均对应无差异型需求，从上述结果可以看出，无差异型需求过多，无法提出更具有针对性的信息服务优化建议，因此，结合本问卷数据的特点对 Kano 归属类别分类表进行个性化设置，使其更具有研究意义，如表 4 - 18 所示。

表 4 - 17　中小微企业出口跨境电商信息需求项目的 Kano 初始类别

归属类别	需求项目编号
A（魅力型需求）	无
O（期望型需求）	14、15
M（基本型需求）	16
I（无差异型需求）	1、2、3、4、5、6、7、8、9、10、11、12、13、17、19
R（反向型需求）	无
Q（可疑结果）	无

表 4 - 18　　　　　　　　　个性化 Kano 属性归类

信息需求项目		反向问题（不提供该信息）				
		满意	理应如此	无所谓	勉强接受	不满意
正向问题 （提供该信息）	满意	Q	A	A	O	O
	理应如此	R	I	A	M	M
	无所谓	R	I	I	I	M
	勉强接受	R	I	I	I	M
	不满意	R	R	R	R	Q

　　按照上述方式对每个信息需求项目的百分比进行计算，得出占比最多的项为该需求项目的新归属类别，结果如表 4 - 19 所示。

表 4 - 19　　中小微企业出口跨境电商信息需求项目的 Kano 属性二次分类

编号	A（%）	O（%）	M（%）	I（%）	R（%）	Q（%）	最大占比	归属类别
1	14.04	33.33	21.05	24.56	0.88	6.14	33.33	O
2	14.91	38.60	16.67	23.68	0.00	6.14	38.60	O
3	12.28	36.84	13.16	33.33	0.88	3.51	36.84	O

续表

编号	A（%）	O（%）	M（%）	I（%）	R（%）	Q（%）	最大占比	归属类别
4	17.54	33.33	16.67	24.56	2.63	5.26	33.33	*O*
5	11.40	39.47	16.67	29.82	0.00	2.63	39.47	*O*
6	14.91	25.44	18.42	35.09	0.88	5.26	35.09	*I*
7	21.93	15.79	33.33	22.81	0.00	6.14	33.33	*M*
8	14.91	38.60	15.79	25.44	0.88	4.39	38.60	*O*
9	28.95	23.68	14.91	25.44	0.88	6.14	28.95	*A*
10	14.04	28.95	25.44	25.44	1.75	4.39	28.95	*O*
11	29.82	26.32	12.28	25.44	1.75	4.39	29.82	*A*
12	18.42	25.44	10.53	38.60	0.00	7.02	38.60	*I*
13	12.28	34.21	20.18	28.95	0.88	3.51	34.21	*O*
14	17.54	30.70	32.46	16.67	0.88	1.75	32.46	*M*
15	8.77	40.35	24.56	21.93	0.00	4.39	40.35	*O*
16	7.02	28.07	40.35	18.42	0.88	5.26	40.35	*M*
17	19.30	30.70	21.93	24.56	0.88	2.63	30.70	*O*
18	11.40	37.72	21.93	24.56	0.88	3.51	37.72	*O*
19	15.79	25.44	31.58	21.93	0.88	4.39	31.58	*M*

接下来，再将中小微企业出口跨境电商信息需求项目的 Kano 属性二次分类进行汇总，得到结果如表 4 - 20 所示。

表 4 - 20   中小微企业出口跨境电商信息需求项目的 Kano 属性二次分类汇总

归属类别	需求项目编号
A（魅力型需求）	9、11
O（期望型需求）	1、2、3、4、5、8、10、13、15、17、18
M（基本型需求）	7、14、16、19
I（无差异型需求）	6、12
R（反向型需求）	无
Q（可疑结果）	无

从表 4 - 20 可知，魅力型需求包含两个，对应编号 9、11，基本型需求有四个，分别对应编号 7、14、16、19，无差异型需求有两个，分别对应编号 6、12，剩余的 11 项均为期望型需求。

4. Better - Worse 系数分析

从表 4 - 19 中可以发现，存在部分需求项目占比排名前两位的数值比较相近，如编号 14 的项目，其基本型需求占比为 32.46%，期望型需求占比为 30.70%，两者仅相差 1.76%，在进行属性归类时可能会存在一定的偶然性。因此，为了保证上述数据归类的合理性与科学性，继续根据表 4 - 19 的百分比计算各信息需求项目的 Better - Worse 系数，进一步了解某信息需求项目对增加满意或者降低不满意的影响程度。

根据 Better - Worse 系数的计算公式，可以依次计算出各信息需求项目的值，结果如表 4 - 21 所示。

表 4 - 21　　中小微企业出口跨境电商信息需求项目的 Better - Worse 系数值

信息需求项目编号	Better 系数	Worse 系数	信息需求项目编号	Better 系数	Worse 系数
1	0.509	- 0.585	11	0.598	- 0.411
2	0.570	- 0.589	12	0.472	- 0.387
3	0.514	- 0.523	13	0.486	- 0.569
4	0.552	- 0.543	14	0.495	- 0.649
5	0.523	- 0.577	15	0.514	- 0.679
6	0.430	- 0.467	16	0.374	- 0.729
7	0.402	- 0.523	17	0.518	- 0.545
8	0.565	- 0.574	18	0.514	- 0.624
9	0.566	- 0.415	19	0.435	- 0.602
10	0.458	- 0.579			

接下来取 Worse 绝对值的平均值以及 Better 值的平均值为 Better - Worse 系数象限图的坐标原点，计算结果为（0.556，0.500），用 Excle 将

其分布在四象限图内，如图4-4所示。

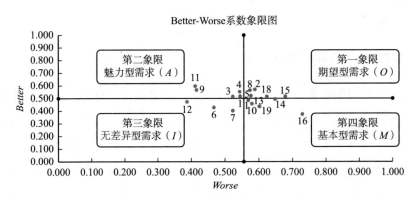

图4-4 中小微企业出口跨境电商信息需求项目的 **Better－Worse 系数象限**

第一象限表示 Better 系数值越高，Worse 系数绝对值也越高，属于期望型需求，从图中可以看出，落入该象限的项目编号分别为1、2、4、5、8、15、17、18，表示提供该类信息需求项目时企业用户满意度会上升，不提供该类信息需求项目时，企业用户满意度会随之下降。

第二象限表示 Better 系数值越高，Worse 系数绝对值越低，属于魅力型需求，从图中可以看出，落入该象限的项目编号分别为3、9、11，表示不提供该类信息需求项目时，企业用户满意度不会降低，但提供该类信息需求项目时，企业用户满意度会大幅提升。

第三象限表示 Better 系数值越低，Worse 系数绝对值也越低，属于无差异型需求，落入该象限的项目编号分别为6、7、12，表示无论是否提供该类信息需求项目，企业满意度不会有所变化。

第四象限表示 Better 系数值越低，Worse 系数绝对值越高，属于基本型需求，落入该象限的项目编号分别为10、13、14、16、19，表示提供该类信息需求项目时，企业用户满意度不会提升，但是不提供该类信息需求项目时，企业用户满意度会大幅下降，该象限的信息需求项目是跨境电商平台所应提供的最基本的服务。

结合表4-20对于 Kano 属性二次分类汇总以及图4-5信息需求项目

的 Better – Worse 系数象限，可以得出中小微企业出口跨境电商信息需求项目的最终 Kano 归属类别，如表 4 – 22 所示。

表 4 – 22　　中小微企业出口跨境电商信息需求项目的最终 Kano 归属类别

归属类别	需求项目编号
A（魅力型需求）	3、4、9、11、17
O（期望型需求）	1、2、5、8、15、18
M（基本型需求）	10、13、14、16、19
I（无差异型需求）	6、7、12
R（反向型需求）	无
Q（可疑结果）	无

5. 各维度信息需求分析

采取上述步骤相同的计算方法，计算出中小微企业出口跨境电商信息需求各维度的 Better – Worse 系数，结果如表 4 – 23 所示。经计算得出 Better – Worse 系数象限图的坐标原点为（0.560，0.499）。

表 4 – 23　　中小微企业出口跨境电商信息需求各维度的 Better – Worse 系数

项目需求维度	Better 系数	Worse 系数
环境信息维度	0.516	− 0.547
经营信息维度	0.507	− 0.495
交易信息维度	0.476	− 0.638

从图 4 – 5 可以看出，在中小微企业出口跨境电商三个信息维度中，环境信息为期望型需求、经营信息维度为魅力型需求、交易信息维度为基本型需求。基于此得到各维度最终 Kano 属性分类，如表 4 – 24 所示。

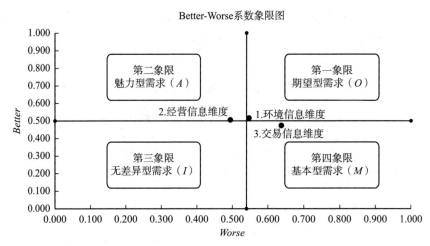

图 4－5　中小微企业出口跨境电商信息需求各维度

项目的 Better－Worse 系数象限图

表 4－24　　　　　　　　各维度最终 Kano 属性分类

信息需求项目维度	环境信息维度	经营信息维度	交易信息维度
Kano 属性	O（期望型）	A（魅力型）	M（基本型）

4.3.5　跨境电商信息需求层次模型

通过 Kano 模型对中小微企业信息需求项目进行归类后，按照"基本型需求＞期望型需求＞魅力型需求＞无差异型需求＞反向型需求"对信息需求项目进行优先级排序，并结合 Better－Worse 系数象限图中与原点距离的远近判断该信息需求项目对中小微企业"满意度不满意度"的影响程度，进而判断得出信息需求项目的重要层级，最终构建出中小微企业出口跨境电商信息需求层次模型。

按照对无差异型需求的理解，即该信息需求项目无论提供与否都不会对企业用户满意度产生影响，在后续研究过程中大多数学者经常会选择删除该类型的项目内容不对其进行优化，针对这一问题，诺里亚基（Noriaki, 2001）认为，用户对同一需求的态度会随着时间而发生变化，该服务项目所属的 Kano 类型也会改变，动态变化周期为：$I \to A \to O \to M$，考虑到本研究主要面向中小微型企业，在调查中可能会存在企业对于某一项出口跨境电商信息需求意识不足或了解程度有限等问题，随着企业出口跨境电商年限的增加及对出口跨境信息认知的增长，对这类项目信息需求程度可能会提高，因此，本书将无差异型信息需求归入需求层次模型中，综合分析并进行排序，图 4 – 6 为最终的中小微企业出口跨境电商信息需求层次模型。

第一层级	第二层级	归属类别	优先级排序
环境信息维度	1 贸易国政策法规（法律法规、政策环境等信息）	O	9
	2 宏观经济环境信息（经济条件、贸易水平等信息）	O	8
	3 贸易国文化信息（文化习俗、宗教信仰等信息）	A	15
	4 环境突变信息（自然灾害、疫情、气候变化等信息）	A	14
	5 市场及行业信息（供需信息、行业竞争者等信息）	O	10
	6 人才供求及对接信息	I	18
经营信息维度	7 平台交易规制及服务信息	I	19
	8 产品及供应商信息	O	11
	9 产品技术和研发信息	A	13
	10 产品营销信息（包括营销策略、成果案例等）	M	14
	11 运营信息（运营推广等信息）	A	12
	12 金融信息（融资、贷款等信息）	I	17
	13 风控信息（纠纷、侵权、维权等信息）	M	5
交易信息维度	14 订单信息（订单量、支付方式、交易时间等信息）	M	2
	15 核算信息（汇率、税率等信息）	O	6
	16 售后信息（退换货等信息）	M	1
	17 仓储信息（仓储费用信息、仓位信息等）	A	16
	18 运输信息（费用、时效、运输方式等信息）	O	7
	19 海关信息（检验检疫及通关等信息）	M	3

（图左侧竖排文字：中小微企业出口跨境电商信息需求层次模型）

图 4 – 6　中小微企业出口跨境电商信息需求层次模型

4.4 跨境电商信息需求分类结果讨论

4.4.1 环境信息维度

根据上文分析结果可知，环境信息维度的信息需求整体归为期望型需求。中小微企业在出口跨境业务开展过程中需要充分了解环境维度的信息，在具体的信息需求项目中，贸易国文化信息划归为魅力型需求，说明出口国的文化习俗、宗教信仰等信息是中小微企业实现交易的重要信息，提供此类信息可以大大提升企业用户的满意程度。同时，贸易国政策法规、宏观经济环境信息、环境突发信息、市场和行业动态信息对中小微企业来说是期望型信息需求项目，如受新冠肺炎疫情影响，国内部分中小微企业面临着诸多挑战，迫切需要企业对当前形势做出应对，而上述信息的获取可以辅助其做出相应决策；另外，随着中小微企业出口规模的不断扩大，其对于人才的需求以及员工的内部培训等信息也会越来越关注，该类信息需求项目也将从无差异型需求逐步实现转变。整体来看，环境维度的信息需求将随着中小微企业对出口跨境电商的掌握和熟悉程度，最终会由期望型需求转变为基本型需求。

4.4.2 经营信息维度

根据上文数据分析结果可知，经营信息维度的信息需求整体归为魅力型需求。可以看出，中小微企业由于整体规模较小，从事跨境电商业务时间相对较短，风险的抵抗能力相对较弱，因此，对于跨境电商平台的依赖性较高，当此类信息提供时，中小微企业满意度较高。具体来看，产品技术和研发、运营信息被归为魅力型信息需求项目，中小微企业在出口跨境交易过程中，首先希望在产品技术方面有所创新，能够凸显产品特色，其次在运营过程中更希望能掌握平台运营技巧，获取更多平台流量及曝光度。对于产品营销信息以及风控信息，包括纠纷、侵权等信息，是跨境电商平台应该提供的基本型信息服务项目，同样中小微企业对于产品供应方面的信息是期望可以获取的，一方面可以了解平台对相关产品的标准及规则，另一方面可以获取高质量货源，从而保障店铺产品资质与质量。而平台交易规则及服务信息、金融信息被归为无差异型信息需求项目，当下阶段大部分企业通过日常运营对平台规则以语言方面的信息已经逐渐熟悉，或者目前没有融资、贷款等方面的需求，但考虑到需求类型归属具有一定动态周期的特点，短期内该类信息需求项目对企业用户满意度没有影响，长期来看，该类信息需求项目可能会转化为其他需求类型，所以同样也需要重视该类信息需求项目的提供。

4.4.3　交易信息维度

根据上文数据分析结果可知，交易信息维度的信息需求整体归为基本型需求。随着出口跨境电商的不断发展，中小微企业越来越重视核算信息及运输方面的信息，一方面由于跨境结算时间较长，收款及结汇环节较多且流程较为烦琐，汇率等信息一直处于波动状态，中小微企业需要实时关注其动态变化；另一方面跨境电商货运路线长，需要充分获取运输信息，通过对运输成本及运输时效等进行多方面权衡，来选择合适的运输方式。此外，对订单信息、售后信息及海关信息的分析结果显示，上述信息类型均为基本型信息需求项目，就目前大多数跨境电商平台而言，企业用户均可以方便快捷地获取订单信息、售后退换货信息及海关信息。此外，仓储信息被归为魅力型信息需求项目，对于众多的中小微型企业而言，受自身能力限制，其对海外仓存在大量需求，海外仓信息的获取可以帮助其降低物流综合成本，所以如果平台能够提供相关的仓储信息，可以大幅提升企业用户满意度。

4.5　本 章 小 结

为了探究跨境电商信息服务协同创新模式构建的现实基础，本章以中小微企业用户为调研对象，在文献调查基础上，结合半结构化访谈归纳出中小微企业用户出口跨境电商信息需求项目，并在此基础上进行 Kano 问卷调查，确定信息需求项目类别，最后构建了中小微企业出口跨境电商信息需求层次模型。研究发现，目前中小微企业用户在信息获取方面仍处于劣势地位，已有的环境信息、经营信息以及交易信息的获取程度与企业迫切的信息需求仍有较大差距。故本章从信息服务对象视角出发调查跨境电商企业用户的信息需求，其研究结论也将成为后续跨境电商信息服务协同创新模式构建的出发点和归宿。

第 5 章

跨境电商信息服务
协同创新模式构建

通过第 4 章，我们了解到中小微出口跨境电商企业的信息需求呈现出多样性、动态性、重叠性及时效性的特点。面对复杂多变的市场环境，只有以企业用户需求为中心，有针对性地提供精准、优质、高效的信息服务，才能提升中小微企业用户体验，然而受时间和资源限制，单一的信息服务主体难以应对信息服务对象的多重信息需求。在这种背景下，各信息服务主体逐渐认识到开展信息服务协同是突破跨境电商现实困境的重要途径，因此，通过实践探索形成了多种多样的协同模式。虽然这些协同模式在一定程度上实现了主体间的资源共享与优势互补，但在运作过程中仍然存在一些问题，因此，跨境电商信息服务协同创新模式的构建是非常必要的。

鉴于此，本章首先采用文献分析与网络调查相结合的方式进行跨境电商信息服务现状和问题总结，接下来对现存跨境电商信息服务协同模式及其存在问题进行分析。为了改善现有协同模式的不足，为中小微跨境电商企业提供广覆盖、高质量、可持续的信息服务，本章以跨境电商信息服务生态系统为理论支撑，中小微企业用户信息需求为现实基础，将协同理念融入跨境电商信息服务生态系统，并结合信息服务四要素，构建出一个以服务主体协同为核心维度，服务内容协同、服务策略协同、服务对象协同为关键维度的跨境电商信息服务协同创新模式，以推动跨境电商信息服务业高质量健康发展。

5.1 跨境电商信息服务现状

为了确保对现有跨境电商信息服务协同模式进行客观科学的认识，首要任务是对信息服务现状进行全面的调查研究。

5.1.1 跨境电商信息服务现状

为了充分了解我国跨境电商信息服务发展现状，本章采用网络调查方法进行分析，主要途径包括：第一，利用搜索引擎检索特定关键词，获取与研究主题相关的信息；第二，根据设立综合试验区的城市对本地区跨境电商企业站点进行访问。经过以上调查并进行人工筛选，最终选择提供信息服务的跨境电商企业站点约 121 个。

其中，人工筛选的具体过程为：第一，确定权威搜索引擎。依据 CNNIC 发布的《2019 年中国网民搜索引擎使用情况研究报告》，选取 PC 端搜索引擎渗透率排名前五的搜索引擎作为检索来源，即："百度搜索""360 搜索""搜狗搜索""必应搜索"和"中国搜索"，以保证检索来源的权威性。第二，确定检索关键词。围绕"跨境电子商务（跨境电商）信息服务"主题，演变多种具体的检索词，如："跨境电商 + 信息服务平台""跨境电商平台 + 信息服务"等，以兼顾检索结果的准确性和覆盖率。第三，整合、过滤检索结果。对不同搜索引擎的检索结果进行整合，并将相同的检索结果去重。基于去重后的检索结果，依据跨境电商信息服务的评价标准（朱嘉琪，2021），对劣质结果进行过滤，进而确定 121 个提供信息服务的跨境电商企业站点。

对于筛选出来的 121 个跨境电商企业站点运营主体，按照所提供信息服务的类型将其划分为跨境电商平台运营商及跨境电商服务提供商。其中，跨境电商服务提供商与跨境电商平台运营商占比分别为 72% 和 28%，这是因为跨境电商业务流程复杂，企业对于仓储物流、融资贷款及退税结汇等服务有着强烈需求，因此，催生了大量跨境电商服务提供商。针对上述 121 个跨境电商企业站点，采用经典的德尔菲法，确定不同类型跨境电商运营主体的典型代表，并对其信息服务方式及信息资源类型展开调查分析。

德尔菲法在本研究情景中的具体实施过程为：第一，将调查目的确定为"不同类型跨境电商运营主体典型代表选取"，向专家提供有关跨境电商平台的相关背景材料，包括平台类型、运营主体、平台规模、平台运营时长、平台访问量（结合 Alexa 全球网站排名）、平台年度交易额六个方面；第二，从地区商务部门、行业协会、代表性跨境电商企业中选取 12 名专家；第三，通过网络问卷的形式向各位专家发出调查，征询意见；第四，对返回的意见进行归纳，将代表性跨境电商运营主体的统计结果反馈给相关专家；第五，重复操作步骤，直至各位专家的意见大体趋于一致。经过前期调研，确定了跨境电商平台运营商的典型代表包括阿里巴巴国际站、亚马逊和 eBay，跨境电商服务提供商的典型代表包括跨境电商资讯服务提供商雨果网、物流服务提供商 UPS、支付服务提供商 PayPal。此外，2017 年 4 月，海关总署、国家税务总局、国家外汇管理局等政府部门共同签署《关于实施信息共享开展联合监管的合作机制框架协议》，旨在加强彼此间信息共享，实施联合监管，与本研究理念相契合，因此，将三者作为跨境电商政府监管部门的典型代表对其进行信息服务现状调查。接下来，针对所选取的跨境电商平台运营商、跨境电商服务提供商、跨境电商政府部门从执行型信息服务、经验型信息服务和专家型信息服务三方面入手进行现状分析。

1. 跨境电商平台运营商信息服务现状

跨境电商平台运营商会根据自身市场定位，对产品进行类目划分，买家无论是通过类目导航还是商品检索都能快速找到所需商品。买卖双方达成交易后，平台会提供订单信息、物流信息等供用户查询。值得注意的是，当前主流的跨境电子商务平台兼有资讯服务的功能，但因其核心定位为交易匹配功能，所以本书将重点围绕该类平台基于核心业务提供的信息服务现状进行统计说明，具体如表 5 - 1 所示。

表 5 - 1 　　　　　　　　跨境电商平台运营商信息服务现状

	信息服务类型	阿里巴巴国际站	亚马逊	eBay
执行型信息服务	信息导航服务	分类目录、贸易展览会、服务、帮助等	商品分类、海外购、全球开店、帮助等	eBay 新闻、网站地图、帮助等
	信息检索与查询服务	产品检索、供应商检索、订单查询、支付信息、物流信息	商品信息检索、订单查询、支付信息、物流信息	商品信息检索、订单查询支付信息、物流信息
	新闻资讯推送	进出口贸易新闻资讯、海外动态、外贸政策	新品发布内容、行业发展技术、财经动态、政策规则、服务动态	相关政策变动、财经动态、展会、最新公告等
	进度跟踪	物流动态	物流动态	物流动态
	信息发布与交流	交易问答、买家评论、留言平台	用户购物评价、交易问答	交易问答
	信息推荐服务	新品推荐、排名推荐、关联推荐、热门商品推荐	热门商品推荐、折扣商品推荐、新品推荐	热门商品推荐、优惠商品推荐、关联推荐
	站外链接	阿里巴巴相关网站	亚马逊旗下公司	维权类相关网站
经验型信息服务	信息咨询服务	在线咨询、留言咨询	平台在线咨询、亚马逊卖家帮助	实时答疑、卖家咨询
	行业数据报告	行业趋势、商家权益、外贸、策略规划、户外消费等方面的报告	行业发展等方面的报告	买家体验报告、eBay 广告报告、运行卖家表现报告等
	服务规则说明	平台操作说明、常见问题说明	常见问题说明、购物须知	常见问题说明、卖家中心使用指南、企业入驻通道使用指南
专家型信息服务	问题解决方案	提交询价、地区供应商等采购解决方案	自主退换服务、业务拓展方案	国际物流及运输解决方案
	课程辅导	以线上为主，内容涉及市场、商务、营销、数字化跨境物流、跨境贸易等方面，及一对一在线咨询服务	线上自学课程、官方讲堂，内容涉及跨境电商及亚马逊概况、流量、品牌打造及保护等人气课程	在线课程、线下培训，流量运营战术分享会、产品开发、分析及营销策略等

2. 跨境电商服务提供商信息服务现状

跨境电商服务提供商旨在为跨境电商参与者提供专业化的信息服务，比如支付、物流及资讯服务等。如表 5 – 2 所示，跨境电商物流服务提供商以全球最大的快递公司 UPS 速运为例，跨境电商支付服务提供商以知名国际贸易支付工具 PayPal 为例，跨境电商资讯服务提供商以雨果网为例，探究这三类跨境电商信息服务生产者的信息服务供给现状。

表 5 – 2 跨境电商服务提供商信息服务现状

信息服务类型		跨境电商资讯服务提供商（雨果网）	跨境电商物流服务提供商（UPS 速运）	跨境电商支付服务提供商（PayPal）
执行型信息服务	信息导航服务	跨境平台导航、独立站导航服务导航、选品导航、服务商区、课程导航、直播导航、活动导航	物流跟踪导航、运费方式导航、服务导航	交易记录导航、收付款导航、钱包、优惠卡券、帮助引导
	信息检索与查询服务	商品信息检索、新闻资讯检索	全网站检索、运输地检索	帮助中心检索
	新闻资讯推送	跨境电商进出口贸易新闻资讯、业内活动	跨境电商物流、关税、附加费等新闻资讯	跨境电商进出口贸易新闻资讯
	进度跟踪	无	物流追踪	收付款进度跟踪
	信息发布与交流	交易问答、社区问答	无	创建、发送账单，纠纷信息发布与交流
	信息推荐服务	热门推荐、新品推荐、关联推荐	运输方式推荐	合作交易平台推荐
	站外链接	跨境电商交易平台、独立站、跨境工具等链接	UPS 供应链、UPS Capital	跨境电商交易平台链接
经验型信息服务	信息咨询服务	官方顾问咨询、在线客服	邮件咨询、电话咨询	留言咨询、电话咨询

续表

信息服务类型		跨境电商资讯服务提供商（雨果网）	跨境电商物流服务提供商（UPS 速运）	跨境电商支付服务提供商（PayPal）
经验型信息服务	行业数据报告	品类、销售、消费者需求、行业发展等方面的报告	无	全球海淘购物者消费习惯调查报告、青年群体在线购物习惯调查
	服务规则说明	平台操作说明、常见问题说明	平台操作说明、常见问题说明	平台操作说明、常见问题说明
专家型信息服务	问题解决方案	品牌出海一站式解决方案	国际运输定制方案，退货和逆向物流解决方案	收款方案
	课程辅导	线上与线下相结合，内容涉及平台操作、日常运营、推广、财务、团队组建等课程和一对一解答服务	无	外贸学堂，外贸帮（跨境电商深度扶持服务）

3. 跨境电商政府部门信息服务现状

跨境电商政府部门的主要任务是规范跨境电商信息服务主体的服务行为，保障跨境电商信息服务在规范、有序的环境下展开。政府是跨境电商信息服务的主要监管者，各部门提供不同的监管服务。其中，海关总署主要对跨境电商进出口进行监管，提供跨境商品的通关信息；跨境电商涉及跨境贸易，税收项目相对复杂，需要税务总局进行监管；而国家外汇管理局主要开展外汇业务，提供结算服务，对跨境电商进行外汇监管。表5－3为跨境电商政府部门信息服务现状。

5.1.2　跨境电商信息服务问题分析

在对跨境电商平台运营商、服务提供商、政府部门相关主体开展信息服务调查的基础上，本书总结出相关主体在提供信息服务时所面临的障碍和不足之处，以便找到改进和提升跨境电商信息服务的关键点。

表 5 – 3　　　　　　　　跨境电商政府部门信息服务现状

信息服务类型		海关总署	商务部	国家外汇管理局
执行型信息服务	信息导航服务	海关总署概况导航、新闻导航、政务公开导航、互联网＋海关导航、互动交流导航、专题专栏导航	咨询导航、网上政务大厅导航、公众留言导航、工作服务导航等	机构职能导航、外汇新闻导航、政策法规导航、统计数据导航、管理信息导航
	信息检索与查询服务	全平台检索、政务公开检索、通关状态查询、重点商品查询、税率查询、电子税单查询、进出口税则查询、企业信息查询、进出境邮包查询、通关参数查询	全平台检索、公共服务资源数据查询等	全平台检索、汇率查询、新闻查询、政策法规查询等
	新闻资讯推送	海关进出口贸易新闻资讯	政务公开、新闻发布、时政要闻、电子商务公共服务、商务"十四五"规划专栏等	外汇新闻、时政新闻、政策法规解读、数据解读
	进度跟踪	通关流转状态跟踪	无	无
	信息发布与交流	业务咨询、在线留言	公共留言、在线访谈、邮箱交流	业务咨询、投诉建议、视频音频、调查征集
	信息推荐服务	无	无	无
	站外链接	中国政府网、国务院各部门官网、地方政府官网、司局子网站、直属海关、世界海关组织官网、相关社会团体官网	中国政府网、国务院部门网站、地方商务主管部门官网、相关社团官网	中国政府网、中国外汇网、国务院各部委官网
经验型信息服务	信息咨询服务	在线业务咨询、署长信箱、留言咨询	智能问答、在线办事	政策问答、在线办事
	行业数据报告	海关总署信息公开年度报告	信息公开年度报告、行政事项结果公开、政府网站工作年报	政府信息公开年报
	服务规则说明	常见问题说明	政务公开指南、在线咨询	政府信息公开指南、政策咨询

续表

信息服务类型		海关总署	商务部	国家外汇管理局
专家型信息服务	问题解决方案	无	出口商品技术指南、知识产权海外维权	无
	课程辅导	通关指导	商务培训	无

1. 信息服务对象单一

在信息服务对象选择方面，各类信息服务平台多以终端服务消费者作为其服务的出发点与落脚点，服务目标对象相对单一，导致跨境电商实际活动中存在的多主体的信息服务需求无法得到有效满足。正是因为存在这种信息服务的供需不匹配问题，致使跨境电商信息服务难以实现良性发展。

2. 缺少深度信息服务

由表5-1、表5-2、表5-3可知，无论是跨境电商平台运营商、服务提供商还是政府部门，其所提供的信息服务都以信息集成、信息检索、信息发布与交流等执行型信息服务为主，经验型信息服务次之，较少涉及专家型信息服务。跨境电商服务提供商拥有的信息资源类型单调，信息服务能力参差不齐，缺乏深层次的知识服务，难以满足当前环境下跨境电商参与者对复杂问题的决策咨询需求。而跨境电商平台运营商虽然有着浓厚的交易氛围以及整合服务支持功能，但其信息发布延迟且缺乏更具纵深化的专项业务流程信息服务。政府部门信息公开不同程度地存在内容简单、流于形式的现象，且在公开内容上也不同程度地存在着过于抽象的现象，偏重公布最终结果，因缺乏相关的专业技术人才使得深度信息整合仍然单薄。综上所述，跨境电商信息服务主体所提供的信息服务基本停留在信息的简单集成和排列上，缺少能够对信息进行深入分析和再加工的信息服务，无法深入挖掘众多跨境电商信息背后潜藏的价值信息，难以最大限度地发挥跨境电商信息的效用，使得信息服务的专业化程度较低，部分信息服务可替代性特征显著。

3. 信息内容分散

在信息服务内容方面，跨境电商信息资源呈现碎片化分布状态。跨境电商平台运营商提供的信息资源类型主要集中在产品交易信息方面，跨境电商服务提供商的信息资源更具专业性，对跨境服务对象的知识储备提出了更高的要求，跨境电商政府部门主要进行规章、规范性文件、其他主动公开文件、政策解读等信息的发布。此外，由于跨境电商平台内信息分类尚未形成业界统一的规范与标准，平台信息分类与类名较为随意，缺乏理论指导，平台导航功能相对较弱，同时，信息资源的重复建设问题突出，在海量信息时代，导致用户在查找相关信息时容易出现"信息迷航"现象，进而影响用户查找关键信息的效率。

4. 信息服务策略难以满足个性化需求

在信息服务策略方面，各类平台难以满足用户多样化的信息服务形式要求。具体而言，各类跨境电商平台对信息导航服务、信息检索服务、信息咨询服务、信息发布及交流服务均有所涉及，但缺乏更加全面、一手的信息资源，因此，无法开拓平台个性化检索、个性化推荐、跨平台推荐、跨平台检索等服务。

5. 服务主体之间缺乏交流合作

根据对各类跨境电商信息服务代表主体服务内容的调查可以发现，不同类型信息服务主体的服务之间彼此独立，各主体具备特有的信息优势，而主体之间缺少交流与合作，使得信息资源没有得到充分利用。跨境电商服务提供商凭借自身专业优势能够积累大量与消费者直接相关的数据；跨境电商平台运营商能够汇集更多跨境电商经营者，加快了信息的流通速度；政府各部门能够结合有关信息，制定相应的规章制度，引导跨境电商规范发展。现实中不同类型的信息服务主体各自为政，造成了重复投入、资源浪费等问题。特别地，相对于跨境电商平台运营商，跨境电商服务提供商目前的应用普及面较小，平台受众较少，平台信息服务范围受到一定限制。而跨境电商平台运营商因参与了跨境交易过程，掌握了平台用户大量的关键信息，处于信息优势地位，但信息资源并未得到充分利用。为满足交易平台向"交易＋服务"平台模式的转型升级，它需要与其他类型跨境电商平台协同，对平台的整体规划、模块设置等进行合理布局，实现信息服务的多样化集成，进而在实现交易量增加的同时，提升自身信息服务能力和服务水平。

5.2 跨境电商信息服务现存协同模式

跨境电商信息服务现存协同模式是指行为主体为了兼顾事物发展的一般性和特殊性，根据实际应用情况总结和概括出具有可操作性的一般方式。在前文对跨境电商信息服务现状调查了解后，需要对跨境电商信息服务现存协同模式进一步分析研究，以期为协同创新模式的构建提供模式上的借鉴。

5.2.1 跨境电商信息服务协同模式构建的必要性

基于前文对跨境电商信息服务现状与存在问题的分析可知，尽管目前跨境电商平台运营商、跨境电商服务提供商、政府部门信息资源总量大、信息异质性较高，但由于各类跨境电商信息服务主体合作不积极、交流联动不充分，导致各平台间信息资源相对孤立，难以实现信息资源的有效整合与信息资源的深度挖掘。与此同时，现有平台内的信息资源常常因为得不到及时利用而造成大量信息的无用堆积，出现了一定程度的信息资源浪费情况，这与跨境电商信息服务用户日益追求个性化、深度化的信息服务需求相矛盾。因此，有必要在各平台现有的服务机制下构建一个能够充分满足跨境电商信息服务用户需求的多元合作的信息服务协同模式。通过构建跨境电商平台信息服务协同模式来突破主体之间的固有壁垒，充分释放人才、信息、技术等创新要素的活力，以此来实现平台间的深度合作、提升跨境电商行业整体的信息服务能力、破解用户信息服务使用障碍、提高跨境电商企业信息利用效率，最终实现跨境电商信息服务的可持续发展。具体来说，构建跨境电商信息服务的必要性主要包含以下几个方面。

1. 保障跨境电商的正常运行

跨境电商信息服务是和跨境电商运行有关的全方位资讯服务，保障跨境电商的正常运行是跨境电商信息服务的出发点与落脚点。近年来，随着跨境电商的飞速发展，跨境电商相关信息量呈指数级增长，再加上跨境电商信息资源往往来源广泛、且呈分散式分布，缺少汇总、整理和序化，给信息资源的收集和利用带来了较大困难。并且不同信息服务主体在跨境电商供应链上的服务侧重点不同，所以其积累的特有的信息资源也存在较大区别，如果信息服务主体之间缺少交流合作，那么信息服务衔接就会不流畅，信息资源就不能得到充分利用，从而影响跨境电商的正常运行。因此，有必要通过跨境电商信息服务协同来加强各主体的沟通合作，实现资源的共享互通，尽可能全面地提供跨境电商所需的相关信息资源，从整体上增强跨境电商信息服务质量。

2. 促进跨境电商信息服务企业协同增效

跨境电商信息服务主体大多数是由企业个体组成的，企业作为具有逐利性的商业机构，降本增效是企业经营活动始终追求的目标。对于跨境电商信息服务主体中的任意一方来说，由于经营领域和自身能力的局限性，仅凭单一企业力量无法全面收集信息资源，所以其在收集信息资源过程中需要付出更多的时间和经济成本来满足信息服务的正常提供，同时各主体间信息交流的情况会直接影响主体的信息服务成本。例如，物流服务者掌握的主要是物流运输信息，平台经营者主要掌握平台内交易信息，海关主要掌握进商品出口信息，而对于跨境电商来说，与整个交易链中任意一环相关的信息都是有价值的，无论是平台积累的交易数据、行业进出口情况还是跨境物流信息都会影响实际交易活动，所以在进行信息服务时需要将多方消息进行融合利用，如果在合作过程中存在能力协同缺乏、信息系统协同缺乏、利益互信协同机制缺乏等不协同情况，必然会提高企业信息服务成本。因此，有必要通过跨境电商信息服务协同来加强各主体间的沟通合作，实现信息资源的共享互通，尽可能全面地掌握有关信息，从整体上达到信息服务企业降本增效的效果。

3. 顺应跨境电商信息服务协同化发展潮流

数字经济时代的到来，要求跨境电商行业整体必须能对市场需求、技术趋势、政策法规等方面的变化准确把握，从而做出柔性化调整。这就要求跨境电商信息服务必须朝着便捷化、个性化、精准化、规范化的方向发展。为跨境电商提供多样化、全方位的、便于获取的信息服务，满足跨境电商企业的信息需求，是跨境电商信息服务需要达到的目标。而这种综合性的跨境电商信息服务无法由单一服务主体来提供，需要不同服务主体间协同合作来共同完成。通过多元主体的协同作用，各主体可以取长补短，使信息资源在合理范围内进行流通和利用，实现信息资源的最大效益，保证跨境电商信息服务行业健康、高效的发展。

5.2.2　跨境电商信息服务现存协同模式对比分析

通过前文研究可知，跨境电商信息服务行业实际运作过程中仍然面临着信息服务对象单一、缺少深度信息服务、信息内容分散、信息服务策略难以满足中小微企业个性化需求以及服务主体之间缺乏交流合作等诸多问题，在一定程度上影响用户信息服务需求的满足。基于此，跨境电商信息服务主体在用户需求的外力诱发下，逐渐意识到协同所产生的 $1+1>2$ 的非线性叠加效应是提高自身信息服务水平的重要途径，并在现有跨境电商运行中自发地进行信息服务协同，目前大致存在以下几种跨境电商信息服务协同模式。

1. 点对点直链式信息服务协同模式

点对点直链式信息服务协同模式是跨境电商中最基础的一种信息服务

协同模式。跨境电商商业活动复杂，涉及多元主体，以平台运营商和服务提供商为主的不同商业主体配合紧密，共同推动跨境电商健康发展。点对点直链式信息服务协同模式具体来说就是平台运营商和服务提供商等不同商业主体通过信息系统接口实现数据信息的对接和交付。对从事跨境电商出口贸易的中小微企业来说，出口贸易通常需要跨境电商平台运营商、跨境电商物流或支付服务提供商所提供的信息服务，所以这种信息服务协同模式中会呈现出服务的直链式有向流动。

企业作为不同商业主体代表，也是行业协同最终落地的重要载体。通常通过双方协同合作来达到增强信息服务能力的目标。例如，全球著名的邮递和物流集团 DHL 与京东海外事业部进行包括信息服务在内的全方位战略合作。经过双方协议，DHL 将成为京东海外事业部的优选物流提供商，与此同时，一直以中国境外市场为其战略中心的京东海外事业部，也将成为 DHL "快速成长企业" 计划的战略客户，并可获取 DHL 所有业务单位的整套物流解决方案；继京东海外事业部与跨境物流企业 DHL 开展协同合作后，京东又在 2021 年与跨境跨币种汇款企业西联汇款签订战略协议，旨在加强彼此间的协同合作。京东通过数据和技术优势与西联汇款实现深度连接，双方合作不仅局限于产品层面，还将合作延伸至场景及用户层面，涵盖了信息服务在内的诸多服务协同。对于信息服务来说，这种双方的强强联合可以使得平台运营商较为顺利地聚集物流和支付服务提供商所提供的信息服务，从而增强整体信息服务水平。

由于点对点直链式信息服务协同模式是将信息服务直接从信息服务提供方传递给信息服务需求方，不需要经由第三方信息处理机构或数据转换中心，即为提供方与需求方间进行两两传递。这种模式在一定程度上提高了信息服务传递的精准性与时效性，并且在商业领域有效地降低了信息服务所带来的商业信息泄露风险，但这种直链式的信息服务协同在实际运行中仍存在以下不可避免的问题。

（1）在该模式下，各信息服务主体都充当了信息服务生产者与传递者的角色，这样的信息服务传递仅仅停留在点对点单向传递，所以很大程度上造成了信息服务单一的情况，其所提供的信息缺乏整体集成性。

（2）点对点直链式协同的主体较为单一，协同面较窄，忽视了政府作为信息服务主体的作用，同时服务提供商过度依赖平台运营商使其话语权受到影响，且经营状况也受制于平台运营商，这会导致信息服务主体间难以形成持续的信息服务协同动力。

（3）信息服务质量很大程度上取决于直链上游行业的信息服务水平，并且在该模式下节点行业只能获取到邻近节点行业所提供的信息服务，而缺乏对其他跨级信息服务的掌握与利用，这也导致了信息服务资源的极大浪费。

2. 虚拟联盟共建式信息服务协同模式

虚拟联盟是伴随着信息物理系统的跨越式发展应运而生的，是以共同利益、商业契约或主体信誉作为协同动力的、彼此相互依存的联盟关系。作为借助于互联网协同效应所形成的非实体联盟，虚拟联盟更多的是靠对行业法规的塑造、对知识产权的控制以及对产品或技术标准的掌握和控制实现的，并且也通过这些"软约束"协调联盟各方的产品和服务（刘捷先、张晨，2020）。与此同时，互联网技术的飞速发展也帮助跨境电商信息服务打破了原有的时空界限，使各信息服务主体可以充分借助技术手段并结合自身特点来自由地进行信息服务的协作与交流，最终形成虚拟联盟，并实现虚拟联盟跨越时空、大范围、多元化的信息服务协同特点。相较于点对点直链式的协同模式，虚拟联盟更加强调了点对面甚至是一体化的模式构建方式。各联盟成员遵循共建共享的基本原则，从不同行业出发，发挥自身行业的信息服务优势，最大限度上实现优势集成。这在一定程度上克服了固有商业联盟协同模式项目化、短期化的特点，并且通过信息服务共建，可以保持各信息服务主体的持续研发投入，这为整个虚拟联盟满足信息服务消费需求的同时，提升自身信息服务能力提供了资金和技术上的保障（王章豹等，2015）。

近年来，跨境电商领域愈发重视虚拟联盟的建设，2022年，华为云携手金山办公、极兔国际、紫鸟、纵腾、连连国际、钛动科技等十余家各行业的出海优秀企业组成"凌云出海联盟"。该联盟的发起旨在通过企业间的优势互补、经验共享、联合共创来共建服务出口企业的虚拟联盟。该联盟可以发挥多元主体信息服务共治优势，在直接高效的协同中推动跨境电商信息服务产业发展。虽然虚拟联盟共建式信息服务协同模式优点突出，但这种模式也存在以下局限性。

（1）虚拟联盟共建式信息服务协同模式涉及相关行业较多，范围较广，在行业标准、利益诉求以及相关成本与利润分配上可能会存在矛盾与冲突。对牵头主体的信息服务实力与组织协调能力都有较高的要求。

（2）联盟较为松散，联盟成员多属于跨时空、跨地域的联系。相应的协同风险较大，并且为了避免"搭便车"等消极协同行为的发生，如何设立合理合规的且各联盟成员普遍认可的奖惩措施来保持虚拟联盟的长期稳定性，也是虚拟联盟运行的一大难题。

（3）与点对点直链式信息服务协同模式相同，虚拟联盟共建式信息服务协同模式也忽视了政府作为信息服务重要主体与跨境电商发展的作用与意义。而且虚拟联盟对技术、资金的门槛较高，大量的中小型信息服务企业难以加入，缺乏一定的普适性。

3. 政府主导式信息服务协同模式

跨境电商是我国重点发展的新兴外贸形式，在我国现有的经济体制下，政府不仅可以通过法律法规来营造跨境电商的制度环境、规范跨境电商运行流程，并且还可以通过自身强制力与权威性协助相关行业发展（朱琴芬，2001）。政府主导式信息服务协同模式具体是指由政府牵头提供资金、政策等相关具体激励举措，促进各跨境电商信息服务主体之间的协同联动。从形式上，该模式是指特定地理范围多个产业相互融合、众多类型机构相互联结的共生体。此外，政府拥有大量的信息资源，是信息服务的主要提供者，将政府主导式信息服务协同模式融入跨境电商信息服务产业，可以有效提高政府信息资源利用率与信息服务水平。

近年来，政府越发重视跨境电商产业发展，而跨境电商信息服务作为重要的配套服务也受到政府层面的大力扶持。政府主导下各信息服务主体充分发挥各自优势，跨境电商信息服务协同体系建设成为各地方政府助力跨境电商的重要方向。例如，山东省青岛市于 2018 年 7 月由政府启动搭建中国（青岛）跨境电商综合试验区公共服务平台，充分整合了跨境电商信息服务资源，为青岛市范围内的跨境电商企业提供海关数据传输、智慧政务辅助、政企协调沟通、企业孵化培训、行业资源对接等一站式跨境电商产业综合信息服务；北京市也通过打造北京跨境电商综试区线上综合服务平台，力求打通长期桎梏于跨境电商行业发展的"关""税""汇""商""物""融"之间的信息壁垒，通过整合政府与跨境电商信息服务企业的信息服务资源，为广大跨境电商企业发展提供充足的信息化支撑。由此可知，政府主导式信息服务协同模式在一定程度上解决了当前跨境电商信息服务面临的资源分散、协同程度较低的问题，但这种模式也具有一定的问题。

（1）政府主导下的信息服务协同模式缺乏对每个信息服务主体自身信息服务特点的考虑，在信息服务灵活性上存在着较大不足。

（2）政府主导式信息服务协同模式大多以地域为标准进行划分，由各地政府搭建信息服务平台，而跨境电商信息服务作为跨区域的商贸活动，现有区域性模式缺乏对全国范围内跨境电商信息服务资源的整合，并且各地政府主导式信息服务协同平台的信息服务水平也存在差异，在一定程度上对跨境电商信息服务终端用户寻求跨区域信息服务资源的综合利用造成了影响。

（3）政府主导信息服务协同模式可能会存在偏离市场，效率低下等问题。在保持政府综合服务平台优势的基础上，打造新型跨境电子商务综合服务平台，提升综合服务能力与效率，推进跨境电子商务全产业链集聚发展方面仍存在较大困难（张夏恒、陈怡欣，2020）。

4. 产业集群式信息服务协同模式

产业集群又称"产业簇群""竞争性集群"，通常是指某一行业内的相关企业通过空间性集聚，充分发挥各个地域的竞争优势，共享信息服务所必须具备的基础设施与相关政策支持，从而形成具有行业竞争优势的集群。跨境电商信息服务业作为伴随着电子商务发展的新兴行业，长期存在诸如人才缺乏、信用风险等问题。产业集群不仅可以有效解决当前行业发展面临的问题，也可以为支付、物流、金融等跨境电商相关配套产业的创新发展提供可能。

近年来，随着跨境电商行业的发展，提供跨境电商信息服务的物流、交易平台等主体在一定范围内呈现出集群趋势。其中跨境物流产业尤为明显，依托港口的区位优势，相关物流产业以保税物流企业、港口、入驻快递企业、国际物流企业为整体，共同为跨境电商企业提供保税仓储、货物装卸、保税分拨、国际运输等包括信息服务在内的综合物流服务，通过联动信息服务平台实现物流信息的共享与交换（胡碧琴、赵亚鹏，2016）。例如，上海青浦凭借着进口博览会永久举办地和长三角生态绿色一体化发展示范区核心区域的区位优势，打造华新镇 e 通世界产业园与上海青浦跨境电子商务物流中心，该物流中心已经入驻了多家跨境物流相关企业。并且定期开展以跨境物流为主题的专场沙龙，加深众多跨境电商物流从业者的信息交流，最终实现跨境物流信息服务资源优势整合。

产业集群式信息服务协同模式实质上是一种比较偏向于传统商业模式的产业集聚现象，虽然可以形成行业规模优势，但是跨境电商信息服务产业与传统外贸产业存在较大不同，所以现有产业集群式信息服务协同模式仍然存在一些问题。

（1）企业的目的是追求经济利益最大化，在协同中往往要考虑集群所需投入的成本。因此，具有区位优势的地区经常会出现集聚成本与经营价值的冲突，不利于跨境电商信息服务协同发展。

（2）跨境电商信息服务主要依托于现代网络信息技术，所以将相关信息服务主体汇聚在线下实体跨境电商产业园或产业中心内开展信息服务协同活动，其所带来的协同效益难以凸显。

（3）跨境电商信息服务需要多行业协同联动，产业集群式信息服务协同模式更多关注的是单一行业的集聚，是一种行业内部协同。对跨行业的信息协同考虑较少，所以在跨行业信息服务联系性上存在明显不足。

综上所述，以上跨境电商信息服务协同模式由于协同机理不同，所以协同效果与协同适用范围差异较大。因此，本章将从协同主体、协同期限、协同动因等维度对不同类型协同模式进行对比总结，为后续本书信息服务协同创新模式的构建打下坚实基础，如表5-4所示。

表5-4　　　　　　　　　现存跨境电商信息服务协同模式对比

维度	点对点直链式信息服务协同模式	虚拟联盟共建式信息服务协同模式	政府主导式信息服务协同模式	产业集群式信息服务协同模式
协同主体	平台运营商、服务提供商	平台运营商、服务提供商	政府、平台运营商、服务提供商	同类服务提供商之间
协同期限	阶段性	持续性	持续性	阶段性
协同动因	服务链客观需求	共同战略目标、互惠互利	响应政府号召	规模效应、共享基础设施
协同目的	获取各自利益	网络协同效应	政策支持与资金补贴	范围规模效应
正式化程度	正式与非正式协同均有	正式	正式	正式与非正式协同均有
协同模式	局部化	一体化	平台化	规模化
管理者角色	自发形成约束规则	共同协商制定规则	政府制定规则	行业规范

通过对现有跨境电商信息服务协同模式进行多维度对比不难发现，在协同主体维度上现有模式大多考虑了平台运营商以及服务提供商，很少考虑政府这一重要的信息服务协同参与主体。信息服务协同的动力与目的均以降本增效为主，但实现途径有所不同。从协同期限与正式化维度可以看出，正式化程度越高所对应的协同期限越持久。此外，管理者角色是限制协同主体行为的重要角色，不同协同模式所对应的管理者角色有所不同，但总体来看都是通过协同规则与行业规范的制定来起到约束作用的。

5.3　跨境电商信息服务协同创新模式

通过第4章对跨境电商企业用户信息需求研究与本章对跨境电商信息服务现状及现有信息服务协同模式的分析，可以明显看出，跨境电商信息服务正朝着专业化、精准化、规范化、协同化的方向发展。但通过对现存跨境电商信息服务协同模式的对比分析不难看出，现有的信息服务协同模式在实际应用中具有较大的局限性，难以满足中小微出口跨境电商企业的现实需求。所以构建一套科学合理的跨境电商信息服务协同创新模式对于跨境电商信息服务协同的发展具有重大的理论指导意义。

5.3.1　跨境电商信息服务协同创新模式构建

本书以跨境电商信息服务生态系统为基本理论框架，并基于信息服务四要素来构建跨境电商信息服务协同创新模式。通过信息服务各要素的协调运作建立强相互关系，产生互利互补、合作共赢的协同效应，使信息服务整体服务效应功能倍增，服务能力得到有效提升。

如图 5-1 所示，跨境电商信息服务协同创新模式是在信息服务生态系统理论与信息服务四要素的基础上构建的，整个协同创新模式由信息服务主体协同、信息服务对象协同、信息服务内容协同、信息服务策略协同四个维度构成。信息服务主体是信息服务的发起者与执行者，并且基于跨境电商信息服务生态系统将平台运营商作为信息服务协同的核心主体与相关服务提供商、政府部门共同视为跨境电商信息服务协同创新模式中的核心维度。信息服务对象是信息服务协同的起点和方向，主要由中小微企业间结合其自身信息服务需求自发地与其他服务对象进行信息交流所形成的协同形式。信息服务内容是信息服务协同的基石，按照服务内容的不同种类可分为执行型、经验型、专家型信息服务，且不同类型的信息服务通过相互间的良性协同共同作用于服务对象。信息服务策略是信息服务协同的实现路径，通过信息服务策略的相互调配以达到策略全方位全流程的协同。所以信息服务对象、信息服务内容以及信息服务策略是跨境电商信息服务协同创新模式的三个关键维度。核心维度和关键维度紧密联系，相辅相成，以价值共创为牵引力，实现整体利益最大化。在协同过程中，各维度均承担着独特任务，且具有清晰合理的逻辑关系，在信息服务生态环境要素的保障作用下，共同促进整体协同创新模式的稳定。

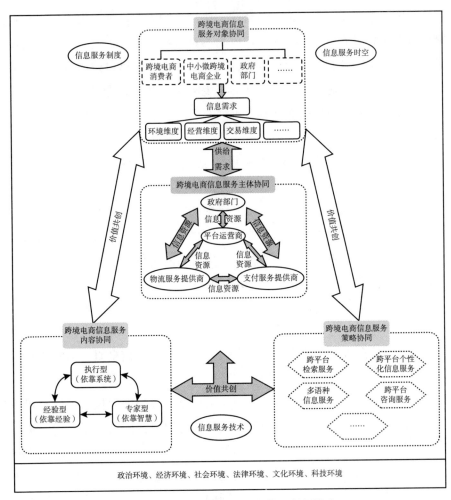

图 5 - 1　跨境电商信息服务协同创新模式

5.3.2　跨境电商信息服务协同创新模式维度分析

基于本书所构建的跨境电商信息服务协同创新模式，以下以协同的四个维度为主对跨境电商信息服务协同创新模式进行阐述。

1. 信息服务主体协同

本模型中跨境电商信息服务主体协同是跨境电商平台运营商、跨境电商服务提供商及政府部门三者之间的协同，本模型基于跨境电商研究背景，为了尽可能地还原现实情况，同时考虑到物流信息与支付信息是跨境电商信息服务的主要内容，所以将跨境电商服务提供商扩展为跨境电商物流服务商与跨境电商支付服务商。服务是服务主体向服务对象所提供的旨在满足服务对象某种特定需求的一种社会活动。信息服务本质上仍然是一种服务，并且本研究立足于探索信息服务模式，提高信息服务质量，所以信息服务主体协同为该模型的核心维度。信息服务协同创新模式主要是在跨境电商信息服务生态系统理论框架的基础上，引入协同理念，充分考虑跨境电商背景下不同信息服务主体之间相互协同配合所形成的协同模式。即不同的信息服务主体在信息服务协同过程中承担着不同的角色，发挥着不同的作用。跨境电商平台运营商是企业和消费者获取信息的主要渠道，也是协同的核心方，不仅是为企业及消费者提供交易途径，更多的是为企业用户提供综合性服务，平台通过一站式服务功能实现信息价值增值，为企业、消费者等跨境电商参与主体提供决策支持。以跨境电商物流服务商与跨境电商支付服务商为主的跨境电商服务提供商作为协同参与方，利用自身行业的专业性和信息优势正好能够弥补跨境电商在协同发展过程中的空白，起到重要辅助作用。对于跨境电商政府部门，其主要的职能是提供跨境电商信息咨询服务与公共信息资源，保障信息服务活动的有序开展并参与信息服务流程监督。信息服务主体协同的过程也是利用信息设施等物质资料和物质条件将信息产品改变成为满足信息服务对象需求的过程。总之，信息服务主体是开展协同的核心维度，只有各主体求同存异，合作共赢，建立长效信任机制，才能实现真正意义上的协同。

2. 信息服务对象协同

　　跨境电商信息服务对象包括跨境电商中小微企业乃至跨境电商个人经营者、政府、行业协会等，信息服务对象的多种类型使得信息需求呈现出多样性、综合性、复杂性等特征，信息服务对象协同维度的确立为信息服务的综合性和多元化奠定了基础。本模型中满足跨境电商信息服务对象的需求是整个信息服务活动的出发点和落脚点，贯穿跨境电商信息服务活动的全过程。信息服务对象协同决定了信息服务中信息流的总体流向，也决定了信息服务目的的实现过程。信息服务的信息流既流向也流出于服务对象。本书聚焦中小微企业用户，企业用户间通过协同彼此交流借鉴，互通有无，为整个企业用户群体合作共赢拓展空间。现实中，为提高跨境电商信息服务的效率和效益，跨境电商信息服务主体还需要在满足信息服务对象需求的基础上，探究不同类型信息服务对象信息需求之间的共性和特性，寻找能够同时满足信息服务对象多种需求的交叉点。

3. 信息服务内容协同

本模型中信息服务内容协同是指执行型信息服务、经验型信息服务、专家型信息服务等不同类型信息服务之间的协同。跨境电商信息服务对象的信息需求是多样的，既包括依赖于信息服务系统开展的基础性信息集成、序化、检索服务，也包括专业化程度更高的信息咨询、信息解析、可视化展示等服务。不同信息服务对象或是同一信息服务对象在不同环境下所需求的跨境电商信息服务都有所不同，因此，不同类型跨境电商信息服务内容需要实现协同，以同步满足服务对象多层次的需求。同样地，对于不同的跨境电商信息服务主体来说，实现信息服务协同能够最大限度地发挥各主体的信息资源优势，减少同质化竞争。总之，服务内容协同是跨境电商信息服务协同模式的关键要素，没有服务内容的协同，信息服务协同工作就无从开展，并且不同信息服务之间在本质上的区别也主要是由服务内容差异所造成的。

4. 信息服务策略协同

本模型中信息服务策略协同是指跨境电商各信息服务主体通过各种手段或途径实现跨平台信息服务协同。跨境电商信息服务协同的实现需要信息服务策略来进行落实，该维度的确定为满足多样化信息服务形式有机组合提供了机会。以服务方式和手段、服务程序为主要内容的服务策略实现了服务内容与服务对象的有效匹配。以服务策略为指针，通过协同服务组件和协同调度系统，在信息服务过程中展开各方信息服务主体利益的协调，并实现信息服务对象多层次和个性化需求。如信息服务主体可以利用现代化信息技术作为支撑，建立跨库检索接口，连接各协同参与主体的数据库，提升信息服务对象的检索效率；可以将各信息服务主体所能提供的服务进行拆解，建立统一的协同调度中心，以便根据信息服务对象的需求和业务逻辑进行灵活架构和重组，满足个性化、定制化需求；也可以开设协同信息咨询服务功能，实现多系统、多级服务人员的联动，提高解决问题的效率；还能构建完善的多语言信息服务，共同破解语言翻译的难题；还可以综合多个信息服务主体的信息资源，进行联合分析，挖掘其中的潜藏价值信息，以便为信息服务的提升和创新提供参考依据。

此外，信息服务环境为各个关键协同维度之间高效的整合和运作提供了充分必要条件，主要包括内部环境（信息服务技术、信息服务制度、信息服务时空等）和外部环境（政治、经济、社会、文化、法律、科技等），因此，本书构建的跨境电商平台信息服务协同模式不仅包含服务对象协同、服务主体协同、服务内容协同和服务策略协同四个关键协同维度，而且在适应信息服务内外部环境的同时，可以有效结合信息服务保障体系，实现叠加倍增的协同效果。

各维度内外部保持良性协同是跨境电商信息服务协同创新模式达到稳定健康的必要条件。但在信息服务协同创新模式发展的初级阶段，各个维度内外部协同互利的关系表现可能不明显，或出现多方协同超额收益不均等的情况。这便需要坚持以信息服务主体协同为核心，各信息服务主体根据自身发展需要，从大局考虑强化协同合作，以信息服务主体协同带动其他维度协同，逐步达到理想状态下的协同价值共创。

5.4　本　章　小　结

本章主要构建了基于跨境电商信息服务生态系统的协同创新模式。为了有效满足跨境电商信息服务生态系统中中小微企业用户的多样化信息需求，推动跨境电商信息服务高质量创新发展，协同理念不容忽视，其引入可以促进跨境电商信息服务生态系统健康发展。首先，通过网络调查法探究跨境电商信息服务现状和存在问题，进而提出跨境电商信息服务协同模式构建的必要性。其次，对点对点直链式信息服务协同模式、虚拟联盟共建式信息服务协同模式、政府主导式信息服务协同模式、产业集群式信息服务协同模式进行对比并分析其存在的问题。最后，基于上述协同模式表现出来存在的问题提出基于信息服务生态系统的跨境电商信息服务协同创新模式，该模式涵盖服务对象协同、服务主体协同、服务内容协同和服务策略协同四个关键协同维度。本章跨境电商信息服务协同创新模式是后续章节协同模式成效评价及保障机制研究的核心和基础。

第6章

协同创新模式下跨境电商信息
服务主体协同度评价模型

基于前文对跨境电商信息服务协同创新模式的构建，发现跨境电商作为一个复杂巨系统，单纯对其进行定性研究并不能准确了解跨境电商信息服务协同模式的推进程度和实施效果。为了更全面客观地测评跨境电商信息服务协同状态及效果，并方便后续及时了解信息服务协同情况并调整信息服务协同策略。本章基于跨境电商信息服务协同创新模式中信息服务主体视角，引入复合系统理论，构建一套以跨境电商平台运营商、跨境电商服务提供商、政府部门为基础的跨境电商信息服务主体协同度评价模型，用以反映信息服务生态系统整体协同情况。并且通过将 2015～2020 年跨境电商信息服务相关数据代入模型，一方面，验证所构建模型的科学性与合理性，另一方面，基于协同度综合评价情况，分析信息服务生态系统协同度波动的原因，为后续跨境电商信息服务协同创新模式的推进与发展提供现状结论参考与协同效果评价方法论指导。

6.1 复合系统协同度模型

6.1.1 基本概念

当前，在不同学科领域大致有三类协同度评价模型：复合系统协同度模型、距离型协同度模型、灰色关联协同度模型。上述三类协同度模型在假设条件、测算方式和计算成本方面各不相同（汤铃等，2010；Huang et al.，2015）。考虑到跨境电商信息服务生态系统本身为一个复合系统，复合系统内各子系统之间存在着相互矛盾或相互制约的关系，需要从系统整体视角对其进行协调管理，因此，本书选择复合系统协同度模型，通过该模型来量化由若干序参量组成的各子系统在复合系统协同发展中的贡献程度（孟庆松、韩文秀，2000）。

复合系统协同度的测算步骤：首先，确定序参量指标，并确定各指标权重；其次，计算各序参量指标的有序度；再次，计算由序参量组成的子系统的有序度；最后，计算由子系统组成的复合系统的协同度。下面将对复合系统协同度模型中涉及的一些概念进行具体解释。

1. 序参量

序参量指的是"序的参数"，是用来界定两相之间变化的参数。在传统的哈肯模型中，系统中的状态变量通常根据其特性和影响强度被分为快弛豫变量和慢弛豫变量两大类。快弛豫变量在临界点处具有阻力大、衰减快的特征，对整个相变过程不存在显著影响；而慢弛豫变量在临界点处则呈现无阻的特征，始终左右着系统的演化过程。慢弛豫变量也就是序参量，在系统的演化过程中具有较强的支配作用，决定了系统演化过程中出现的结构和功能（高玮，2018）。复合系统均由多个子系统构成，而各子系统中也存在着若干序参量，并且在系统的演化过程中，序参量在其中主导了系统的发展趋势（温馨、周佳子，2020），所以每个子系统的序参量都决定了复合系统的状态与结构。

2. 有序度

在系统科学领域，有序度指的是系统的有序化程度。因为现存的任何系统都不是绝对有序或绝对无序的，而且系统的整体性又决定了随着条件的变化，系统的有序化程度也会发生变化。为了便于区分，将复杂系统内子系统的发展协调程度称为有序度。从横向来看，系统的有序度高，表明系统有序的程度高，无序的程度低；从纵向来看，系统的有序度升高，表明系统从低有序度到高有序度的进化。所以，系统有序度对研究系统整体以及系统内部各要素的发展协调程度具有重要意义。

3. 协同度

协同度是从德国物理学家赫尔曼·哈肯的协同效应概念衍生而来的（哈肯，1984），是复合系统中的各子系统相互作用和相互影响关系强弱的一种度量，主要指复合系统整体的发展协调程度。由于复合系统中各个子系统之间的作用会影响整个复合系统的演化发展，所以协同度的出现为体现复合系统中子系统间以及各种要素间的关系提供了一个重要的判断依据。与前面介绍的系统有序度类似，协同度越大，表明子系统间耦合关系就越强，反之，则耦合关系就越弱。但有序度只反映了单一系统内部各要素之间的合作程度，协同度则更宏观地反映了复合系统中各子系统从无序转为有序的趋势。

6.1.2　模型应用

近年来，随着基于协同度原理研究的不断深入，国内外学者提出了复杂系统协同度的计算模型（苏为华，2000）。这种计算模型又被广泛应用于管理协同方向的实证研究，成为进行协同度评价的主要工具。因为跨境电商是一个复合系统（杜志平、区钰贤，2021），许多学者研究了跨境电商复合系统的构成，并对协同度进行了测度分析，以此来客观地对跨境电商协同现状进行评估。陈潇等（2022）、刘永升和陈笃彬（2016）将跨境电商和物流作为复合系统，研究了两者之间在结构和功能上的有序耦合程度。王乐乐等（2020）选取与跨境电商物流复合系统协同水平相关的指标数据，利用灰色关联分析法来对我国跨境电商物流的系统有序度和协同水平进行测度和分析。何江和钱慧敏（2019）采用协整检验、格兰杰因果检验以及基于 VAR 模型的动态关系分析等方法对我国 2008~2016 年跨境电商与跨境物流行业相关统计数据进行分析，发现二者协同关系显著性水平相对较低，并在此基础上，从健全协同支撑服务体系、完善协同机制、提升协同能力等方面提出协同建议。王（Wang，2021）在研究中提出了一种基于销售渠道视角的跨境电商产业转移效应测度方法，评价了跨境电商与跨境物流的协同水平。汪传雷等（2022）通过建立复合系统协同度模型，收集指标数据来计算跨境电商与商贸流通业之间的协同度。

综上所述，目前已有研究多是测评跨境电商与跨境物流、跨境电商与平台内企业的协同度问题，鲜有研究考虑政府部门及跨境支付提供商对系统整体协同发展的影响，且聚焦信息服务主题的研究更是少之又少。本研究结合跨境电商发展实际，对跨境电商平台运营商、跨境电商物流服务提供商、跨境电商支付服务提供商与政府部门之间的信息服务协同发展程度进行测评，相比已有研究对问题的分析更全面更具体。

6.2 跨境电商信息服务主体协同度模型构建

由于企业用户对跨境电商优质信息服务的要求在不断提升，客观上加速了其他服务提供商向信息化、数字化方向的演化，跨境电商平台运营商与服务提供商之间只有相互依存、相互促进，才能取得更大的信息服务协同效应。同时，政府作为特殊的信息服务主体，其对跨境电商平台运营商、服务提供商的影响贯穿跨境电商发展的整个进程，对信息服务协同创新模式的实施与推进同样重要。本研究在充分考虑跨境电商环境的基础上，从协同学的角度将跨境电商平台种群、服务提供商种群及政府种群等看作子系统，共同组成跨境电商信息服务复合系统。需要说明的是，成熟有效的跨境物流和跨境支付是跨境电商进一步发展的基本要素，跨境电商无论是对跨境物流还是跨境支付都存在长期的依赖性，因此，本研究进一步细化服务提供商种群为跨境物流种群和跨境支付种群，接下来对四个子系统在跨境电商信息服务协同中的效果做进一步的评价研究。

6.2.1　协同度评价指标的建立

结合前文对协同理论和跨境电商信息服务生态系统的分析，本研究充分结合了跨境电商信息服务子系统之间的关系对协同度评价序参量指标进行设置。

1. 序参量指标体系建立原则

科学合理的序参量指标体系是测量协同度的基础，本研究在构建序参量指标体系时主要遵循了以下原则。

（1）可获得性。跨境电商作为一个体量庞大的复合系统，具有参与主体多、参与范围广的特点，而且跨境电商始终处于一个动态运行发展的状态，所以会出现统计数据不及时、不全面等问题。为了尽量减少这方面的影响，本研究在序参量指标选取之初就将可获得性作为一个重要的原则规范序参量指标的选用，鉴于序参量指标完整性与丰富度的考虑，如果某一序参量指标部分数据不可获得，在与主题相关、意思相近的前提下可选择其他数据完整的序参量指标进行代替。

（2）客观性。为了保持研究结果的科学有效，必须在序参量指标的选取上保持较强的客观性，同时在序参量指标的划分上必须严格遵守其内在关系的逻辑性和层次性，以确保序参量指标体系的准确到位。而且所选取的序参量指标必须可以客观地反映跨境电商信息服务方面的实际情况，这就要求序参量指标下的各项统计数据尽可能保证从权威渠道获取。

（3）代表性。在统计学中，指标是通过数值来表示说明总体特征的概念（陈建宏，2013）。序参量指标是描述复合系统内部结构与功能的最基本组成要素，所以序参量指标的选取是否具有代表性很大程度上关系到子系统乃至整个复合系统的后续研究分析的准确性。本研究为了避免在序参量指标选取上出现以偏概全以及无效重复的情况，在满足指标可获得性和客观性的基础上借鉴相关文献并结合实际系统运行情况最大限度地保障序参量指标的代表性。

2. 协同度评价序参量指标选择

本研究将跨境电商信息服务生态系统主要划分为跨境电商平台服务子系统、跨境电商物流服务子系统、跨境电商支付服务子系统、跨境电商政府服务子系统。在跨境电商信息服务协同现状的基础上，借鉴张兰生（2020）、何江和钱慧敏（2019）、刘有升和陈笃彬（2016）等学者研究中所选取的序参量指标，并结合本研究的研究主题与研究角度，充分考虑到序参量指标体系建立原则和数据获取情况，最终选取了以下20个序参量指标组成跨境电商信息服务主体协同度评价序参量指标，并划分到对应的子系统下，具体如表6-1所示。

表6-1　　　　　跨境电商信息服务协同度评价序参量指标

系统	子系统	序参量	序号
跨境电商信息服务生态系统	跨境电商平台服务子系统 e_1（核心种群）	跨境电商出口额（单位：万亿元）	e_{11}
		跨境电商企业数量（单位：家）	e_{12}
		跨境电商人员规模数量（单位：万人）	e_{13}
		电子商务咨询服务营收额（单位：亿美元）	e_{14}
	跨境电商物流服务子系统 e_2（支撑种群）	跨境电商出口物流行业规模（单位：亿元）	e_{21}
		海外仓数量（单位：个）	e_{22}
		邮政行业国际/港澳台的业务数量（单位：万件）	e_{23}
		报关企业数量（单位：家）	e_{24}
		集装箱出口数量（单位：万个）	e_{25}
		物流信息化行业市场规模（单位：亿元）	e_{26}
	跨境电商支付服务子系统 e_3（支撑种群）	跨境支付企业融资金额（单位：亿元）	e_{31}
		跨境支付企业数量（单位：个）	e_{32}
		跨境支付行业交易规模（单位：亿元）	e_{33}
		人民币跨境支付系统业务金额（单位：万亿元）	e_{34}
		金融信息服务市场规模（单位：亿元）	e_{35}

续表

系统	子系统	序参量	序号
跨境电商信息服务生态系统	跨境电商政府服务子系统 e_4（领导种群）	综合试验区的数量（单位：个）	e_{41}
		出口退税金额（单位：亿元）	e_{42}
		商务部信息发布总数（单位：条）	e_{43}
		海关总署信息发布总数（单位：条）	e_{44}
		国家外汇局信息发布总数（单位：条）	e_{45}

由于本课题主要关注出口跨境电商，考虑到部分序参量指标不对进出口做区分。但总体原则是优先选择出口序参量指标，如海外仓数量等。其他序参量指标虽然不做进出口区分，但也能在一定程度上凸显出口发展情况，所以对这样的序参量指标进行保留。

序参量指标选取作为本研究的重点与难点，是决定研究科学性与严谨性的重要保障。考虑到目前跨境电商自身信息数据具有数量大、分散广、时时变动的特点给跨境电商统计工作带来极大困难。并且跨境电商工作多部门监管属性、跨境电商商品的多状态性以及各个国家统计方法与标准的不同等因素都影响了对序参量指标的选取（周广澜等，2020）。除此之外，由于信息服务通常与其他服务紧密衔接，较少做单独统计，能够获取到的专指性指标和数据数量稀少，在数据统计方面存在很大的限制性，因此，本研究在选取序参量指标时首先考虑能否体现信息服务这一概念，在此基础上通过计算系统内各指标与信息服务关联度的情况，从而针对性地对序参量指标进行筛选。

考虑到信息服务协同是实现绩效改变的基础环境和基础条件，绩效提升也是信息服务协同的结果，所以在构建跨境电商信息服务协同度评价模型时，除了在每个子系统下尽量加入能反映该种群信息服务的指标外，还选取了部分能够在一定程度上反映信息服务绩效，如发展规模等方面的指标。接下来将以子系统为单位对各序参量指标的选取过程进行说明。

（1）跨境电商平台服务子系统。跨境电商平台服务子系统代表了跨境电商信息服务生态系统中的核心种群，所构建的序参量指标可以代表在现有跨境电商信息服务协同环境下跨境电商平台运营商的发展状况。信息服务本质上是一种服务，服务质量与服务主体的服务能力密切相关。跨境电商平台运营商作为信息服务的核心主体，其信息服务能力应当作为主要序参量指标纳入跨境电商信息服务协同度评价指标体系中。通过前面章节内容介绍可知，商务信息咨询是电商平台的主要信息服务方式之一，并且在商业活动中收入是能力最直观的体现，所以本研究将电子商务咨询服务营收额纳入序参量指标体系中来。针对信息服务能力可量化指标较少的情况，本研究将信息服务能力范围恰当地扩展到跨境电商平台的综合能力上来。跨境电商的企业数量、跨境电商人员规模数量以及跨境电商平台的交易能力均能较客观地反映跨境电商行业的综合发展情况。因此，本研究选用跨境电商出口额、跨境电商企业数量、跨境电商人员规模数量以及电子商务咨询服务营收额这四个序参量指标来对跨境电商平台发展状况进行测量。

（2）跨境电商物流服务子系统。跨境电商物流服务子系统代表了跨境电商信息服务生态系统中的支撑种群，所构建的序参量指标可以代表在现有跨境电商信息服务协同环境下跨境电商物流的发展状况。大量研究表明，成功的物流服务对跨境电商具有至关重要的作用（黄继梅等，2021）。学术界对物流服务水平的判断主要依据物流规模、物流结构、物流效益三个维度（田薇，2017）。但由于物流结构难以进行量化且随着区域贸易类型的不同，物流结构差异显著而难以进行标准化界定，同时物流企业较多，种类较为繁杂，也很难对物流效益进行有效的数据收集，所以本研究主要从物流规模的角度进行序参量指标的选取。物流信息化行业市场规模既体现了信息化行业在物流服务中的实际应用需求，又代表了物流行业信息化服务的发展势头。此外，海外仓数量可以用来衡量跨境电商出口物流行业的基础设施规模发展情况；邮政行业国际/港澳台的业务数量、集装箱出口数量、报关企业数量、跨境电商出口物流行业规模分别从业务量、参与者数量等角度来反映跨境物流的整体规模。因此，本研究选用物流信息化行业市场规模、跨境电商出口物流行业规模、海外仓数量、邮政行业国际/港澳台的业务数量、报关企业数量、集装箱出口数量这六个序参量指标来对跨境电商物流发展状况进行测量。

（3）跨境电商支付服务子系统。跨境电商支付服务子系统同样代表了跨境电商信息服务生态系统中的支撑种群，所构建的序参量指标可以代表在现有跨境电商信息服务协同环境下跨境电商支付行业的发展状况。支付服务商是为特定人群和商户提供支付清算服务的法人机构，包括了商业银行和非金融机构。支付服务商发展的好坏直接影响支付服务，跨境支付企业融资金额与跨境支付企业数量从资金和规模的角度体现了支付服务商的发展情况。交易是社会经济活动引起的货币债权转移的过程，所以跨境支付行业交易规模代表了跨境支付活动在供需端口的规模体量。而金融信息服务包含了向金融交易的用户提供可能影响金融市场的信息和金融数据的服务，金融信息服务直接影响跨境电商企业本外币兑换、海外市场规划以及出口商品成本核算等外贸活动，所以金融信息服务市场规模在一定程度上反映了信息服务在跨境支付行业中的发展趋势与重要作用。此外，为了助力跨境贸易发展，越来越多的银行也开通了跨境支付系统，因此，纳入人民币跨境支付系统业务金额这一指标。综上所述，本研究选用金融信息服务市场规模、跨境支付企业融资金额、跨境支付企业数量、跨境支付行业交易规模以及人民币跨境支付系统业务金额这五个序参量指标来对跨境电商支付发展状况进行测量。

（4）跨境电商政府服务子系统。无论是跨境电商平台、跨境电商物流业还是跨境电商支付业，政府的信息服务都会对三者的发展能力产生不同程度的影响。跨境电商政府服务子系统代表了跨境电商信息服务生态系统中的领导种群。政府部门不同于其他商业主体，政府部门的信息服务以无偿化、主动化为主要特点。本研究主要选取与跨境电商相关的政府部门信息发布数作为重要序参量指标来衡量其对跨境电商整体的信息服务能力。商务部是主管我国国内外贸易和国际经济合作的国务院组成部门，商务部信息发布总数可以用来衡量政府在对外贸易方面的信息服务能力；海关总署信息发布总数主要衡量跨境电商物流业的政府信息服务能力；国家外汇局信息发布总数主要衡量跨境电商支付服务的政府信息服务能力。同时，政府政策作为政府信息服务的重要载体，综合试验区的数量与出口退税金额都可以作为政府政策落实的具体体现，这也从一定程度上反映了政府的信息服务能力。因此，本研究选用综合试验区的数量、出口退税金额、商务部信息发布总数、海关总署信息发布总数以及国家外汇局信息发布总数这五个序参量指标来对跨境电商政府服务进行测量。

6.2.2 协同度评价模型的构建

本研究的具体流程，在前文选取的序参量指标基础上，利用灰色关联度计算序参量指标关联系数以筛选最终的序参量指标，接下来使用复合系统协同度模型对系统协同度进行测算，力求确保研究的严谨性与准确性，具体计算流程如图6-1所示。

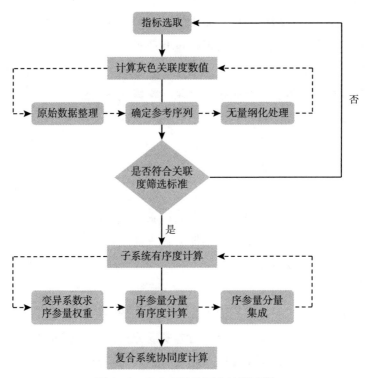

图 6 - 1　复合系统协同度计算流程

1. 序参量评价指标确定

本研究序参量指标的确定采用灰色关联度法，灰色关联度法是一种因素分析法，通过系统间因素关联程度的大小来计算，从而判断引起该系统发展变化的主要因素和次要因素。灰色关联度法是从指标各时点的变化态势与参考序列各时点变化态势的同步性大小来筛选指标。该方法具有不需要大量样本且样本不需要有规律性分布等特点，所以本研究采用灰色关联分析法筛选序参量指标。

假定本研究中跨境电商信息服务生态系统为 E，并且用 $m(m \geqslant 1)$ 代表子系统个数，用 $n(n \geqslant 1)$ 代表各子系统内序参量指标个数，各子系统用字母 e_1、e_2、e_3、$\cdots$、e_i 表示，各序参量用 e_{ij} 进行表示，其中 $i \in [1, m]$，$j \in [1, n]$。

灰色关联分析的步骤如下：

（1）收集指标数据。

$$e_1 = \{e_{11}, e_{12}, \cdots, e_{1j}\}$$
$$e_2 = \{e_{21}, e_{22}, \cdots, e_{2j}\}$$
$$\vdots \quad \vdots \quad \vdots$$
$$e_i = \{e_{i1}, e_{i2}, \cdots, e_{ij}\} \quad (1 \leqslant i \leqslant m), (1 \leqslant j \leqslant n)$$

（2）确定参考序列。在每个子系统中，参考序列应该是一个理想的比较标准，可以以各指标的最优值（或最劣值）构成参考序列，记作 $e_0 = \{e_{01}, e_{02}, \cdots, e_{0j}\}$；其他指标构成比较序列。

（3）无量纲化处理。由于系统中各因素的物理意义不同，导致数据的量纲也不一定相同，不便于比较，且在比较时难以得到正确的结论。因此，在进行灰色关联度分析时，一般都要进行无量纲化的数据处理。由于本研究所选指标数据大多数随着年份呈现递增趋势，本研究将采用极差法进行无量纲化处理。

（4）计算关联度。逐个计算每个被评价对象指标序列（比较序列）与参考序列对应元素的绝对值差值，即 $|e_i(k) - e_0(k)|$；并确定 $x_1 = \min\limits_{i=1}^{m}\min\limits_{k=1}^{n} |e_i(k) - e_0(k)|$ 与 $x_2 = \max\limits_{i=1}^{m}\max\limits_{k=1}^{n} |e_i(k) - e_0(k)|$（$k$ 为可能取值）；

计算关联度：

$$R = \frac{1}{n} \sum_{i=1}^{n} \frac{\left[x_1 + \lambda x_2\right]}{\left|\left[e_i(k) - e_0(k)\right| + \lambda x_2\right]} \quad (6-1)$$

其中，λ 是分辨系数，一般取值为 0.5，并根据关联度 R 来确定分析结果。

（5）分析结果。利用灰色关联分析方法进行指标体系的筛选，其筛选的原则是参考序列与比较序列之间关联度的大小，数值越大，则说明参考序列与比较序列之间关系越密切，应予以保留，数值越小，则说明参考序列与比较序列之间关系不密切，应予以去除。所以本研究将 0.5 设置为关联度筛选标准，若所得关联度 R 小于 0.5，则对指标进行删除后进行序量再选择。通过比较关联度 R 与筛选标准，确定最终的跨境电商信息服务生态系统的序参量指标。

2. 子系统有序度计算

在协同学中序参量是描述系统有序程度的变量，能够反映系统内部各子系统间的协同演化规律（周容霞，2021）。各子系统的计算流程主要由以下三步组成。

（1）序参量指标权重计算。本研究序参量指标权重计算采用变异系数法，变异系数法是根据统计学方法计算得出系统各指标变化程度的方法，是一种客观赋权法，避免了人为因素带来的偏差。根据该方法变化差异较大的指标权重较大，变化差异较小的指标权重较小，从而根据指标的统计学规律确定其重要程度。

变异系数法计算过程如下。

假设同前文灰色关联度假设一致，下面根据各项指标数值的变异程度来确定指标权重，公式如下：

$$\begin{cases} \overline{e_{ij}} = \dfrac{1}{n} \sum_{j=1}^{n} e_{ij} \\[4mm] d_{ij} = \sqrt{\dfrac{\sum\limits_{j=1}^{n} (e_{ij} - \overline{e_{ij}})}{n-1}} \\[4mm] v_{ij} = \dfrac{d_{ij}}{e_{ij}} \end{cases} \quad (6-2)$$

其中，v_{ij}是第 i 个子系统中第 j 项指标的变异系数，也称为标准差系数；δ_{ij}是第 i 个子系统中第 j 项指标的标准差；$\overline{e_{ij}}$是第 i 个子系统中第 j 项指标的平均数。接下来可以求得子系统中每一项指标的权重 ω_{ij}，公式如下，

$$\omega_{ij} = \frac{v_{ij}}{\sum\limits_{j=1}^{m} v_{ij}} \qquad (6-3)$$

（2）序参量分量的有序度。假设各子系统的序参量为 $e_1 = \{e_{11}, e_{12}, \cdots, e_{1j}\}$，$e_2 = \{e_{21}, e_{22}, \cdots, e_{2j}\}$，$\cdots$，$e_i = \{e_{i1}, e_{i2}, \cdots, e_{ij}\}$ 等，其中 $i \in [1, m]$，$j \in [1, n]$。设 α_{ij} 和 β_{ij} 分别为系统达到稳定时序参量分量 e_{ij} 的上限和下限，其关系满足 $\alpha_{ij} \leqslant e_{ij} \leqslant \beta_{ij}$，$e_{ij}$ 的取值越大，则代表子系统中的某个指标发展得越好，反之，发展越差。

基于前文假设，定义式（6-4）中 $\mu_i(e_{ij})$ 为子系统 e_i 序参量分量 e_{ij} 的有序度，其中 $i \in [1, m]$，$j \in [1, n]$：

$$\mu_i(e_{ij}) = \begin{cases} \dfrac{e_{ij} - \alpha_{ij}}{\beta_{ij} - \alpha_{ij}}, & i=1, 2, 3, \cdots, m \quad j=1, 2, 3, \cdots, n \quad (e_{ij}\text{为效益型指标}) \\ \dfrac{\beta_{ij} - e_{ij}}{\beta_{ij} - \alpha_{ij}}, & i=1, 2, 3, \cdots, m \quad j=1, 2, 3, \cdots, n \quad (e_{ij}\text{为成本型指标}) \end{cases}$$

$$(6-4)$$

如上定义可知，$\mu_i(e_{ij}) \in [0, 1]$，其值越大，e_{ij} 对子系统有序的贡献率就越大。

（3）各子系统的有序度。子系统的有序度受子系统内部所有序参量分量的影响，其值大小可以通过各序参量分量的集成来实现，则子系统 e_i 的有序度为：

$$\mu_i(e_i) = \sum_{j=1}^{n} \omega_{ij}\mu_i(e_{ij}) \qquad (6-5)$$

其中，$i=1, 2, 3, \cdots, m$；$j=1, 2, 3, \cdots, n$；$\omega_{ij} \geqslant 0$；$\sum\limits_{j=1}^{n} \omega_{ij} = 1$；

ω_{ij} 为各指标在子系统中所占的权重值，即前文通过变异系数法求解出来的权重，$\mu_i(e_i)$ 数值的大小代表各子系统在整个信息服务生态系统中发展的有序程度，数值越大，说明子系统的协同度越高。

3. 复合系统协同度计算

孟庆松（2000）从系统学角度提出了复合系统的协同度计算方法。本研究主要借鉴这种方法对复合系统协同度进行计算。

在整个信息服务生态系统中，衡量两个子系统的协同度时可以将两者视为一个临时的复合系统，基于此，假设在某一时间节点 t_0 某个子系统的有序度为 $\mu_i^{t0}(e_i)$，当整个信息服务生态系统发展演化到 t_1 时刻时，这个子系统的有序度为 $\mu_i^{t1}(e_i)$，则在 t_1 时刻，整体系统协同度计算公式为：

$$\begin{cases} U = \theta \times \sqrt[m]{\prod_{i=1}^{m} |\mu_i^{t1}(e_i) - \mu_i^{t0}(e_i)|} \\ \theta = \begin{cases} 1, & \mu_i^{t1}(e_i) \geqslant \mu_i^{t0}(e_i) \\ -1, & 其他 \end{cases} \end{cases} \qquad (6-6)$$

式（6-6）中，$\mu_i^{t1}(e_i) - \mu_i^{t0}(e_i)$ 为子系统 e_i 从 t_0 到 t_1 时间内的变化幅度，整体系统协同度 $U \in [-1, 1]$，值越大说明系统协同程度越高，反之，系统协同程度则越低。

4. 协同度划分标准

对复合系统协同度的测算有两种方式：相同基期和相邻基期，其中相同基期是指 t_0 的时间不变，如以 2015 年为基础年，后面所有的年份都与 2015 年进行比较；相邻基期是指 t_0 一直处于变化当中，如 2016 年的协同程度要以 2015 年为基础进行测算，2017 年的协同程度要以 2016 年为基础进行测算。本研究认为，相邻基期的测算方法更能体现各子系统每年的协同发展变化程度。

由于 2015 年我国全面启动跨境电商试点城市，设立跨境电商综合试验区，对于促进外贸增长具有里程碑意义。因此，本研究选择 2015~2020 年跨境电商有关指标数据进行研究，采用相邻基期处理方式，测算跨境电商信息服务协同度情况，本研究参照李海超和盛亦隆（2018）和肖华秀（2004）等学者对相邻基期复合系统协同程度的划分标准，对跨境电商信息服务协同度按以下等级进行划分，如表 6-2 所示。

表6-2   跨境电商信息服务生态系统协同质量划分

协同度	$-1 \leqslant U \leqslant 0$	$0 < U < 0.3$	$0.3 \leqslant U < 0.6$	$0.6 \leqslant U < 1$
协同状态	不协同	低度协同	中度协同	高度协同

6.3 跨境电商信息服务主体协同度测算

6.3.1 指标及指标权重的确定

本书选用2015～2020年的数据进行分析，数据来自中国统计年鉴、网经社以及海关总署、商务部、外汇局的政府信息公开报告，部分缺失值用线性插值法进行补充（刘雨农等，2017），最终原始数据整理结果如表6-3所示。

表6-3   原始数据整理结果

子系统	序参量	2015年	2016年	2017年	2018年	2019年	2020年
跨境电商平台服务子系统（e_1）	e_{11}	4.50	5.50	6.30	7.10	8.03	9.70
	e_{12}	489052	565381	612543	675426	753300	831174
	e_{13}	136.70	165.60	212.40	276.40	384.00	491.60
	e_{14}	9.30	9.14	10.30	12.70	14.30	14.90
跨境电商物流服务子系统（e_2）	e_{21}	2333.30	3157.00	3980.70	5171.50	7017.90	12935.00
	e_{22}	103	239	375	511	647	1191
	e_{23}	4.30	6.30	8.30	11.10	14.40	18.40
	e_{24}	11140	14608	16621	18635	20648	22661
	e_{25}	272	199	300	340	242	198
	e_{26}	2205	2790	3380	4010	4640	5270

子系统	序参量	2015 年	2016 年	2017 年	2018 年	2019 年	2020 年
跨境电商支付服务子系统（e_3）	e_{31}	7.92	9.45	18.13	28.06	12.32	38.66
	e_{32}	27	27	30	30	30	30
	e_{33}	1454	1866	3189	4944	7500	11123
	e_{34}	0.48	4.36	14.55	26.45	33.93	45.27
	e_{35}	100.7	152.5	215.8	248.8	298.7	348.6
跨境电商政府服务子系统（e_4）	e_{41}	1	13	13	35	59	105
	e_{42}	12000	11742	14000	15014	15740	14549
	e_{43}	340000	230000	187794	126523	102741	98257
	e_{44}	3612	6757	10548	6895	8986	5067
	e_{45}	2041	1434	1381	3747	3026	3080

资料来源：由中国统计年鉴、网经社等整理而得。

本研究选择灰色关联度筛选指标，而灰色关联度关键在于选择优等参考序列。优等参考序列的确定是根据研究目的和资料的特点而确定的。本研究主要测评跨境电商信息服务协同度问题，所以选择的优等参考序列分别为跨境电商平台服务子系统中的电子商务咨询服务营收额、跨境电商物流服务子系统中的物流信息化行业市场规模、跨境支付服务子系统中的金融信息服务市场规模，跨境电商政府服务子系统中的海关总署信息发布总数作为各子系统中的参考序列，以上指标均直接体现了信息服务在各子系统的发展程度，其他序参量指标作为比较系列计算关联系数，根据公式（6-1），得到计算结果如表6-4所示。

表 6-4　　　　　　　　　　序参量灰色关联度

子系统	参考序参量	序参量	灰色关联度
跨境电商平台服务子系统（e_1）	e_{14}	e_{11}	0.572
		e_{12}	0.605
		e_{13}	0.663

续表

子系统	参考序参量	序参量	灰色关联度
跨境电商物流服务子系统（e_2）	e_{26}	e_{21}	0.783
		e_{22}	0.834
		e_{23}	0.906
		e_{24}	0.916
		e_{25}	0.535
跨境电商支付服务子系统（e_3）	e_{35}	e_{31}	0.762
		e_{32}	0.676
		e_{33}	0.739
		e_{34}	0.871
跨境电商政府服务子系统（e_4）	e_{44}	e_{41}	0.636
		e_{42}	0.622
		e_{43}	0.551
		e_{44}	0.560

由此可得，灰色关联度系数均大于 0.5，因此，本研究所选序参量指标均符合筛选标准，给予保留，这也从侧面反映了本研究所构建的序参量指标的科学性和合理性，可以用其测评跨境电商信息服务协同度情况。

接下来利用变异系数法，根据公式（6-2）、公式（6-3）计算各序参量权重分布，计算结果如表 6-5 所示。

表 6-5 序参量权重计算

指标	平均数（$\overline{e_{ij}}$）	标准差（δ_{ij}）	变异系数（v_{ij}）	权重（ω_{ij}）
e_{11}	6.855	1.856	0.271	0.231
e_{12}	654479.330	125290.593	0.191	0.163
e_{13}	277.783	136.942	0.493	0.421

指标	平均数（$\overline{e_{ij}}$）	标准差（δ_{ij}）	变异系数（v_{ij}）	权重（ω_{ij}）
e_{14}	11. 773	2. 539	0. 216	0. 184
e_{21}	5765. 900	3875. 380	0. 672	0. 249
e_{22}	511. 000	384. 666	0. 753	0. 279
e_{23}	10. 467	5. 271	0. 504	0. 187
e_{24}	17385. 500	4179. 505	0. 240	0. 090
e_{25}	258. 500	56. 603	0. 219	0. 081
e_{26}	3715. 830	1149. 663	0. 309	0. 115
e_{31}	19. 090	12. 066	0. 632	0. 237
e_{32}	29. 000	1. 549	0. 053	0. 020
e_{33}	5012. 670	3726. 100	0. 743	0. 278
e_{34}	20. 840	17. 466	0. 838	0. 314
e_{35}	227. 517	91. 683	0. 403	0. 151
e_{41}	37. 670	38. 878	1. 032	0. 425
e_{42}	13840. 830	1631. 181	0. 118	0. 049
e_{43}	180885. 830	93452. 340	0. 517	0. 213
e_{44}	6977. 500	2522. 482	0. 361	0. 149
e_{45}	2451. 500	975. 005	0. 398	0. 164

即 $\omega_{1j} = |0.231，0.163，0.421，0.184|$，$\omega_{2j} = |0.249，0.279，0.187，0.090，0.081，0.115|$，$\omega_{3j} = |0.237，0.020，0.278，0.314，0.151|$，$\omega_{4j} = |0.425，0.049，0.213，0.149，0.164|$。

6.3.2 信息服务主体协同度测算

根据公式（6-4）得到各子系统中序参量分量的有序度，如表6-6所示。根据公式（6-5）和公式（6-6）得到各子系统有序度以及复合系统的协同度，具体内容如表 6 - 7、表 6 - 8 以及图 6 - 2、图 6 - 3 所示。

表 6 - 6 序参量指标分量有序度

子系统	序参量	有序度	2015 年	2016 年	2017 年	2018 年	2019 年	2020 年
跨境电商平台服务子系统（e_1）	e_{11}	$\mu_1(e_{11})$	0	0.192	0.346	0.500	0.679	1
	e_{12}	$\mu_1(e_{12})$	0	0.223	0.361	0.545	0.772	1
	e_{13}	$\mu_1(e_{13})$	0	0.081	0.213	0.394	0.697	1
	e_{14}	$\mu_1(e_{14})$	0.028	0	0.201	0.618	0.896	1
跨境电商物流服务子系统（e_2）	e_{21}	$\mu_2(e_{21})$	0	0.078	0.155	0.268	0.442	1
	e_{22}	$\mu_2(e_{22})$	0	0.125	0.250	0.375	0.500	1
	e_{23}	$\mu_2(e_{23})$	0	0.142	0.284	0.482	0.716	1
	e_{24}	$\mu_2(e_{24})$	0	0.301	0.476	0.651	0.825	1
	e_{25}	$\mu_2(e_{25})$	0.521	0.007	0.718	1	0.310	0
	e_{26}	$\mu_2(e_{26})$	0	0.191	0.383	0.589	0.794	1
跨境电商支付服务子系统（e_3）	e_{31}	$\mu_3(e_{31})$	0	0.050	0.332	0.656	0.143	1
	e_{32}	$\mu_3(e_{32})$	0	0	1	1	1	1
	e_{33}	$\mu_3(e_{33})$	0	0.043	0.179	0.361	0.625	1
	e_{34}	$\mu_3(e_{34})$	0	0.087	0.314	0.580	0.747	1
	e_{35}	$\mu_3(e_{35})$	0	0.209	0.4641	0.598	0.799	1
跨境电商政府服务子系统（e_4）	e_{41}	$\mu_4(e_{41})$	0	0.115	0.115	0.327	0.558	1
	e_{42}	$\mu_4(e_{42})$	0.065	0	0.565	0.818	1	0.702
	e_{43}	$\mu_4(e_{43})$	1	0.545	0.370	0.117	0.019	0
	e_{44}	$\mu_4(e_{44})$	0	0.453	1	0.473	0.775	0.210
	e_{45}	$\mu_4(e_{45})$	0.279	0.022	0	1	0.695	0.718

表 6 – 7   2015 ~ 2020 年子系统有序度

年份	跨境电商平台服务 子系统 $\mu_1(e_1)$	跨境电商物流服务 子系统 $\mu_2(e_2)$	跨境电商支付服务 子系统 $\mu_3(e_3)$	跨境电商政府服务 子系统 $\mu_4(e_4)$
2015	0.005	0.042	0	0.262
2016	0.115	0.130	0.082	0.236
2017	0.266	0.306	0.317	0.304
2018	0.484	0.468	0.548	0.438
2019	0.742	0.573	0.583	0.519
2020	1.000	0.919	1.000	0.609

表 6 – 8   复合系统协同度

年份	平台—物流 Ue_1e_2	平台—支付 Ue_1e_3	平台—政府 Ue_1e_4	整体 $Ue_1e_2e_3e_4$
2016	0.098	0.095	− 0.053	− 0.067
2017	0.163	0.188	0.101	0.143
2018	0.188	0.224	0.171	0.182
2019	0.164	0.095	0.144	0.094
2020	0.299	0.328	0.152	0.240

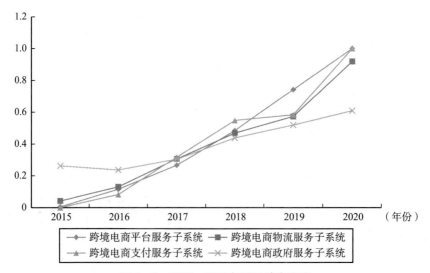

图 6 – 2   2015 ~ 2020 年子系统有序度

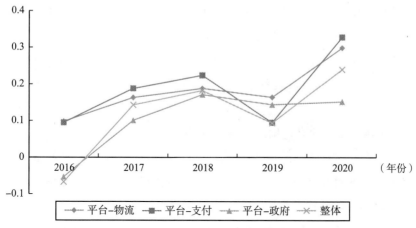

图 6 - 3 2016 ~ 2020 年复合系统协同度

6.4 跨境电商信息服务主体
协同度评价结果分析

跨境电商信息服务协同度是衡量跨境电商信息服务主体协同发展水平的重要内容，对探索跨境电商信息服务协同创新发展模式、开展跨境电商信息服务协同模式效果评估以及调动跨境电商多元主体积极性等方面具有重大意义。本书将跨境电商平台运营商、跨境电商物流服务商、跨境电商支付服务商、政府部门四个信息服务主体作为主要研究对象，选择 2015 ~ 2020 年的截面数据，基于信息服务生态系统理论、协同论，运用复合系统协同度模型并结合子系统中各个序参量的有序度变化情况，对我国现有的跨境电商信息服务协同能力与水平进行评价分析。主要结果分析如下。

6.4.1 子系统有序度趋势分析

跨境电商信息服务生态系统各子系统的有序度整体呈上升趋势。结合表 6 - 7 和图 6 - 2 来看，2015 ~ 2020 年跨境电商信息服务生态系统各子系统的有序度整体呈上升趋势。有序度代表各子系统在整个生态复合系统中发展的有序程度，有序度上升说明各子系统的有序化程度越来越高。接下来，本书将对各子系统有序度的变化趋势进行详细分析。

跨境电商平台服务子系统有序度从 2015 年的 0.005 发展到 2020 年的 1，这说明跨境电商平台服务子系统在短短几年时间内十分快速地实现了由无序向有序的发展。并且自 2018 年后，跨境电商平台服务子系统有序度每年都保持 0.258 的高速增长。分析其原因，可以发现：作为跨境电商平台的领头羊——阿里巴巴在 2015 年宣布正式迈向全球化，向着服务全球 20 亿消费者的目标迈进；作为跨境电商最大的跨境出口平台跨境通也在 2015 年收购环球易购、帕拓逊等多家跨境出口企业，整合跨境电商出口产业链；同样在 2015 年，在跨境出口方面亚马逊想复制 eBay 的成功经验，用全球开店的模式把中国制造推向全世界。这表明跨境电商交易平台已经开始全面布局发展，虽然在 2015 年跨境电商处在发展初期，渗透率较低，但是跨境市场潜力巨大，这为之后的发展奠定了基础。此外，虽然在 2018 年跨境电商平台层面发生了亚马逊删号事件，产生了不良影响，但得益于《中华人民共和国电子商务法》与《有关调整部分产品出口退税率的通知》的颁布与实施，为跨境电商平台提供了强有力的政策支持和保障，同时也为跨境电商平台作为核心子系统充分发挥在跨境电商信息服务协同中的关键作用提供了动力支持。与此同时，研究发现，在同一时间段内电子商务咨询服务营收额也呈现持续上升趋势，电子商务咨询服务是跨境电商信息服务中的基础环节，是跨境电商信息服务消费者获取信息服务的主要形式。所以电子商务咨询服务营收额的增长在一定程度上反映了企业用户对跨境电商关注度的提升，同时也反映了跨境电商平台的信息服务能力与规模也在呈逐年上升趋势。

跨境电商物流服务子系统有序度从 2015 年的 0.042 发展到 2020 年的 0.919，这说明跨境电商物流服务子系统在该时间段也得到了较大程度的发展。虽然在 2016 年前后跨境电商物流服务子系统、跨境电商平台服务子系统、跨境电商支付服务子系统均发展缓慢，但之后几年跨境电商物流服务子系统有序度持续稳定增长，尤其在 2019 年其有序度更是实现了 0.346 的大幅度增长。这主要得益于 2020 年我国海外仓数量突破 1000 个大关以及物流信息化规模的持续扩大，这些均在很大程度上改善了跨境物流环境，也使得跨境电商物流服务包括信息服务在内的整体能力得到了快速提高。

跨境电商支付服务子系统有序度从 2015 年的 0 发展到 2020 年的 1，这说明跨境电商支付服务有序度在 2015~2020 年得到了质的飞跃。从图 8-2 可以看出，跨境电商支付服务子系统有序度在 2017 年之前提升速度较为缓慢，这是由于 2011 年 6 月，中国银联基于延伸全球的银联网络和先进的"银联在线支付"平台宣告了中国跨境支付正式开始，而 2015 年之前属于跨境电商发展初期，企业和消费者在跨境支付时大多需要依靠银行、专业外汇机构等进行跨境支付结算，这样做效率低且费用高，所以初期其有序度非常低可以理解。在 2018 年 1 月 23 日，国家外汇管理局下发了《支付机构跨境电子商务外汇支付业务试点指导意见》（以下简称《指导意见》）。《指导意见》同意了在部分支付机构开展跨境电子商务的收付汇和结售汇等业务，这样做大大提升了支付结汇效率，极大程度上释放了跨境电商支付服务效能。2019 年 4 月，国家外汇管理局又下发了《支付机构外汇业务管理办法》，对"支付业务合法资质"进行了强调，进一步规范了跨境支付市场秩序，这虽然影响了当年的跨境支付企业融资金额，但对金融市场信息服务起到了一定的正向积极作用，有利于金融市场信息服务规模持续扩大，在一定程度上推动了跨境电商支付服务子系统的有序化进程。

跨境电商政府服务子系统有序度从 2015 年的 0.262 发展到 2020 年的 0.609，从表 6-7 和图 6-2 中可以看出，在该时间段跨境电商政府服务子系统的有序度一直在稳步提高。这在一定程度上体现了政府不同于其他信息服务主体的社会地位与服务水平，具体来看，在 2017 年之前跨境电商政府服务子系统的有序度高于其他子系统，这表明政府在前期作为信息服务生态系统中的领导种群对整个系统的发展起到了重要的引领作用，2017 年后虽然跨境电商政府服务子系统的有序度逐步被超过，但仍然呈现持续稳定增长的态势，这也表明政府服务仍然在致力于更好地服务于跨境电商的其他环节。结合实际情况可以了解到，自 2015 年起我国开始成立跨境电商综合试验区，随后国家出台了《关于促进跨境电商健康快速发展的实施意见》等一系列跨境电商利好政策，支持电商企业全球化布局，并完善有利于跨境电商发展的法律环境、完善跨境电商基础信息设施建设。此外，与跨境电商息息相关的商务部、国家外汇管理局、海关总署等部门积极响应国家打造服务型政府的号召，主动向外界进行信息公开与披露。这都在一定程度上体现了政府对复合系统持续不断的贡献状况和跨境电商政府服务子系统内部协调发展的状况。

6.4.2 复合系统协同度分析

首先，虽然跨境电商信息服务生态系统整体呈现波动上升趋势，但跨境电商信息服务生态系统中各子系统之间与系统整体大多处于低度协同状态。

结合表6-8和图6-3来看，在跨境电商信息服务生态系统中，以跨境电商平台服务子系统为核心的子系统间协同度与复合系统整体协同度绝大部分低于0.3（2020年平台—支付除外），这表明复合系统长期处于低度协同状态。本书通过对四个子系统的序参量指标数据以及有序度进行分析后发现其原因为：跨境电商中物流与支付水平的提升需要充足的资金保障和较长的实施周期，而且国家相关政策与文件的实施也需要落实和响应周期，提升速度相对较慢。

其次，2019年跨境电商信息服务生态系统中各子系统之间与系统整体协同度均出现了大幅度的下滑。

结合表6-8和图6-3来看，复合系统的协同度整体呈现上升趋势，但在2019年子系统之间协同度都出现了较大幅度的下滑。其中跨境电商平台服务子系统与跨境电商物流服务子系统协同度由2018年的0.188下降到2019年的0.164，下降了0.024；跨境电商平台服务子系统与跨境电商支付服务子系统协同度由2018年的0.224下降到2019年的0.095，下降了0.129；跨境电商平台服务子系统与跨境电商政府服务子系统协同度由2018年的0.171下降到2019年的0.144，下降了0.027；整体协同度则由2018年的0.182下降到2019年的0.094，下降了0.088。

究其原因主要有两点：第一，由于跨境电商平台整体交易规模或者从事跨境电商交易的平台的数量增长都是爆发式的，跨境电商信息服务生态系统中，跨境电商平台一味追求自身目标实现，忽略了与关键服务提供商的沟通合作。第二，受英国脱欧、美国退出万国邮联、德国征收增值、加收互联网销售税，以及中美贸易摩擦升级、全球新冠肺炎疫情暴发等诸多贸易问题的综合影响。然而在复合系统协同模型中，复合系统的协同度不仅取决于各子系统的有序度，还取决于各子系统的有序耦合，即各系统间的有序度发展若处于不匹配、不同步的状态，则也会影响复合系统的协同状态。结合本研究，虽然四个子系统有序度均处于增加趋势，但其他子系统的涨幅明显落后于跨境电商平台服务子系统，加上跨境电商平台服务子系统是整个复合系统中的核心子系统，所以导致了 2019 年各协同度均出现了不同程度的下滑现象。

最后，平台—政府间协同度总体上落后于其他子系统间协同度。结合表 6 - 8 和图 6 - 3 来看，虽然平台—政府协同度整体呈现上升趋势，但绝对数值落后于其他子系统间协同度，即使在协同度最高的 2020 年也仅有 0.152。

这说明跨境电商平台服务子系统与跨境电商政府服务子系统协同发展程度较低，充分暴露了我国跨境电商信息服务在发展过程中存在的问题：跨境交易规模极速提升，但政府相关信息服务水平仍处于较低状态。由于政府信息服务要充分兼顾及时性与真实性，所以政府信息服务的发展会滞后于跨境电商平台的发展；而且不同于跨境电商平台发展速度较快，政府着眼于中长期规划，并且政策从制定到实施也需要一定的周期；此外，跨境电商平台的爆发式发展也给政府的监管与服务带来了新的挑战，所以两者间的协同发展程度此消彼长，最终导致协同度水平较低。

6.5　本章小结

本章从信息服务主体视角出发，通过引入复合系统理论，构建协同创新模式下的跨境电商信息服务主体协同度评价模型。首先，在借鉴已有研究成果的基础上，设计跨境电商信息服务协同度评价指标，并利用灰色关联度方法筛选与信息服务关联度较高的序参量指标。其次，运用复合系统协同度模型，结合 2015～2020 年跨境电商信息服务相关数据，探究以跨境电商平台运营商、跨境电商服务提供商、政府部门为基础的信息服务生态系统内部各指标之间的协同程度及信息服务生态系统整体协同情况，结果表明，协同创新模式下的跨境电商信息服务主体协同度评价模型可以有效测度跨境电商信息服务协同情况，具有一定的实用价值。同时，数据分析结果还表明，现阶段跨境电商信息服务协同度水平较低，因此，对信息服务生态系统协同度波动原因进行分析，为后续章节对跨境电商信息服务协同发展影响因素识别和在信息服务主体视角下对跨境电商信息服务协同可持续发展对策建议的提出提供理论参考。

第 7 章

协同创新模式下跨境电商信息
服务协同质量用户评价模型

　　跨境电商信息服务协同的归宿是为了满足中小微企业多元化的信息服务需求，因此，有必要从企业用户视角出发，对跨境电商信息服务协同效果进行测度。本章基于服务质量差距模型，构建协同创新模式下的跨境电商信息服务协同质量用户评价模型。首先，在前文所构建的跨境电商信息服务协同创新模式的基础上，确定评价指标的四个维度，并通过文献分析与专家调查相结合的方式筛选指标，接下来通过实证分析对所构建的协同质量用户评价模型进行验证和应用。本章所构建的跨境电商信息服务协同质量用户评价模型与第 6 章信息服务主体协同度评价模型互为补充，共同构成协同创新模式下跨境电商信息服务协同成效评价体系，进而全面评价跨境电商信息服务协同创新模式实施效果。

7.1　服务质量差距模型

7.1.1　概念框架

　　1985 年，美国的派拉索拉曼、泽塞莫尔和贝里（Parasuraman, Zeithaml & Berry, 1985）三位专家第一次提出了服务质量差距模型，简称 PZB 模型，也称为 5GAP 模型。如图 7 - 1 所示，服务质量差距模型分为上、下端两部分，其中上半部分客户端要素包括服务期望和服务感知，下半部分服务提供者要素包括服务认知、服务标准、服务提供和服务宣传。根据这些要素，服务质量差距模型中存在五个核心差距：其一，认知差距。因服务提供商对客户了解不够充分，即服务认知中提供商未有效地认知客户期望，从而导致服务认知差距。其二，标准差距。因服务提供商未有效地把认知转化为标准，即对认知存在理解偏差从而导致标准存在差距。其三，交付差距。因为本身设计制定的标准存在问题，或者在交付过程中没有进行有效的培训，即服务标准设计制定后并没有完全按照标准有效地提供服务。其四，宣传差距。由过度承诺而产生的差距。其五，感知差距。客户对服务质量的感知与预期服务质量的差距，它是服务质量差距模型中的核心差距，它是由上述一个或多个差距造成的，是最终服务质量结果的反映，会影响客户的满意度，弥合或者消除上述四个方面的差距可以在一定程度上降低客户的感知差距。

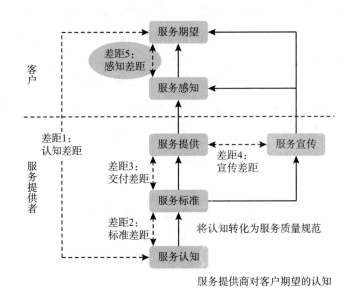

图 7 – 1　服务质量差距模型

7.1.2　模型应用

服务质量差距模型是一种进行服务质量管理的非常直接有效的工具，

揭示了服务质量产生的过程，可以直接发现服务提供商与客户在服务观念上存在的差距。服务质量差距模型最初应用于营销学领域，因其具有较强的理论生命力和工具解释力，该模型的应用领域不断扩展，涉及物流服务、医疗服务、酒店服务等（覃雪莲、刘志学，2018；Mauri et al.，2013）。与此同时，一些学者也开始采用服务质量差距模型分析信息服务质量问题，如陈岚（2015）、胡吉明等（2019）基于公众视角，运用服务质量差距模型的核心思想构建了政务信息服务质量评价模型，并对信息服务质量差距原因进行了剖析。完颜邓邓、张燕南（2019）构建了公共数字文化服务质量差距模型。在上述研究中，服务质量差距模型对于信息服务质量的形成机理进行了很好的揭示，可作为信息服务机构进行服务质量改进的理论支撑。

　　跨境电商信息服务作为一种特殊的服务，同样存在上述服务缺口。而信息服务协同的主要目标是通过不同主体间的协同合作向企业用户提供更加全面、更加便捷、更高质量的信息服务，进而提升用户感知质量，填补用户对跨境电商服务质量的期望与感知之间存在的各种差距和缺口，提升用户的满意度。因此，本书基于 PZB 模型开发问卷，对跨境电商信息服务质量缺口进行调查，充分发挥评价的导向作用，从企业用户视角发现跨境电商信息服务协同质量存在的问题，为后续跨境电商信息服务协同创新模式的实施和高质量发展提供有力支撑。

7.2　跨境电商信息服务协同
质量用户评价指标设计

7.2.1　协同质量评价指标筛选原则

　　建立一套能够适用于任何跨境电商信息服务协同平台的协同质量评价指标体系，是评价和改进信息服务协同质量的重要依据。因此，本书从跨境电商企业用户对于信息服务协同平台的期望度和实际感知两个维度进行评价需要综合考察多方的因素，因此，在构建跨境电商信息服务协同模式效果评估指标体系时须遵循全面性、代表性、可操作性原则，以确保评价结果的全面、准确和合理，使评价结果更具参考意义。

1. 全面性

进行跨境电商信息服务协同质量评价的最终目的是提升跨境电商信息服务行业的整体服务水平，满足跨境电商企业用户多样化信息服务需求。对协同平台进行综合性评价需要从多个维度展开，尽可能全方位、系统地设置评价指标，可以涵盖协同模式的各个模块，最大限度地对平台功能的改进和完善提供参考依据。

2. 代表性

在构建评价指标体系的过程中，除了要广泛参考相关研究以外，还要充分结合跨境电商信息服务协同模式的特点，选择科学有效的评价指标，以保证指标的合理性。同时也要考虑到，选择的协同效果评价指标数目越多、划分越详细，各评价指标之间的交叉重叠现象可能就越明显，因此，在选择指标时要优先选择具有关键性、高度概括性的指标。

3. 可操作性

评估体系中的任一指标都要具备可操作性，即评价指标必须是能够直接获取和测量到的数据指标。在现实中，选取的评价指标必须是容易获取的、便于测度的，由此后续的指标评估和数据分析才能够顺利进行。

7.2.2 协同质量评价指标筛选与确立

1. 协同质量评价指标初选

基于上述原则，结合跨境电商信息服务的特点，本书在文献研究基础上进行指标筛选与定义，表 7 - 1 为跨境电商信息服务协同质量评价初选指标。考虑到跨境电商信息服务协同创新模式可以划分为信息服务对象协同、信息服务主体协同、信息服务内容协同以及信息服务策略协同四个模块，因为本章信息服务对象是问卷调查的对象，也是协同质量感知的主体，所以初步拟订的评价指标体系主要包括信息资源协同、信息服务主体协同、信息服务策略协同及信息服务协同环境四个维度。其中，信息资源是信息服务的基础和主要内容，本书采用信息资源协同指标替换信息服务内容协同指标。在跨境电商信息服务生态系统中，服务环境是引导跨境电商信息服务协同可持续发展的根本保障，所以指标体系中也纳入了信息服务协同环境指标维度。

表 7 - 1　　　　　　　跨境电商信息服务协同质量评价初选指标

一级指标	二级指标	指标含义	指标来源
信息资源协同	A1 信息资源总量丰富性	指协同平台汇集了参与主体所拥有的信息资源，信息资源总量丰富，能够满足企业用户的信息需求	周毅（2021）
	A2 信息资源共享性	指企业用户在协同平台可以获得其他协同参与主体所发布的不同类型的信息资源	丁亭亭（2020）
	A3 信息资源实时更新同步性	指协同参与主体间的信息资源能够同步更新，企业用户在任何时间、任何协同参与主体平台都可以查阅相关信息	何绍华、林翔（2013）
	A4 信息资源格式兼容性	指协同参与主体所传递和共享的信息资源格式一致并且能够互相兼容，不会出现乱码或其他情况	王姣（2015）
信息服务主体协同	B1 协同参与主体多样性	指协同平台汇集了物流、支付、关检等多种类型的协同参与主体，能够为企业用户提供全方位的信息服务	李乐儒、傅文奇（2021）
	B2 协同参与主体信誉度	指企业用户可以了解协同参与主体的商业信誉情况	郭海玲（2017）
	B3 协同组织文化宣传程度	指企业用户经常可以看到协同参与主体对协同组织文化进行宣传	王姣（2015）

一级指标	二级指标	指标含义	指标来源
信息服务策略协同	C1 跨平台检索服务	指企业用户可以通过一个接口对多个协同参与主体提供的信息资源进行查询	胡媛、胡昌平（2013）
	C2 多语种信息服务	指协同平台能够提供多语言信息服务，企业用户可以利用熟悉的语言了解其他语种的信息资源	朱嘉琪（2021）
	C3 跨平台咨询服务	指企业用户可以在协同平台向任何协同参与主体提出咨询服务并得到回应	胡媛、胡昌平（2013）
	C4 跨平台个性化信息服务	指协同平台可以对协同参与主体共享的数据进行挖掘与分析，为企业用户提供个性化推荐服务	原文涛（2019）
	C5 跨平台流程追踪服务	指企业用户可以随时在协同平台对经营商品进行追踪，了解与该商品有关的所有信息	郭海玲等（2021）
	C6 可视化信息服务	指协同参与主体可以利用可视化信息技术，以图像或视频等生动直观的形式为企业用户提供信息服务	郭海玲（2021）
	C7 一站式便捷信息服务	指协同平台能够为企业用户提供从选品到售后，直至完成整个交易活动的所有信息服务	甘雨，刘昆雄（2015）
信息服务协同环境	D1 协同服务人员素质水平	指协同服务人员有较高的信息素质和服务素质，能满足企业用户多样化信息服务需求	孙琪（2020）
	D2 协同服务人员类型全面	指协同服务人员数量充足，专业背景丰富，能及时响应企业用户多样化的信息服务需求	徐纲红（2004）
	D3 协同目标规则完备度	指协同参与主体具有清晰的协同目标及完备的协同规章制度	何江、钱慧敏（2017）
	D4 跨平台系统技术兼容性	指各协同参与主体的信息系统可以相互兼容，切换时运行稳定	马捷等（2021）
	D5 跨平台信息安全性	指企业用户身份信息及交易信息不会被协同参与主体泄露或滥用	胡昌平、张耀坤（2010）
	D6 协同主体内部控制	指各协同参与主体可以对服务进行控制调配，共同采取预防和纠正措施解决企业用户反馈的问题	庞燕（2019）
	D7 政府部门外部监管	指政府及有关部门对协同过程中出现的违法违规行为能够及时进行监督和处罚	马捷等（2021）

（1）信息资源协同。信息资源协同主要是指将与跨境电商相关的人才、技术、行业资讯等信息进行集成、共享、融合，将各个信息服务协同主体拥有的信息资源充分利用起来，进行深度加工整合。各跨境电商信息服务协同参与主体应依托现有的资源和环境，将跨境电商交易活动产出的各项信息资源进行整合汇集，搭建起统一的信息发布与共享平台。在这个协同平台上，协同模式内各参与主体的信息资源充分聚集，协同参与主体所传递和共享的信息资源格式一致并且能够互相兼容，信息资源总量丰富且同步更新，企业用户在协同平台可以获得其他协同参与主体所发布的不同内容的信息资源，能够满足自身多样化信息需求。同时，协同模式内各参与主体也能够通过这一平台有选择性、针对性地进行沟通与合作。因此，在信息资源协同维度设置信息资源总量丰富性、信息资源共享性、信息资源实时更新同步性、信息资源格式兼容性四个指标。

（2）信息服务主体协同。信息服务主体协同是指参与跨境电商信息服务模式的物流、支付、交易平台等多个信息服务提供者通过一定的机制来实现协同功能大于各主体功能之和的过程。协同可以有效汇聚各主体的信息资源和服务功能，通过协同平台打破信息服务主体之间的时间和空间壁垒，解决信息服务主体分散的问题。除此之外，也可以通过主体之间的交流合作来充分调动行业内的人才、资金、信息、技术等活力创新要素，实现人才内部流动、资金合理分配、信息资源融合、高端技术共享、专业服务一体化的协同融合，推进跨境电商信息服务协同创新发展。

进行信息服务主体协同，除了要汇集物流、支付等多种类型的协同参与主体之外，协同参与主体还要对协同组织文化、协同对象和协同内容进行宣传，确保企业用户可以了解协同模式的运行状况及协同参与主体的商业信誉情况，增加企业用户对协同平台的接受度和信任度。因此，在信息服务主体协同维度设置了协同参与主体多样性、协同参与主体信誉度、协同组织文化宣传程度三个指标。

（3）信息服务策略协同。信息服务策略是将信息服务内容提供给服务对象的方式与手段的组合和运用。信息服务策略协同是指跨境电商信息服务提供者在进行信息资源协同的基础上，调整信息服务的方法策略、增加服务形式，通过联合服务、衔接服务等方式向企业用户提供更加多样化的信息服务。信息服务策略协同使得跨境电商信息服务的广度和深度进一步加强，衍生了更多的信息服务功能和信息服务展现形式。

协同平台除了要向企业用户提供跨库检索、实时翻译、跨平台信息咨询、跨平台信息追踪等协同服务功能之外，还要转变服务方式，对协同参与主体共享的数据进行挖掘与分析，为企业用户提供个性化推荐服务，利用可视化信息技术，以图像或视频等生动直观的形式为企业用户提供信息服务。因此，在信息服务策略协同维度设置跨平台检索服务、多语种信息服务、跨平台咨询服务、跨平台个性化信息服务、跨平台流程追踪服务、可视化信息服务、一站式便捷信息服务七个指标。

（4）信息服务协同环境。信息服务协同环境是指为保证跨境电商信息服务协同模式能够实施和推广所必需的人员、技术、监管等保障环境。跨境电商信息服务协同模式的实施、运行和推广，必须提供人员、规章、技术、信息安全保障，即协同服务人员要有较高的信息素质和服务素质，能满足企业用户的信息服务需求；协同参与主体有一致的协同服务目标，共同制定和遵守覆盖全方位的协同规章制度；通过技术手段保证各信息服务子系统之间及子系统与协同平台之间可以兼容和稳定切换；通过平台内部控制与外部监管相结合来共同保障企业用户在接受协同服务过程中的信息安全。因此，在信息服务协同环境维度设置协同服务人员素质水平、协同服务人员类型全面、协同目标规则完备度、跨平台系统技术兼容性、跨平台信息安全性、协同主体内部控制、政府部门外部监管七个指标。

2. 协同质量评价指标确立

为了确保指标体系构建的科学性和合理性，本书通过专家调查法对前文初步拟订的指标进行调整。

（1）专家问卷设计。服务质量评估一直是服务管理中的重要研究方向，众多学者在多个领域内开展了有关服务质量评估的研究，并形成了许多具有实践价值的评估模型和评估方法，为本书评估信息服务协同质量水平提供了参考。本书以 PZB 的质量差异理论为基础，结合企业用户访谈资料及跨境电商信息服务协同模式特点，初步建立跨境电商信息服务协同质量评价体系。

　　一般在进行专家调查时，所选择的专家要有丰富的研究经验和专业的判断能力，专家总人数在 15 人以上。在本研究中，除专业能力外，专家组也要全面涵盖跨境电商、信息服务等相关研究领域，具有充分的代表性。结合本课题的研究内容和跨境电商信息服务的特点，本研究选择专家 20 名，专家情况如表 7 - 2 所示。

表 7 - 2　　　　　　　　　　　　专家基本情况

基本属性	类别	专家数量
研究方向	跨境电商	5
	信息服务	8
	电子商务	2
	其他	5
研究年限	5 年以下	13
	5～10 年	6
	10 年以上	1

　　采用专家调查法的问卷包括两部分内容：第一部分是专家对本研究构建的企业用户视角下的跨境电商信息服务协同质量评价指标进行打分，首先，请专家根据自身专业知识和实践经验对指标设置的合理性进行判断；其次，对每个评价指标的重要性进行打分，打分标准为"5 = 非常重要、4 = 重要、3 = 一般重要、2 = 不重要、1 = 非常不重要"，同时专家如果认为指标不合适，需要修改、删除、增加或合并，可以在"修改意见"栏中注明。第二部分是专家个人信息，以了解专家对本研究主题的熟悉情况。受疫情影响，调研主要通过线上方式进行数据收集，详见附录二。

　　（2）专家问卷统计结果分析。对专家问卷结果主要从重要性满分频率、均值与标准差、变异系数三方面进行分析。

　　通过计算重要性的满分频率来确定专家对指标认知的重要性程度。重

要性满分频率用 L_i 表示，计算过程为公式（7-1），其中，N_i 指对该维度指标打满分的专家数量，N 指参与打分的专家总数量。

$$L_i = \frac{N_i}{N} \qquad (7-1)$$

均值 $\overline{Y}$ 和标准差 S 反映了所有专家对该项指标重要性的认可程度及认可的一致性情况。计算方式为公式（7-2）和公式（7-3），其中，Y_j 代表专家对该维度重要性的评价值，N 代表该指标评价的专家数量。

$$\overline{Y} = \frac{1}{N} \sum_{j=1}^{N} Y_j \qquad (7-2)$$

$$S = \sqrt{\frac{\sum_{j=1}^{N}(Y_j - \overline{Y})^2}{N-1}} \qquad (7-3)$$

变异系数用 V_j 来表示，它是衡量专家对指标重要性评价值变异程度的另一个统计量，变异系数越小说明专家协调度越高，计算方式为公式（7-4）。

$$V_j = \frac{S}{\overline{Y}} \qquad (7-4)$$

上述指标中，一般均值大于4.0，标准差小于1，即可说明指标的重要性达标，且大多数专家是认同的，对于指标的变异系数一般要求小于0.25，其值越小，表明专家之间的意见协调度越高。根据计算公式，得到本研究设计的一级和二级指标专家的反馈情况，如表7-3所示。

表7-3　　　　　　　　　评价指标重要性专家调查结果

一级指标	重要性满分频率	均值	标准差	变异系数	二级指标	重要性满分频率	均值	标准差	变异系数
信息资源协同	0.90	4.90	0.31	0.06	信息资源总量丰富性	0.85	4.80	0.52	0.11
					信息资源共享性	0.75	4.75	0.44	0.09
					信息资源同步更新性	0.60	4.60	0.50	0.11
					信息资源格式兼容性	0.75	4.60	0.75	0.16

续表

一级指标	重要性满分频率	均值	标准差	变异系数	二级指标	重要性满分频率	均值	标准差	变异系数
信息服务主体协同	0.85	4.75	0.72	0.15	协同参与主体多样性	0.30	4.21	0.63	0.15
					协同参与主体信誉度	0.60	4.45	0.82	0.18
					协同组织文化宣传程度	0.80	4.84	0.37	0.08
信息服务策略协同	0.55	4.45	0.69	0.16	跨平台检索服务	0.90	4.90	0.31	0.06
					多语种信息服务	0.65	4.45	0.83	0.19
					跨平台咨询服务	0.60	4.55	0.61	0.13
					跨平台个性化信息服务	0.65	4.55	0.69	0.15
					跨平台流程追踪服务	0.80	4.80	0.41	0.09
					可视化信息服务	0.45	4.20	0.83	0.20
					一站式便捷信息服务	0.15	3.30	1.13	0.34
信息服务协同环境	0.35	4.10	0.79	0.19	协同服务人员素质水平	0.60	4.55	0.69	0.15
					协同服务人员类型全面	0.35	4.05	1.15	0.28
					协同目标规则完备度	0.85	4.80	0.52	0.11
					跨平台系统技术兼容性	0.65	4.58	0.69	0.15
					跨平台信息安全性	0.95	4.85	0.67	0.14
					协同主体内部控制	0.55	4.55	0.51	0.11
					政府部门外部监管	0.40	4.25	0.72	0.17

　　根据上述专家反馈结果，删除指标 $C7$"一站式便捷信息服务"和指标 $D2$"协同服务人员类型全面"两项指标。其中，$C7$ 重要性满分频率为 0.15，均值为 3.3，标准差 1.13，变异系数为 0.34，$D2$ 重要性满分频率为 0.35，均值为 4.05，标准差 1.13，变异系数为 0.28。两个指标均不符合本研究指标筛选标准。根据专家提供的修改意见，指标 $C7$"一站式便捷信息服务"概念模糊，有专家指出所有服务均可称为"一站式"服务，且按照指标内涵解释，可以与指标 $C5$"跨平台流程追踪服务"合并，同时指标 $D1$"协同服务人员素质水平"和指标 $D2$"协同服务人员类型全面"存在

交叉重复，可以合并为一个指标，因此，本研究将指标 $D2$ 删除，并且对指标 $D1$ 内涵进行修改完善，$D1$ 指标"协同服务人员素质水平"主要指协同服务人员专业背景丰富、有较高的信息素质和服务素质，能满足企业用户多样化信息服务需求。

基于上述专家调查结果，本研究最终形成的指标内容如表 7 - 4 所示，共涵盖 4 个一级指标、19 个二级指标。

表 7 - 4   跨境电商信息服务协同质量评价最终指标

一级指标	二级指标
信息资源协同	A1 信息资源总量丰富性
	A2 信息资源共享性
	A3 信息资源实时更新同步性
	A4 信息资源格式兼容性
信息服务主体协同	B1 协同参与主体多样性
	B2 协同参与主体信誉度
	B3 协同组织文化宣传程度
信息服务策略协同	C1 跨平台检索服务
	C2 多语种信息服务
	C3 跨平台咨询服务
	C4 跨平台个性化信息服务
	C5 跨平台流程追踪服务
	C6 可视化信息服务
信息服务协同环境	D1 协同服务人员素质水平
	D2 协同目标规则完备度
	D3 跨平台系统技术兼容性
	D4 跨平台信息安全性
	D5 协同主体内部控制
	D6 政府部门外部监管

7.3 跨境电商信息服务协同
质量用户评价实证分析

7.3.1 问卷设计与收集

基于文献调研和专家调查法最终确定了跨境电商信息服务协同质量评价指标。接下来进行问卷设计，本研究使用的问卷分为两部分：第一部分是被调研企业的基本信息，包括企业所在区域、主营产品、出口跨境电商经营年限、跨境电商经营模式、企业使用过的信息服务类型等。第二部分包括企业使用过的跨境电商平台、主要使用的跨境电商平台，及跨境电商信息服务协同质量评价量表，问卷共涉及 4 个维度和 19 个指标，针对每一个指标被调研对象都要回答对所使用协同平台的期望值及实际感知值，本研究对相关指标的度量均采用五级李克特量表形式，其中，期望值是指企业用户希望协同平台能达到该指标的期望程度，实际感知值是企业用户使用协同平台时对相应指标的真实评价感知，期望值的选项采用"非常期望""期望""一般""不太期望""不期望"等选项测量，实际感知值采用"非常好""较好""一般""较差""极差"等选项测量。本次调查研究的主要对象是从事跨境电商出口的中小微企业，为保证样本的代表性，尽量选择来自多个省份、涉及行业领域广泛的调查对象。

本次调研基于前期设计的问题在"问卷星"平台编制问卷，并设置随机奖励红包 10 元左右，通过线上方式发放问卷，在跨境电商微信群、QQ 群及跨境电商相关论坛发放问卷链接，历时 2 周，共计发放调查问卷 166 份，剔除填答时间过短或答案前后矛盾的问卷 9 份，得到有效问卷数为 157 份，问卷有效率为 94.6%。

7.3.2 问卷样本特征分析

调查样本的基本分布特征如表 7−5 所示。由数据统计结果可知：本次调研对象涵盖南北区域，包括河北、浙江、广东、上海、河南、贵州等省份的跨境电商企业，所调研企业经营产品的类目涉及服装配饰、电子产品、家具及办公用品、家装家纺、五金配件、包装耗材、彩妆用品等多个领域。调查样本中经营年限在 1 ~ 5 年的企业数量居多，约占总体的 48.4%，企业员工规模多在 50 人以内，占比为 64.3%，所选样本大体符合当前我国出口跨境电商中小微企业的总体特征，问卷具有一定的代表性。

表 7 - 5　　　　　　　　　　　　调查样本特征

基本特征	类别	样本数
地域	河北	66
	浙江	41
	广东	14
	上海	8
	河南	5
	贵州	7
	其他	16
经营年限	1 年以下	46
	1 ~ 5 年	76
	5 ~ 10 年	24
	10 年以上	11
员工规模	10 人以下	45
	10 ~ 50 人	61
	51 ~ 100 人	17
	101 ~ 300 人	11
	300 人以上	23

调查样本中各企业主营产品分布广泛，涉及各行各业，其中出口最多的是服装配饰（15.10%），其次分别是电子产品（14.60%）、家具及办公用品（9.10%）、五金配件（8.20%）、家装家纺（7.80%）、母婴玩具

（5.90%）、医疗保健（5.90%），也有少部分从事食品、日用百货等商品出口业务，具体经营产品类型统计结果如图7-2所示。所调查企业的跨境电商主营模式以 B2B + B2C 居多，占比达 42%，其次是 B2C 模式，占比为29%，B2B 模式占比为 26%，具体统计结果如图7-3所示。

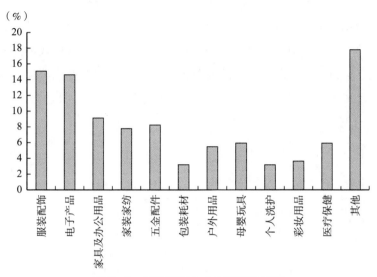

图7-2　跨境电商企业主营产品类型

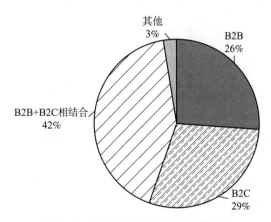

图7-3　跨境电商企业主要经营模式

由图7-4可知，企业通常使用多个平台来完成跨境电商交易活动，使用率最高的为阿里巴巴国际站、亚马逊等交易类平台，并且使用两个平台组合进行跨境电商运营的企业占比达 22.9%，使用三个平台组合进行跨境电商运营的企业占比达 17.8%。其中最常见的平台组合方式为"阿里巴巴国际站 + 亚马逊"，选择该平台组合的企业用户数达 12 家，选择"阿里巴巴国际站 + 亚马逊 + 速卖通"平台的企业用户达 8 家企业。说明当前的中小微企业用户不再依赖单一的平台进行运营，选择多平台运营一方面可以降低风险，将平台引流的风险降到最低，分散某一平台被取代的风险，另一方面还可以同时获取更多样的有效流量，吸引不同的客户群体，跨平台运营已经成为当前国内中小微企业进行跨境电商运营的发展趋势。

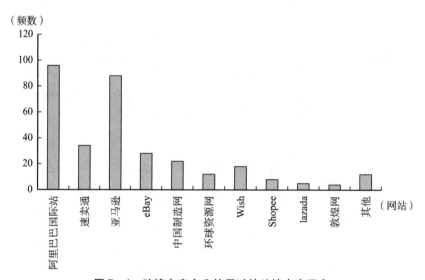

图 7 - 4　跨境电商企业使用过的跨境电商平台

结合图 7 - 5 所显示的跨境电商企业主要使用的平台统计结果可以发现，企业在选择跨境电商平台时有明显的倾向性，其中较多的企业用户会集中选择阿里巴巴国际站、亚马逊等知名度更高、规模更大的平台，也有小部分企业会选择自建平台。

跨境电商企业使用的信息服务类型如图 7 - 6 所示，主要包括信息发布传递交流服务（18.20%）、信息检索与查询服务（14.40%）、信息导航服务（13.90%）、行业数据报告（12.00%）、信息跟踪服务（9.10%）、信息

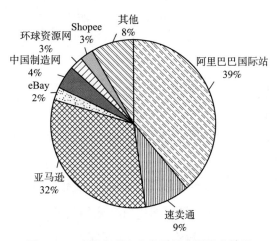

图 7-5 跨境电商企业使用的主要平台情况

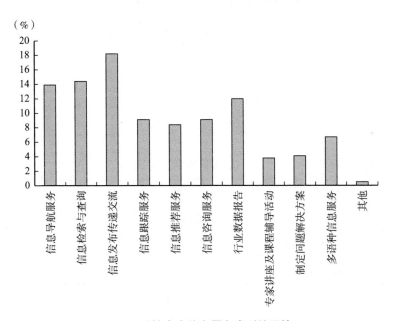

图 7-6 跨境电商信息服务类型使用情况

咨询服务（9.10%）、信息推荐服务（8.40%）、多语种信息服务（6.70%）、
制订问题解决方案（4.10%）、专家讲座及课程辅导活动（3.80%）等服
务类型。其中，基础的信息发布传递交流、信息检索与查询、信息导航服
务等执行型信息服务使用率最高，信息咨询、发布行业报告等经验型信息

服务次之，制订问题解决方案、专家讲座及课程辅导活动等专家型服务使用频率最低。

7.3.3 问卷信效度分析

信度分析主要用来测量评价模型是否具有内部一致性。通过 Cronbach's α 系数对问卷进行信度检验。通常来讲，Cronbach's α 系数应当处于 0 ~ 1 之间，并且越接近于 1，信度就越高，可靠性也越强。

由表 7 - 6 看出，各维度指标期望值和感知值的 Cronbach's α 都在 0.8 以上，信度较高，可靠性比较强。为了保证问卷的内容效度，本研究中涉及的指标问项均在借鉴国内外已有研究成果的基础上，根据跨境电商信息服务协同情境进行优化调整，并采用专家调查法验证了指标的科学性与合理性。接下来对调查问卷的数据进行结构效度检验，一般情况下，KMO 统计量在 0.7 以上结构效度较高，由表 7 - 7 可知，样本的期望 KMO 值为 0.954，实际感知 KMO 值为 0.950，同时 Bartlett 球形度检验的显著性 P 值为 0.000，小于 0.05，显著性均通过了效度检验。

表 7 - 6 信度检验

维度	问项	期望值 Cronbach's α	感知值 Cronbach's α
信息资源协同	4	0.930	0.902
信息服务主体协同	3	0.891	0.844
信息服务策略协同	6	0.936	0.906
信息服务协同环境	6	0.942	0.908

表 7 - 7 效度检验

检验		期望值	感知值
KMO 取样适切性量数		0.954	0.950
Bartlett 球形度检验	近似卡方	3210.480	2500.484
	自由度	171	171
	显著性	0.000	0.000

7.3.4   协同质量期望与感知分析

1. 协同质量期望与感知的差异性检验

对问卷期望值和实际感知值进行配对样本 T 检验，以便比较样本在相关指标的期望值与感知值之间是否存在显著差异，表 7 - 8 为所有一级指标和二级指标信息服务协同质量期望值与感知值之前的差异性检验结果，统计结果显示，所有指标期望值与感知值 T 检验结果的显著性水平均小于 0.05，即企业用户所期望的跨境电商信息服务协同质量水平与实际感知到的服务质量水平存在显著性差异。

表 7 - 8　　　信息服务协同质量期望值与感知值间的差异性检验

一级指标	T 值	P 值	二级指标	T 值	P 值
信息资源协同	8.194 ***	0.000	A1 信息资源总量丰富性	8.218 ***	0.000
			A2 信息资源共享性	5.096 ***	0.000
			A3 信息资源实时更新同步性	6.041 ***	0.000
			A4 信息资源格式兼容性	5.528 ***	0.000
信息服务主体协同	5.080 ***	0.000	B1 协同参与主体多样性	4.192 ***	0.000
			B2 协同参与主体信誉度	4.301 ***	0.000
			B3 协同组织文化宣传程度	2.933 **	0.004
信息服务策略协同	6.023 ***	0.000	C1 跨平台检索服务	3.490 ***	0.001
			C2 多语种信息服务	3.665 ***	0.000
			C3 跨平台咨询服务	4.588 ***	0.000
			C4 跨平台个性化信息服务	3.861 ***	0.000
			C5 跨平台流程追踪服务	2.387 **	0.018
			C6 可视化信息服务	4.768 ***	0.000
信息服务协同环境	6.580 ***	0.000	D1 协同服务人员素质水平	4.448 ***	0.000
			D2 协同目标规则完备度	3.811 ***	0.000

续表

一级指标	T值	P值	二级指标	T值	P值
信息服务协同环境	6.580 ***	0.000	D3 跨平台系统技术兼容性	3.969 ***	0.000
			D4 跨平台信息安全性	5.759 ***	0.000
			D5 协同主体内部控制	5.350 ***	0.000
			D6 政府部门外部监管	5.045 ***	0.000

注：*** 在 0.001 水平上显著，** 在 0.01 水平上显著，* 在 0.05 水平上显著。

2. 期望——感知差距分析

通过前文确定了跨境电商信息服务协同质量各指标的期望值与感知值之间存在显著差异，下面将对期望服务质量与感知服务质量的差值情况进行进一步分析。根据问卷调查结果可得，跨境电商信息服务协同质量各指标的期望值、感知值及差值如表 7-9 所示。由表 7-9 可得，在二级指标维度，企业用户对于跨境电商信息服务协同质量实际感知值都低于期望值，且差异明显，差值区间为 [-0.49，-0.15]。在一级指标维度，协同质量差距最大的是信息资源协同维度，其次分别是信息服务协同环境、信息服务策略协同、信息服务主体协同。这充分说明了现实中的各类跨境电商平台仍有很大的改进空间，亟须全面提升信息服务质量，以满足企业用户日益多样化、个性化的信息服务需求。

表 7-9　　　　信息服务协同质量期望值与感知值间的差异比较

一级指标	感知值	期望值	差值	二级指标	感知值	期望值	差值
信息资源协同	3.81	4.21	-0.40	A1 信息资源总量丰富性	3.80	4.29	-0.49
				A2 信息资源共享性	3.85	4.20	-0.35
				A3 信息资源实时更新同步性	3.78	4.17	-0.39
				A4 信息资源格式兼容性	3.82	4.20	-0.38
信息服务主体协同	3.87	4.14	-0.26	B1 协同参与主体多样性	3.88	4.18	-0.30
				B2 协同参与主体信誉度	3.88	4.14	-0.26
				B3 协同组织文化宣传程度	3.87	4.10	-0.23

续表

一级指标	感知值	期望值	差值	二级指标	感知值	期望值	差值
信息服务策略协同	3.91	4.17	-0.27	C1 跨平台检索服务	3.93	4.16	-0.23
				C2 多语种信息服务	3.90	4.15	-0.25
				C3 跨平台咨询服务	3.79	4.15	-0.36
				C4 跨平台个性化信息服务	3.92	4.19	-0.27
				C5 跨平台流程追踪服务	4.03	4.18	-0.15
				C6 可视化信息服务	3.87	4.21	-0.34
信息服务协同环境	3.85	4.19	-0.34	D1 协同服务人员素质水平	3.85	4.15	-0.30
				D2 协同目标规则完备度	3.97	4.21	-0.24
				D3 跨平台系统技术兼容性	3.85	4.16	-0.31
				D4 跨平台信息安全性	3.82	4.25	-0.43
				D5 协同主体内部控制	3.80	4.18	-0.38
				D6 政府部门外部监管	3.80	4.20	-0.40

在信息资源协同方面，差值为 -0.40，相比其他一级指标，说明企业用户对现有的信息资源协同满意度最低。一方面，企业用户对于信息资源协同的期望值最高，尤其是其中的信息资源总量丰富性，企业用户迫切期望其在协同平台上获得的跨境电商信息资源是充足且类型全面的，同时也期望这些信息资源能够实时更新和方便获取；另一方面，企业用户在这一维度的实际感知值最低，说明现实中跨境电商平台在信息服务资源协同方面仍有较大的改进空间。综合来看，在信息资源协同维度，平台需要重点改进期望值最高的信息资源储备充足性问题，加快改善企业用户对信息资源同步更新性感知较低的情况。

在信息服务主体协同方面，差值为 -0.26，协同质量差距相对较小，说明现实中跨境电商平台在这一方面投入较多，用户体验较佳。与之相对的是，企业用户对于信息服务主体协同这一维度的期望值最低，对比该维度内各二级指标可以发现，协同组织文化宣传程度期望均值最低。究其原因，考虑到企业用户每天需要处理的信息纷繁复杂，更看重信息服务的质量水平，而对信息服务主体协同组织环境的关注度较低，协同组织文化宣传程度更是与用户体验关联性不大，因此，使得企业用户对该指标的期望要求较低。

在信息服务策略协同方面，差值为 – 0.27，协同质量差距相对较小。与之对应，企业用户对该维度指标的实际感知值最高，说明服务手段和服务方式的协同才是跨境电商平台的根本竞争力所在。现实中跨境电商平台在这一方面投入了大量的资金和精力，用以改进平台服务功能，创新服务方式，提升用户体验，取得了较为明显的效果，但从统计结果来看，其仍距离企业用户的期望值存在一定的差距。尤其是在跨平台咨询和可视化信息服务方面，各协同参与主体之间应建立更加紧密的协同合作机制，同时通过更加先进的信息技术手段加强主体之间的链接，提供更具特色且多样化的信息服务形式。

在信息服务协同环境方面，差值为 – 0.34，协同质量差距相对较大。信息服务协同环境是跨境电商信息服务协同模式长效、稳定运行的基础，企业用户也在这方面投入了较大的关注，但现实中跨境电商平台的保障机制并不能达到用户期许。一方面，信息安全事件频繁发生导致用户对协同主体之间信息共享的安全性持怀疑态度；另一方面，协同保障需要多主体的联动和政府的支持，单凭一己之力难以提升协同保障效果，这也对跨境电商信息服务协同模式的科学性和合理性、协同技术水平提出了更高的要求。

3. IPA 分析

IPA（importance-performance analysis）分析法称为重要性——绩效表现分析法，该方法于 1977 年由马蒂拉和詹姆斯（Martilla & James）提出，用于对汽车经销商进行评价，其基本思想是客户对产品或服务的满意度来自其对该产品或服务各属性的重视程度及客户对各属性绩效表现程度的评价（莫祖英等，2021）。本书采用该方法对跨境电商信息服务协同质量维度的重要性和实际感知情况进行综合对比分析，以便发现关键性问题并改进。

具体来看，在进行 IPA 分析时，将企业用户对跨境电商信息服务协同质量的期望值代指为重要程度，记为 X 轴，将企业用户对跨境电商信息服务协同质量的实际感知值代指为表现水平，记为 Y 轴，共形成四个象限。图 7 – 7 和图 7 – 8 分别为跨境电商信息服务协同质量一级指标和二级指标的 IPA 分析。分别取指标感知值均值和期望值均值作为横纵坐标轴刻度线值。经计算，在 IPA 一级指标分析中，横轴刻度线坐标值为 4.18，纵轴刻度线坐标值为 3.86，同理，在 IPA 二级指标分析中，横轴刻度线坐标值也为 4.18，纵轴刻度线坐标值也为 3.86。

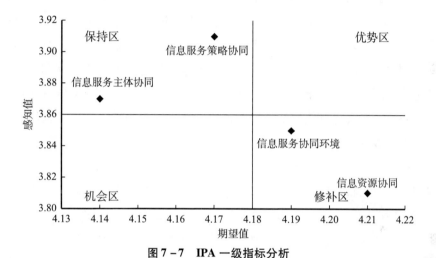

图 7 – 7　IPA 一级指标分析

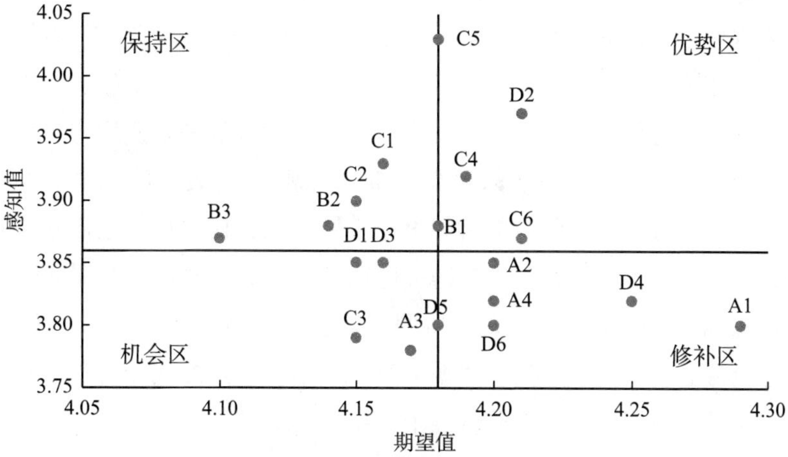

图 7 – 8　IPA 二级指标分析

在 IPA 指标分析中，第一象限属于优势区，是仍需继续努力的区域。该象限是企业用户比较重视、表现水平也相对较强的指标（高期望，高感知），表示从跨境电商企业用户视角来看，他们很注重这方面信息服务的协同，同时对协同主体提供的服务也较为满意，对这第一象限的指标，需要尽量保持。该象限包含跨平台个性化信息服务、可视化信息服务、协同目标规则完备度这三项二级指标。

第二象限属于保持区，是不需要花费太多精力的区域。该象限是企业用户重视度不太高但信息服务协同表现水平较强的指标（低期望，高感知），表示跨境电商企业用户对这些方面没有很强的需求或者期待，但实际上却得到了比较满意的服务。该象限内包含信息服务策略协同和信息服务主体协同两个一级指标，及协同参与主体多样性、协同参与主体信誉度、协同组织文化宣传程度、跨平台检索服务、多语种信息服务及跨平台流程追踪服务六个二级指标。

第三象限属于机会区，低优先级区域。该象限是企业用户不太重视、表现水平也比较低的指标（低期望，低感知），表示跨境电商企业用户对这些方面的协同期望度不高，感受的协同质量也不太强，对于这一象限的指标，协同参与主体应确认企业期望低的具体原因，如果是企业没有认识到这方面协同成效，可以重点加大此方向的宣传，如果确实对这方面的需求较低，可以暂时不做改进。该象限内包含信息资源实时更新同步性、跨平台咨询服务、协同服务人员素质水平、跨平台系统技术兼容性及协同主体内部控制五个二级指标。

第四象限是修补区，需重点改进的区域，该象限是企业用户较为重视但实际感知水平却较低的指标（高期望，低感知），表示跨境电商企业用户非常重视该方面的协同，但协同服务主体并没有提供足以让用户满意的服务，这第一象限的指标是提升跨境电商信息服务协同质量水平重点需要改进的指标，主要包括信息资源协同、信息服务协同环境两个一级指标，及信息资源总量丰富性、信息资源共享性、信息资源格式兼容性、跨平台信息安全性、政府部门外部监管五个二级指标。

7.3.5　协同质量综合评价

1. 指标权重确定

上述分析验证了信息服务协同质量评价指标的合理性，为进一步细化指标体系，增强指标体系的实用性，须对各级指标进行权重赋予，了解各项指标的重要性。

根据服务质量差距模型的思想，跨境电商信息服务协同质量缺口即为企业用户的实际感知值与期望值之差，协同质量缺口值的正负值可以直接反映协同质量水平的高低。然而这种计算方法默认用户对于信息资源协同、信息服务主体协同、信息服务策略协同、信息服务协同环境这四个维度的重视程度是相同的，但在实际应用中，不同企业用户对于信息服务协同效果评价的四个维度的重视程度往往存在差距，用户可能更看重其中的一部分维度。针对这种情况，在制定信息服务协同质量评价指标体系时，必须为每一个维度赋予相应的权重，由此，可以得到加权的协同质量缺口评估公式：

$$SQ = \sum_{j=1}^{4} W_j \sum_{i=1}^{R} W_{ji} (P_i - E_i) \qquad (7-5)$$

其中，SQ 为协同质量缺口值；W_j 为第 j 维度的权重；W_{ji} 为第 i 个问项在第 j 维度的权重；R 为第 j 维度所含的问项数目；P_i 为第 i 个问项的实际感知值；E_i 为第 i 个问项的期望值。

指标权重即指标的重要性程度，也可以看作用户期望程度的一种体现，因此，结合前文专家指标重要性调查结果和企业用户对每个指标的期望值，通过乘积标度法来为各个维度及问项进行赋权，操作步骤如下：

（1）分别计算各专家对指标重要性评判的数据，及企业问卷中各个指标维度的平均期望值（高阳，2010），取专家指标重要性与企业用户指标期望值加和的平均值，即设置专家与企业用户的评分结果各占 50% 的比例，计算总分并根据得分高低进行重要性排序。

（2）将平均期望值最低的维度标度记为1，然后对各个维度进行两两相比，根据指标重要性程度划分指标权重层级，逐级赋权。首先，要明确两个维度 W_1 与 W_2 之间的重要性差异，属于"相同"还是"稍微大"，若两个维度重要性程度"相同"（$W_1:W_2$）=（1:1），则将二者的权重确定为（W_1，W_2）=（0.5，0.5）；若维度 W_1 的重要性程度比维度 W_2 的重要性"稍微大"（$W_1:W_2$）=（1.354:1），则将二者的权重确定为（W_1，W_2）=（1.354/（1+1.354），1/（1+1.354））=（0.58，0.42）；若 W_1 的重要性比 W_2 的重要性比"稍微大"还要"稍微大"（$W_1:W_2$=（1.354×1.354）:1），则将二者的权重确定为（W_1，W_2）=（0.65，0.35）。以此类推，两两对比得出各个维度的权重值。

首先，根据乘积标度法确认评价体系中一级指标的权重，通过计算专家对一级指标重要性和企业用户对各一级指标期望值加和的平均，所得权重计算结果由低到高排列为：信息服务协同环境（4.15）、信息服务策略协同（4.31）、信息服务主体协同（4.45）、信息资源协同（4.56），权重计算过程如表7-10所示。

表7-10 评价体系一级指标权重结果

一级指标	赋权比例关系	权重
信息资源协同	1 * 1.354 * 1.354 * 1.354	0.372
信息服务主体协同	1 * 1.354 * 1.354	0.275
信息服务策略协同	1 * 1.354	0.203
信息服务协同环境	1	0.150

参照一级指标权重计算方法计算二级指标权重，最终得到整个跨境电商信息服务协同质量评价指标体系的权重值，计算结果如表7-11所示。

结合表7-11具体来看，信息资源协同维度是企业最看重的协同维度，该维度权重最高，为0.372。信息资源协同主要包括信息资源总量丰富性、信息资源共享性、信息资源实时更新同步性、信息资源格式兼容性四项二级指标。其中，权重最高的是信息资源总量丰富性，其次是信息资源共享性、信息资源格式兼容性、信息资源实时更新同步性。

表 7-11　　　　　　　　　　　评价体系指标权重结果

一级指标	权重	二级指标	权重
信息资源协同	0.372	A1 信息资源总量丰富性	0.372
		A2 信息资源共享性	0.275
		A3 信息资源实时更新同步性	0.150
		A4 信息资源格式兼容性	0.203
信息服务主体协同	0.275	B1 协同参与主体多样性	0.323
		B2 协同参与主体信誉度	0.438
		B3 协同组织文化宣传程度	0.239
信息服务策略协同	0.203	C1 跨平台检索服务	0.312
		C2 多语种信息服务	0.093
		C3 跨平台咨询服务	0.126
		C4 跨平台个性化信息服务	0.170
		C5 跨平台流程追踪服务	0.231
		C6 可视化信息服务	0.069
信息服务协同环境	0.150	D1 协同服务人员素质水平	0.093
		D2 协同目标规则完备度	0.231
		D3 跨平台系统技术兼容性	0.170
		D4 跨平台信息安全性	0.312
		D5 协同主体内部控制	0.126
		D6 政府部门外部监管	0.069

　　信息服务主体协同维度权重比信息资源协同维度略低，但高于其他两个维度，得分为 0.275，说明企业用户对信息服务主体协同的重视程度相对较高。其二级指标由协同参与主体多样性、协同参与主体信誉度、协同组织文化宣传程度构成，权重从高到低依次是协同参与主体信誉度、协同参与主体多样性和协同组织文化宣传程度，可见信誉在协同中的重要性不容忽视，协同参与主体应继续加强自身信誉建设，提升企业用户满意度。

信息服务策略协同的权重得分为 0.203，略低于信息服务主体协同。信息服务策略协同维度包括跨平台检索服务、多语种信息服务、跨平台咨询服务、跨平台个性化信息服务、跨平台流程追踪服务、可视化信息服务六项指标，其中权重得分最高和最低的分别是跨平台信息检索服务和可视化信息服务。不同种类信息资源和信息服务平台的增多使用户在使用过程中感到不便，跨平台检索服务可以节省企业用户获取信息的时间，将不同平台不同类型的信息以整合方式提供给用户，提升了信息的查全率和查准率，为此，平台应设计开发先进的跨平台检索技术，持续完善用户对跨平台检索系统的体验。此外，可视化是把复杂抽象的数据信息以合适的视觉元素及视角提供给企业用户，方便企业用户决策，但目前关于可视化信息服务的运作模式不是十分完善，很多信息可视化信息服务为了追求形式上的美，忽略了内容为王的原则，因此，在现阶段企业用户并不是特别关注该指标。

信息服务协同环境的权重得分为 0.150，该维度权重最低，其二级指标包括协同服务人员素质水平、协同目标规则完备度、跨平台系统技术兼容性、跨平台信息安全性、协同主体内部控制、政府部门外部监管六项指标，六项指标中跨平台信息安全性这一指标权重最高，达到 0.312，其余指标权重均较低，可见，对企业用户而言，信息安全是企业隐私与利益的重要保障，因此，协同参与主体应协同配合，加大协同网络安全保障能力建设，提升网络安全防护，为企业用户提供全方位的信息服务协同环境，促进协同健康长远发展。

2. 协同质量综合评价结果分析

利用平均分数法，根据构建出的指标权重对企业用户的跨境电商信息服务协同质量水平进行计算。

$$AVSQ = \frac{\sum_{i=1}^{N} SQ}{N} \qquad (7-6)$$

其中，$AVSQ$ 为跨境电商信息服务协同平均质量缺口；N 为参与调查的企业用户数目。若 $AVSQ=0$ 即 $P_i = E_i$，则认为企业用户对于跨境电商信息服务协同质量水平的实际感知值和期望值是一致的，信息服务协同质量水平恰好能满足用户的需求。若 $AVSQ > 0$ 即 $P_i > E_i$，则认为企业用户对于跨境电商信息服务协同质量水平的实际感知值高于期望值，协同质量水平超出用户预期，是信息服务协同需要达到的目标。若 $AVSQ < 0$ 即 $P_i < E_i$，则认为企业用户对于跨境电商信息服务协同质量水平的实际感知值低于期望值，协同质量水平不足以满足用户需求。经计算，本研究样本数据可以得到 $AVSQ = -2.8117 < 0$，即所调研的企业用户对其目前所使用的跨境电商平台在信息服务协同质量体验方面满意度水平较低，还存在较大的提升空间。

7.4 本章小结

本章基于跨境电商信息服务协同创新模式，以服务质量差距模型为基础，从信息服务对象角度出发对跨境电商信息服务协同质量进行评价。首先，在文献研究基础上，初步筛选拟订了用户视角下的跨境电商信息服务协同质量评价指标；其次，通过专家调查法对初步拟订的评价指标进行调整，确定跨境电商信息服务协同质量评价最终指标；再次，进行实证研究，借助问卷调查方式收集数据，利用数理统计分析方法进一步分析企业用户对跨境电商信息服务协同质量的评价情况；最后，运用乘积标度法计算各指标权重并对协同质量进行综合评价。研究结论不仅验证了该评价模型的有效性和实用性，同时也得出现阶段企业用户对跨境电商信息服务协同质量综合评价较低的结论。本章研究结论为后续章节对协同创新模式下跨境电商信息服务协同影响因素探究和信息服务对象视角下跨境电商信息服务协同可持续发展对策建议的提出提供了理论参考。

本章跨境电商信息服务协同质量用户评价模型与前一章节信息服务主体协同度评价模型共同构成协同创新模式下的跨境电商信息服务协同成效评价体系，可以有效测评未来跨境电商信息服务协同创新模式的实施成效。

第8章

协同创新模式下跨境电商信息
服务协同发展影响因素识别

随着社会分工不断细化，外部环境日趋复杂多变，企业用户信息需求的针对性和个性化特点越来越凸显，单一机构所提供的信息服务难以满足跨境电商中小微企业多样化的信息需求，越来越多的信息服务主体也逐渐意识到协同在跨境电商信息服务中的重要作用，将协同理念应用于信息服务活动中，但由前文可知，跨境电商信息服务主体之间的协同度及用户对跨境电商信息服务协同质量评价均较低。作为跨境电商信息服务的新形式，基于信息服务生态系统的跨境电商信息服务协同创新模式汇集了跨境电商平台运营商、跨境电商服务提供商、政府部门等多方主体，模式的有效实施可以提升跨境电商信息服务效率，但由于跨境电商信息服务协同创新模式本身的复杂性和特殊性，不同主体之间信息资源结构和信息服务方式不尽相同，如何充分利用各主体的优势，实现资源的统一整合，提升跨境电商信息服务质量和服务效率，是一个亟待解决的重要课题。对跨境电商信息服务协同发展影响因素进行识别是推进跨境电商信息服务协同创新模式实施的第一步。由此，本章主要基于扎根理论对国内外相关文献、半结构化访谈资料进行文本编码，以更全面详尽地识别影响跨境电商信息服务协同的关键因素，为下一阶段多元主体演化博弈的构建奠定基础。

8.1　信息服务协同发展影响因素探索性研究设计

8.1.1　扎 根 理 论

本章利用扎根理论对跨境电商信息服务协同影响因素进行识别研究探讨。扎根理论由美国学者格拉瑟等（Glaser et al.，1968）于 20 世纪 60 年代在医学领域率先提出，是在问题构想的基础上收集和分析现有数据并逐步提出概念、范畴或通过对问题的假设来选择资料从而形成较为科学的理论（吴毅等，2016）。该方法将传统质性研究与量化研究相结合，建构了一套较为完整的方法论研究体系。也因为其规范化、信度高的特点，逐步成为主流的研究方法。

本书通过借鉴扎根理论的三阶段分析法，选择文献分析和半结构化访谈进行原始资料的收集，之后借助 Nvivo12.0 工具进行开放式编码、主轴式编码和选择式编码对原始资料进行概念化、范畴化处理分析，直至理论达到饱和，如图 8-1 所示。

8.1.2　样 本 选 择

本书收集扎根理论所需原始资料的方法主要有访谈法和文献分析法。为了确保获取样本材料的真实性、全面性、可靠性，研究资料来源以文献资料分析为主、半结构化访谈为辅。

通过在中国知网、Web of Science 及 Elsevier 等中外学术文献收录平台进行文献检索，检索结果显示，目前跨境电商信息服务协同相关研究仍处于初级阶段，可参考文献较少，所以从中获得的原始资料不足以满足基本研究需求。针对这一问题，本书采取降低检索词专指度和"滚雪球"文献

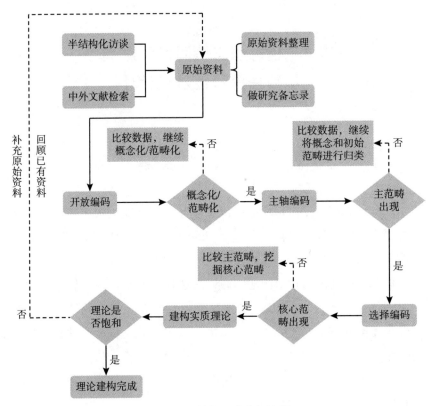

图 8 - 1 扎根理论分析流程

检索法来提高文献查全率。例如，"信息"和"知识"这两个概念之间既相互区别又紧密联系，根据用户具体需求和具体问题的不同，在特定情况下，那些能够直接满足用户需求并解决问题的信息也属于知识范畴。本书中能够为跨境电商企业决策提供解决方案的信息也属于知识的范畴，因此，"知识协同"的相关文献中也含有部分信息协同内容。此外，知识联盟作为一种结构体系，目的是实现知识在不同组织间共享，从而集知识创新、知识整合和知识共享等功能于一体（Bonner et al.，2005），知识联盟可以作为信息服务协同的载体。所以本研究采用"信息服务协同""信息协同""知识协同""知识联盟"等关键词进行检索，并对检索文献的参考文献做进一步的分析。为了防止因为检索概念的替换和叠加导致共振所造成的合成谬误，本研究由两名研究人员对所有检索文献进行全面的人工筛选。结合研究目的，总结出文献选取原则如下。

（1）选取文献的研究背景优先选用跨境电商相关主题。

（2）考虑信息化规模和信息技术发展情况，尽可能选取近十年的研究文献，保证文献的时效性。

（3）对文献质量进行有效筛选，为了规避主观因素对文献筛选的影响，本研究将文献所发表的期刊水平作为判断文献质量的重要标准。

此外，本研究主要通过半结构化访谈方式补充原始数据。访谈时，研究人员与受访者之间围绕访谈提纲进行交流，并根据受访者的回答，准确地捕捉受访者反馈的信息，及时灵活地对访谈内容进行调整，以实现访谈目的（王帮俊、赵雷英，2017）。采访对象选择的基本要求如下。

（1）受访者为跨境电商交易运营商或跨境电商服务提供商、跨境电商平台相关从业者。

（2）受访者的选择除行业背景外不限制年龄、地域、性别和学历，从而避免受访者的特殊性和单一性影响资料采集。

（3）在声明仅用来做学术研究的前提下愿意参与访谈（徐瑞朝、曾一昕，2020）。

在准备访谈提纲时充分考虑到受访主体的多样性，根据主体在信息服务协同中所处的地位与角色将受访主体划分为协同信息服务主体与协同信息服务对象并且分别创设访谈主题，保证访谈的有效性与灵活性。访谈提纲如表 8 - 1 所示。

表 8 - 1　　　　　　　　　　　访谈提纲

访谈对象	访谈主题	主要内容
信息服务协同参与主体（跨境电商服务提供商与跨境电商平台运营商）	基本信息	公司基本情况？信息服务协同概念介绍？
	出口跨境电商信息需求	如何了解出口跨境电商中小微企业需要的信息种类？主要关注哪些方面？
	信息获取渠道	作为信息服务协同参与主体，利用哪些渠道进行信息获取？面临哪些困难？
	信息服务情况	如何对小微企业进行信息服务？有什么改进建议？
	信息服务协同情况	跨境电商信息服务协同情况如何？影响信息服务协同的因素？

访谈对象	访谈主题	主要内容
协同服务对象 （从事中小微出口 跨境电商企业）	基本信息	公司基本情况？信息服务协同概念介绍？
	出口跨境电商信息需求	运营中常需要的出口跨境电商信息？对企业实际运营影响情况？
	信息满足渠道	信息需求产生时利用哪些渠道进行满足？如何选择第三方服务商？
	信息利用情况	跨境电商信息利用情况如何？有什么改进建议？
	信息服务协同看法	对跨境电商服务商、跨境电商平台运营商和政府三方协同看法如何？有何建议？

8.1.3 资料收集

1. 文献资料收集

本研究在获取样本资料的同时，通过持续性比较以及理论抽样，不断对原始资料进行分析与完善。研究文献资料主要从中国知网、WOS、Elsevier 等平台获取，包括国内外期刊、硕博论文、研究专著等形式的文献，经过筛选，共收集 106 份符合要求的文本资料供扎根理论研究使用。

2. 访谈资料收集

在告知受访对象并得到其许可的前提下，本研究对访谈全过程进行录音。访谈结束后及时将语音转化成文本，对个别转化结果进行二次人工听取修正以保证文本的真实有效性，修正后的访谈数据统一按照采访时间与受访对象命名，并以 Word 文件形式存放。本研究共选取了 5 家从事跨境电商出口业务的中小微企业、服务提供商作为访谈对象。受访对象的基本情况如表 8-2 所示，具体包括企业出口年限、企业员工数量、经营产品/服务、合作跨境电商平台及主要目标贸易国等信息。

表 8 − 2　　　　　　　　　　受访对象基本信息汇总表

编号	企业属性	企业出口年限	企业员工数量	性别	职位	经营产品/服务	合作跨境电商平台	主要目标贸易国
1	服务提供商	1 ~ 5 年	1 ~ 50 人	女	行政总监	跨境企业孵化、信息服务	阿里巴巴国际站	美国、欧洲
2	服务提供商	5 ~ 10 年	100 ~ 250 人	男	营销经理	私域平台	阿里巴巴国际站、亚马逊、速卖通等	美国、欧洲、南美洲、非洲、东南亚
3	交易运营商	1 ~ 5 年	1 ~ 50 人	女	运营总监	箱包	阿里巴巴国际站、亚马逊	美国
4	交易运营商	5 ~ 10 年	500 ~ 600 人	男	运营主管	医疗器械等	阿里巴巴国际站、亚马逊	北美、欧洲、日本
5	交易运营商	5 ~ 10 年	1 ~ 50 人	男	运营主管	特种设备	亚马逊	美国

　　本研究共计收集 111 份文本资料（杜志平、区钰贤，2021；马亚男，2008；宋磊，2017；刘琳、王玖河，2022；Barut et al.，2002；姚慧丽等，2020；刘晗，2019；付蛟珑，2021；Gu et al.，2021；Hagemeister，2019；苏佳坤等，2020；杨晓荣、杜荣，2022；Lin et al.，2012；Matić，2017；张瑞，2020；Zhang et al.，2020；Ordaz et al.，2010；金璐，2020；Zhang & Gong，2021；和征等，2022；吕映秀等，2018；岳森等，2021；杨慧瀛、杨宏举，2021；萧裕中，2021）供扎根理论研究使用，具体如表 8 − 3 所示。纳入样本资料 78 份时已达到理论初步饱和，所以将通过"滚雪球"方法再次补充收集的 33 份资料用于后续理论饱和度检验中。

表 8 − 3　　　　　　　　扎根理论采用样本资料统计

资料类型	数量（份）	资料类型	数量（份）
中文期刊	81	外文期刊	19
博硕论文	3	访谈资料	5
专著书籍	3		

8.2 信息服务协同发展影响
因素数据分析与编码

8.2.1 开放式编码

开放式编码通过使用概念和范畴来对原始资料进行标识，并将这些概念和范畴按照一定的逻辑进行集合归类。本研究参照查默兹的开放式编码建议（Charmaz，2006），借助 Nvivo12 工具通过参考点筛选、发展概念和提炼范畴三个环节来完成编码工作（徐瑞朝、曾一昕，2020）。在编码过程中，不同的概念分别用 $A1$，$\cdots$，An 来表示；不同的初始范畴分别用 $B1$，$\cdots$，Bn 来表示。围绕本研究主题框架对文本资料进行逐句的节点选择，获得与主题相关的参考点 347 个，之后通过进一步分析、比较、合并、去重，共计整合得到 118 个初始概念。为了避免偶然性，保持研究的严谨性，又对出现次数少于 2 次的初始概念做进一步的剔除合并，共计获得 105 个初始概念（$A1$，$\cdots$，$A105$）。接下来，再将相近的概念点进行归类，共提取出 30 个初始范畴（$B1$，$\cdots$，$B30$）。开放式编码过程如表 8-4 所示。鉴于访谈资料的原始语句过多，故表 8-4 将选取部分有代表性的语句进行开放式编码展示，并将文件用字母 P 进行编号（$P1$，$\cdots$，$P111$），方便在展示中标注出语句的资料来源。

表 8-4　　　　　　　　　　文本资料的开放性编码

初始范畴	初始概念	原始资料（部分）
B1 信息质量	A1 信息预见性	P2 "跨境电商发展太快了，今天这样变，明天那样变，应该用新的规定去预防这个问题"
	A2 信息系统性	P4 "对信息内容进行有效的编排分组，符合使用习惯，能够更加方便找到想要的信息"

续表

初始范畴	初始概念	原始资料（部分）
B1 信息质量	A3 信息关联性	P30 "国际市场信息零散，难以满足跨境电商系统化的信息"
	A4 信息时效性	P2 "毕竟我是做 B 端品牌的，可能一件商品成为飙升品、热卖品，但马上就会过时，因为这个产品是从 C 端先火起来，然后才火到 B 端，等统计数据出来的时候，这个数据已经具有一定的滞后性了"
	A5 信息完整性	P44 "其发布信息不够完整，供应链的效率因此受到影响"
	A6 信息共享性	P35 "提升知识的共享效率和有效利用率，进而增加知识共享创造的收益"
	A7 信息延展性	P77 "In this section, we develop the measure, the degree to which a firm is "coupled" within its supply chain. To do this, we describe two indicators: information extent (IE) and information intensity (Ⅱ). IE describes how deep into the network (in either direction of customers or suppliers) that information is used"
	A8 信息真实性	P5 "故意隐瞒某些不利于自己的信息"
	A9 信息价值性	P28 "信息服务存在重复转发、缺乏深度分析和挖掘等资源浪费现象"
	A10 信息权威性	P29 "在上述以政府主导型的信息资源服务体系中，因政府或相关职能部门的参与度较高，所以其提供的信息有保障"
	A11 信息重复性	P37 "再加上参与用户分享的知识存在大量知识的冗余，这些情况必须尽早地解决"
B2 信息存量	A12 信息系统规模	P6 "组织间信息系统连接的参与者越多，系统的拓扑结构越复杂，系统中的信息容量和信息处理能力越大，就意味着组织间信息系统的规模越大"
	A13 知识资源量	P41 "企业进行创新活动的本质就是知识转移、融合与创造，只有积累足够的知识资源，才能进行持续性的创新活动，最终实现创新目标"
B3 信息异质性	A14 信息差异化	P76 "当然跨境电商平台也存在一些需要多加努力的方面，它无法顾及各国不同的政策带来的信息差异"
	A15 知识互补性	P41 "据自身知识储备情况，互补式地获取外部知识，从而使整个创新知识结构更加合理"

初始范畴	初始概念	原始资料（部分）
B4 信息标准化	A16 信息语义描述标准化	P26 "跨境物流信息语义和信息描述标准，包括物流术语、钱票收据、应用条码等物流软件标准和物流信息基础属性管理标准，保证跨境信息资源标识具有唯一性"
	A17 信息格式标准化	P19 "Another type is to reduce information sources by standardizing information formats so that rapid decisions and responsive actions can be made"
	A18 知识兼容性标准	P18 "Another aspect is the compatibility of the new knowledge acquired with the production factors and processes within an organization. The more compatible the new knowledge is with the production processes, the greater the value"
B5 信息共享能力	A19 主体知识创新潜力	P7 "创新能力是对知识联盟、知识创新发展潜力的描述，可利用知识联盟研发投入产出判别"
	A20 主体知识传递能力	P41 "知识的转移是一个动态的过程，主要是企业之间进行知识资源的传递"
	A21 信息接口容量	P38 "进行跨组织项目合作知识共享能够弥补内部知识创造能力有限的缺陷，扩大项目的知识接口"
B6 信息吸收能力	A22 主体学习能力	P5 "学习能力也是影响技术知识共享效果的关键因素之一"
	A23 信息整合能力	P38 "企业信息生态系统信息协同的核心要素，包括信息整合能力、组织结构和资源协调配置"
	A24 信息处理能力	P19 "It improves sensing and information processing capabilities so that firms can deal with unforeseen events rapidly, and compete successfully in the changing environment"
B7 信息转化服务能力	A25 信息服务主体分工	P56 "是由于产业链成员间缺乏基于信息协同的有序分工与同步协作，有效发挥信息协同的作用势必变革现有跨境电商产业链结构"
	A26 信息赋能水平	P54 "虚拟社区中的知识共享内容可以转化为监控跨境电商服务质量的有效信息流"
	A27 主体信息服务水平	P31 "提升其在信息化服务上的质量能够吸引更多企业和个人通过跨境电商完成交易"

续表

初始范畴	初始概念	原始资料（部分）
B8 主体间协同动机认知	A28 信息服务需求差异	P28 "信息服务对象单一，难以满足不同参与主体的信息服务需求"
	A29 外部资源依赖	P56 "产生信息协同需求是整个信息协同行为的起点，源于个体自身能力无法满足所追求的目标时，必然产生借助外部资源的动机"
	A30 协同参与意识	P35 "树立共享的意识并积极参与知识共享活动，与企业共同合作创造更多的价值"
B9 主体协同意愿认知	A31 主体重视程度	P29 "部分专门提供跨境电商信息的机构也并非以信息服务为运营的重点，同样不能为跨境电商贸易企业提供有针对性、可利用的信息资源及便捷的信息服务"
	A32 协同主动性	P2 "个别地方政府可能主动性上也会差一些"
	A33 知识共享意愿	P22 "In sum, to figure out what could possibly affect employees' personal intention to share their knowledge is the very preliminary step of a successful strategy for KM within the organizational settings"
B10 协同价值观认知	A34 价值观一致性	P10 "altruism significantly influence individuals' knowledge-sharing attitude"
	A35 职业价值观	P10 "empowering leadership, sense of self-worth" P3 "广东这边政府是有服务态度来服务企业，他们真正能做到就是人民公仆这四个字"
B11 协同主体间信任关系认知	A36 情感信任	P62 "情感信任的双方往往容易受到情感上的束缚和羁绊"
	A37 认知信任	P62 "认知信任有助于帮助知识获取方确定知识贡献方的知识数量"
	A38 信任程度	P23 "the levels of trust and trustworthiness in the supply chain and supplier's capability to determine the optimal production quantity affect the efficacy of forecast sharing and the resulting profits"
	A39 良性互动关系	P41 "密切的互动关系可使系统元素之间减少沟通壁垒，使信息共享顺利进行，降低元素间知识转移的成本及竞争"
	A40 提高主体竞争力	P3 "跟着竞争者一起合作联合来提高竞争力，所以提高竞争力倒逼他们进行合作"

初始范畴	初始概念	原始资料（部分）
B12 协同战略目标认知	*A41* 协同目标一致性	*P56* "借助信息传递与信息共享的功能达到组织间、部门间信息的共知，基于企业期望实现的共同目标"
	A42 提高主体创新水平	*P8* "Sin embargo, a pesar del esfuerzo realizado, la cuestión de cómo las organizaciones pueden fomentar y facilitar que sus miembros compartan lo que saben con el fin de mejorar la innovación y el desempeño organizativo, sigue constituyendo un reto para la investigación"
	A43 决策者战略目标	*P2* "你得考虑老板的具体的战略方向"
B13 内部风险感知	*A44* 管理风险	*P7* "管理风险的控制可以采取规范契约、建立科学的激励协同运行机制和管理机制等措施予以规避或防范"
	A45 利益分配风险	*P7* "知识联盟中利益分配阶段经济利益分配不公的风险就不可避免，可以通过规避、遏制、分担等方式来防范风险"
	A46 战略风险	*P26* "信息协同受不同国家文化、制度、法律、技术标准差异等影响，会导致信息标准制定、信息资源整合和利用等战略实施上存在误差"
B14 外部风险感知	*A47* 知识共享不足风险	*P5* "知识共享的情景特征是知识联盟组织间技术知识共享过程中知识共享不足风险产生的另一个重要影响因素"
	A48 信息传递风险	*P36* "由于信息传递不够顺畅而导致长鞭效应的产生，降低了供应链的整体效率"
	A49 技术风险	*P7* "知识联盟激励协同运作生命周期的各个阶段都存在着技术风险因素"
	A50 信用风险	*P45* "众所周知，跨境电商存在一定的风险，而风险很大程度上来源于信用问题，征信体系存在的漏洞给跨境电商的发展造成了一定的阻碍"
	A51 隐私信息泄露风险	*P23* "his private information on the disrupted demand with his partner"
	A52 主体关联风险	*P26* "联盟企业的资源依赖性与关联风险呈负相关，而关联风险与联盟企业运作绩效则呈正相关"
	A53 市场风险	*P7* "为了避免市场风险的发生，可以采取规避、分散等措施来控制风险"

续表

初始范畴	初始概念	原始资料（部分）
B15 知识产权风险感知	A54 盗用知识产权	P4 "窃取知识产权这方面其实是企业现在比较头疼的一个问题"
	A55 知识产权冲突	P7 "加剧合作伙伴间知识产权冲突"
B16 协同显性收益预期	A56 降本增效	P3 "协同帮助提高效率，降低成本和减少交易费用，做企业无非就是增效降本"
	A57 直接经济效益	P26 "其所创造的收益有显性收益（例如，将信息转化为直接的经济价值）"
	A58 协同增效收益	P38 "协同增效收益是因为参与方选择项目知识共享行为，获得'1＋1＞2'增效收益"
B17 协同隐性收益预期	A59 加深合作意愿	P7 "联盟成员在合作中发觉彼此合作非常成功进而产生再次合作或双方长久合作的意愿，可用'合作满意度'判别"
	A60 提高运作效率	P26 "通过信息协同提高了跨境物流运作效率，提升企业的商誉"
	A61 提升主体竞争力	P7 "企业也需要通过信息协同来增强自身的竞争能力"
	A62 提升主体声誉	P38 "从共享主体角度，声誉和互惠是内部动机最主要的影响参数"
B18 投机收益预期	A63 投机获利	P2 "多数情况不用分享自身信息，可以通过互联网等渠道利用他人公开信息"
	A64 协同互惠	P38 "从共享主体角度，声誉和互惠是内部动机最主要的影响参数"
B19 协同收益分配预期	A65 协同收益分配合理性	P14 "If there is no proper mechanism to coordinate interests, it may generate disproportionate benefits and investment, and some member companies are reluctant to participate in information exchange"
	A66 收益分配制度	P38 "评估并完善收益分配制度，稳固双方合作基础"
	A67 收益共享协议	P26 "收益共享协议在一定条件下会提高联盟成员的积极性"
B20 协同成本预期	A68 运行维护成本	P28 "信息服务运维成本高，跨境电子商务信息服务质量和使用效率比较低"
	A69 协同时空成本	P38 "降低知识共享的空间与时间成本"
		P22 "time plays an important role since the interaction between two people in the past can have an effect on people's current interaction behavior"

初始范畴	初始概念	原始资料（部分）
B20 协同成本预期	A70 机会成本	P37 "所产生的机会成本则是指由于没有足够的经验或积分去兑换平台给予的实物奖励所造成的损失"
	A71 信息转移成本	P5 "降低知识转移成本，增加知识流动的速度，促进联盟成员间的学习和技术知识共享"
	A72 信息检索成本	P29 "国内尚缺乏较为科学、完善的信息资源服务体系帮助企业解决跨境电商交易中的信息搜索成本太高的问题"
B21 外部激励驱动	A73 激励机制	P7 "单靠信息技术共享平台不足以驱动知识主体为了共同目标竭尽全力，还必须制定有效的激励机制"
	A74 政府补助	P2 "政府方面肯定是能给到我们一些补助"
	A75 政府奖励	P60 "政府也可以通过把控交流信息，掌握当前跨境电商行业遇到的问题，并给予相关政策支持和资金支持"
	A76 政策支持	P28 "政府也可以通过把控交流信息，掌握当前跨境电商行业遇到的问题，并给予相关政策支持和资金支持"
B22 内部激励驱动	A77 主体间合作协议	P57 "创新生态系统的核心企业为了整合系统内的优势资源，会与合作伙伴签订协议，开展深度合作并达成合作协议"
	A78 主体间协同激励	P14 "most of them first establish a specific agency relationship and then propose a mechanism to encourage information exchange"
B23 逆向激励驱动	A79 外部压力	P43 "可感知的外部压力、政策法律的支持程度是影响的主要因素"
	A80 惩罚机制	P57 "并且通过设置足够大的违约罚金来抑制供应商的投机行为"
	A81 约束因素	P38 "关于跨组织项目合作知识共享行为影响因素的研究集中在激励与约束……"
B24 政策法规	A82 信息规章制度	P6 "信息规章是一定的组织团体根据法律的、行政的授权而制定的有关信息交流及其管理的约束人们行为的规程、制度和条款，是具体管理活动的基本要求和处理方法"
	A83 信息政策	P6 "信息政策的基本功能是一种指导和协调作用，而不是一种指令和规范作用"
	A84 信息法律法规	P58 "法律法规是指国家和各相关单位制定的有关信息安全的法律法规，在跨境电子商务的信息对接过程中，会出现交接信息与各个国家法律冲突的情况，以及信息交接不清楚、理解错误问题"

续表

初始范畴	初始概念	原始资料（部分）
B25 监管环境	A85 流程监管	P56 "如对流程运行的关键节点设置标准参数以监督业务状态；面对服务流程在某些环节出现隐患与风险的应对机制"
	A86 市场监管	P60 "政府要监督保障跨境电商体系规范运行，各部门要各司其职加强监督，使跨境电商市场有序协同发展"
B26 协同人才资源保障	A87 职业技能培训	P3 "针对这种没有经验的大学生，实际上是需要职业技能培训的"
	A88 专项人才培养	P29 "跨境电商信息资源服务体系的构建与完善，急需大量跨境电商专项人才"
	A89 校企合作	P3 "接下来我要解决人才的问题，我们希望跟高校合作"
B27 信息服务协同组织保障	A90 组织结构优化	P41 "生态系统内元素之间具有更加合理的组织结构，那么元素之间可顺利构建起紧密的合作关系，知识转移、重组、融合的效率可大大提高"
	A91 组织文化	P78 "和谐、共赢的社会文化氛围有利于组织间组建各种形式的联盟，联盟组织成员为了更好地维护组织间的关系而建立组织间信息系统"
	A92 集约化组织模式	P56 "未来对信息协同的追求将驱动跨境电商供应链组织向更为集约化的方向发展"
B28 信息服务协同安全保障	A93 信息隐私保护	P30 "跨境电商信息服务生态系统环境因子间的飞速发展会带来信息污染、信息隐私等问题，因此，需要相应的信息制度对此约束，为生态系统健康发展提供可靠保障"
	A94 信息安全管理	P58 "传统的信息安全管理主要依赖于技术而忽略人在信息安全管理中的作用，以及以人为对象的信息安全管理的重要性"
	A95 信息网络安全	P44 "协同会涉及货品在流通时面临海关、检验、退税等问题，从而存在供应链中信息的不稳定以及网络环境信息的不安全性"
B29 信息服务协同技术保障	A96 信息技术标准兼容性	P43 "需要更多的时间与原有技术相融合，这就涉及了技术的兼容性"
	A97 新兴信息技术应用	P14 "Cloud Computing and 5G Internet of Things" P36 "出口商品备货的种类、数量及备货周期主要依赖于大数据分析"

初始范畴	初始概念	原始资料（部分）
B29 信息服务协同技术保障	A98 信息技术完善	P29 "企业解决跨境电商交易中的信息资源不足、信息技术不完善等问题"
	A99 信息软件基础	P6 "社会信息化环境对组织间信息系统也存在较大的影响和制约，例如，城域网、宽带、电子政务（政府信息化）、电子银行、电子货币、电子商务平台"
	A100 信息硬件基础	P53 "即物流信息化及其三个分指标，分别为物流信息化基础设施投入"
B30 信息服务协同平台	A101 综合信息服务平台	P32 "相关部门要建立跨境信息服务平台，运用综合服务体系，以便为跨境企业开展电商业务提供优质的服务"
	A102 政府主导型平台搭建	P3 "政府是搭建平台的，真正唱戏的主角是企业"
	A103 平台规则明晰	P2 "我们如何在这个电商平台中利用好平台规则"
	A104 平台功能完备性	P48 "任何一项服务质效的提升，与该项服务所在平台功能的完备性和运作的灵活性是分不开的"
	A105 平台运作灵活性	P48 "任何一项服务质效的提升，与该项服务所在平台功能的完备性和运作的灵活性是分不开的"

8.2.2　主轴式编码

经过开放式编码过程的归类与汇总，提炼出信息质量、信息数量、信息异质性、信息标准化、协同主体间信任关系、协同人才资源保障、信息服务协同平台等 30 个初始范畴。主轴编码阶段主要是在开放式编码基础上发现和建立初始范畴之间的各种联系，并继续对开放式编码结果进行提炼总结形成主范畴，利用主范畴与初始范畴之间天然的子父类关系，将初始范畴尽可能地往对应的主范畴下聚集，从而提炼出更高层次、更具抽象化的范畴维度。用字母 C 表示主范畴，最终形成了协同信息特性、协同主体能力、协同主体认知、协同风险感知、协同收益预期、协同成本预期、协同激励驱动、协同保障环境这 8 个主范畴（C1，…，C8）。主轴编码信息如表 8-5 所示。

表 8 - 5　　　　　　　　　　　　主轴编码信息

主范畴	初始范畴	范畴内涵
C1 协同信息特性	B1 信息质量	信息服务协同中所能利用的信息品质对用户需求满足的程度
	B2 信息存量	信息服务协同中所能利用的信息资源总量
	B3 信息异质性	信息服务协同中所能利用的各方信息的差异与互补性
	B4 信息标准化	信息服务协同中信息获取、传递、存储、加工等各环节的规则及规范
C2 协同主体能力	B5 信息共享能力	协同主体将拥有信息向其他协同主体共享的能力
	B6 信息吸收能力	协同主体对其他协同主体分享的信息进行吸收的能力
	B7 信息转化服务能力	协同主体将所获取的信息内化为提升自身服务的能力
C3 协同主体认知	B8 主体间协同需求认知	各主体对激发信息服务协同的资源需求与依赖的认知
	B9 主体协同意愿认知	各主体对完成协同目标而互相配合协作的主观心态认知
	B10 协同价值观认知	各主体对信息服务协同参与价值取向的认知
	B11 协同主体间信任	各主体对彼此之间可信赖程度的认知
	B12 协同战略目标认知	各主体对战略经营活动发展方向的认知
C4 协同风险感知	B13 内部风险感知	各主体对参与协同时内部可能面临不确定性的感知
	B14 外部风险感知	各主体对参与协同时外部可能面临不确定性的感知
	B15 知识产权风险感知	各主体对参与协同时可能面临由知识产权带来的不确定性的感知
C5 协同收益预期	B16 协同显性收益预期	各主体对因信息服务协同所创造的物质收益、直接经济收益等的显性收益预期
	B17 协同隐性收益预期	各主体对因信息服务协同所创造的行业声誉、行业地位等的隐性收益预期
	B18 投机收益预期	未参与信息服务协同的一方从参与信息服务协同方获得收益的预期
	B19 协同收益分配预期	对信息服务协同收益总额进行分配的预期
C6 协同成本预期	B20 协同成本预期	各主体对因信息服务协同所投入生产要素的预期

续表

主范畴	初始范畴	范畴内涵
C7 协同激励驱动	B21 外部激励驱动	为鼓励各主体积极参与信息服务协同的激励诱因源来自激励主体外部
	B22 内部激励驱动	为鼓励各主体积极参与信息服务协同的激励诱因源来自激励主体内部
	B23 逆向激励驱动	为鼓励各主体积极参与信息服务协同而施加的反向刺激，如惩罚、约束等
C8 协同保障环境	B24 政策法规	可以直接或间接影响主体信息服务协同的政策、法规等方面因素
	B25 监管环境	在信息服务协同中政府发挥监管作用所营造的环境
	B26 协同人才资源保障	为保障信息服务协同正常运行要求参与人员所具备的知识、技能、品质等要求
	B27 信息服务协同组织保障	为保障信息服务协同正常运行所采取的组织措施
	B28 信息服务协同安全保障	保障信息服务协同中各参与主体基本信息安全的条件
	B29 信息服务协同技术保障	保障信息服务协同正常和高效运行的技术手段与方法
	B30 信息服务协同平台	为保障信息服务协同正常运行提供支撑的综合服务平台

8.2.3　选择式编码

选择式编码是对主轴编码阶段所形成的主范畴进一步处理，在此基础上识别并确定可以统领所有主范畴的核心范畴，并且逐个梳理出主范畴和核心范畴之间的关系。各主范畴在一定程度上服务于核心范畴，核心范畴可以直接反映研究目的，所以通常对核心范畴的识别需要符合以下特征：（1）反复重现性，核心范畴在编码过程中通常反复多次出现；（2）关联中心性，核心范畴与各个主范畴都相互关联，并且在所有范畴中处于绝对中心地位；（3）系统统筹性，核心范畴在逻辑上是概念、范畴的系统性提炼，能够充分统筹研究中的范畴。

　　本研究采用扎根理论中传统的自下而上编码方式，通过上述编码过程与原始资料的回顾，对 8 个主范畴反复研究、比较和分析。最终提炼出"跨境电商信息服务协同影响因素"为该扎根理论模型的核心范畴，并梳理出了核心范畴与各主范畴之间的关系。选择式编码关系结构如表 8 - 6 所示。

表 8 - 6　　　　　　　　　　　选择式编码关系结构

核心类属	典型关系结构	关系结构的内涵
跨境电商信息服务协同影响因素	协同信息特性→信息服务协同	协同信息特性所包含的信息质量、信息存量、信息异质性以及信息标准化都是跨境电商信息服务协同影响因素，对跨境电商信息服务协同起到正向影响
	协同主体能力→信息服务协同	协同主体能力所包含的协同主体的信息吸收能力、信息共享能力、信息服务转化能力都是跨境电商信息服务协同影响因素，对跨境电商信息服务协同起到正向影响
	协同主体认知→信息服务协同	协同主体认知所包含的协同主体对主体间协同需求、主体协同意愿、协同价值观、协同主体间信任关系以及对协同战略目标的认知都是跨境电商信息服务协同影响因素，对跨境电商信息服务协同起到正向影响
	协同风险感知→信息服务协同	协同风险感知所包含的协同主体对内部风险、外部风险、知识产权风险的感知都是跨境电商信息服务协同影响因素，对跨境电商信息服务协同起到负向影响
	协同收益预期→信息服务协同	协同收益预期所包含的协同主体对协同显性收益、协同隐性收益、投机收益、协同收益分配的预期都是跨境电商信息服务协同影响因素，对跨境电商信息服务协同起到正向影响
	协同成本预期→信息服务协同	成本预期所包含的协同主体对协同成本的预期是跨境电商信息服务协同影响因素，对跨境电商信息服务协同起到负向影响
	协同激励驱动→信息服务协同	成本激励驱动所包含的协同主体对外部激励、内部激励、逆向激励的驱动都是跨境电商信息服务协同影响因素，对跨境电商信息服务协同起到正向影响
	协同保障环境→信息服务协同	协同保障环境所包含的政策法规、监管环境、协同人才资源保障、信息服务协同组织保障、信息服务协同信息安全保障、信息服务协同技术保障、信息服务协同平台都是跨境电商信息服务协同影响因素，对跨境电商信息服务协同起到正向影响

8.2.4 理论饱和度检验

理论饱和度是指将原始材料中的概念、范畴已经全部提取完毕，即使后期再增加原始材料也不会再出现新的概念和范畴。本研究检验理论饱和度的步骤如下：选择前期预留的33份原始资料作为检验样本，为了避免人工因素影响检验结果，邀请课题小组的其他成员根据本研究的目的利用Nvivo12.0工具对检验样本进行再编码，待再编码完成后，将概念和范畴作为检验标准与原有编码结果进行对照检验，如果发现在编码中出现新的概念、范畴则说明理论未饱和，需要对原有编码结果进行补充、调整；如果未出现新的概念和范畴，则说明理论饱和。本研究对检验资料进行开放式编码、主轴式编码和选择式编码后确认没有新范畴出现，同时每个主范畴下也没有出现新的概念，说明本研究基于扎根研究的概念、范畴提取已达到理论饱和。

结合扎根过程，得到各主范畴编码参考点的比例情况，如图8-2所示，在一定程度上反映了各因素对信息服务协同的影响强度。

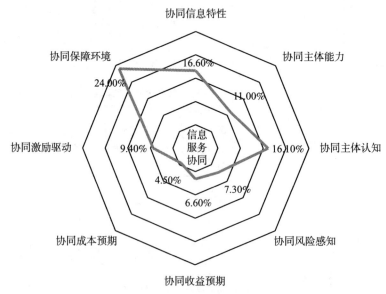

图8-2　主范畴编码占比

8.3　跨境电商信息服务协同
发展影响因素理论模型

根据上述扎根理论建构出跨境电商信息服务协同影响因素理论模型，如图 8 - 3 所示。下面将对其进行具体阐述。

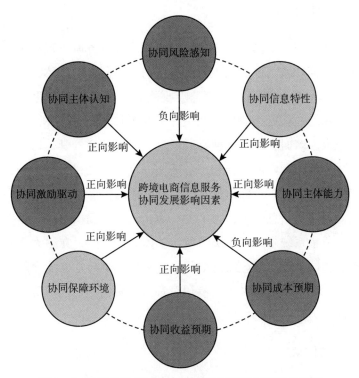

图 8 - 3　跨境电商信息服务协同发展影响因素理论模型

1. 协同信息特性

协同信息特性是信息在现实中所表现出来的与其他事物有所不同的性质及特点（张辑哲，2007）。在跨境电商背景下，协同信息特性指的是信息服务协同对象在信息服务协同中主动接收或被动接触到的相关信息所具备的信息质量、信息数量和信息标准化等属性的集合体。相较于传统贸易信息，跨境电商作为诞生于泛网络环境下的贸易方式，其信息具有移动化、碎片化等特性，其裂变式的传播方式也为跨境电商信息的甄别带来了新的挑战。所以，正确而深刻地认识协同信息特性是信息时代下跨境电商信息服务协同的理性前提与基础。经过编码数据分析发现，协同信息特性的编码参考点占比为16.6%，受访群体和已有研究均认为协同信息特性对跨境电商信息服务协同行为具有正向影响。

2. 协同主体能力

协同主体能力是协同主体完成协同目标或者任务所体现出来的相关能力。在跨境电商背景下，协同主体能力指的是协同参与主体在信息服务协同中所具备的信息共享能力、信息吸收能力、信息服务转化能力三个范畴。各协同参与主体既为信息接收主体，又为信息分享主体。一方面，当其作为信息共享者时，可将其拥有的信息更好地传递给其他协同主体，使得各主体更好地互相学习、转化，形成协同良性循环；另一方面，当其作为信息吸收者时，可以更好地将共享者所传播的信息合理地内化为自己的知识，提高自身的信息含量，为了更好地转化服务提供基础。所以在互联网环境这一复杂系统中，每个协同参与主体的协同能力在很大程度上影响着信息服务协同整体效能。经过编码分析发现，协同主体能力的编码参考点占比为11.0%，受访群体和已有研究都认为协同主体能力对跨境电商信息服务协同行为具有正向影响。

3. 协同主体认知

认知是主体对客体的观念反映，是在主体大脑中以观念的形式再现客体，从而形成对客体观念性的东西，它在一定程度上影响着主体的行为（黄文华、黄见德，1991）。在本研究中跨境电商平台运营商、跨境电商服务提供商、政府部门三方都可以作为协同主体，并且站在自身角度对主体信息需求、主体信息服务协同意愿、协同主体间信任关系等方面形成自我认知，进而影响协同策略选择。经过前期编码数据分析发现，协同主体认知的编码参考点占比为 16.1%，受访群体和已有研究均认为协同主体认知对跨境电商信息服务协同行为具有正向影响。

4. 协同风险感知

风险感知，简单来说就是决策主体依据其所处内外环境及其对于这种环境所存在风险的主观性感知。风险感知是决策主体所处外在环境与其内在心理共同作用的结果（王庆喜、严浩坤，2003）。与传统的营商环境相比，跨境电商充满了更多风险与不确定性，并且有限理性、趋利避害更符合运营主体的决策行为特征，因此，所感知的内外部风险对各协同主体信息服务协同行为的选择十分重要。知识产权风险是指在协同过程中信息投入方对自身信息泄露而导致的相关知识产权被非法侵犯的理性感知，特别是跨境电商行业涉及国家较广，并且各国对知识产权的认定流程与标准存在一定差异，在实际经营过程中经常会出现不法分子利用各国知识产权衔接漏洞对企业进行勒索与恐吓的情况，严重影响了跨境电商整个行业的良性发展。所以本研究将知识产权风险作为单独范畴进行分类研究。经过前期编码数据分析发现，风险感知的编码参考点占比为 7.3%，受访群体和已有研究均认为协同风险感知对跨境电商信息服务协同行为具有负向影响。

5. 协同收益预期

协同收益预期作为影响协同主体行为的重要因素，是行为主体对协同决策所能带来的总收益的整体预期。在跨境电商背景下，收益预期指的是协同参与主体对信息服务协同预期所产生的显性收益、隐性收益、收益分配以及投机收益的预期。跨境电商平台运营商、跨境电商服务提供商作为商业主体天然具有逐利性，而口碑与政绩对于政府这一特殊协同主体来说也属于收益范畴。所以收益预期是各协同主体都需要考虑的内容。经过前期编码数据分析发现，收益预期的编码参考点占比为 6.6%，受访群体和已有研究均认为协同收益预期对跨境电商信息服务协同行为具有正向影响。

6. 协同成本预期

协同成本预期是评估协同价值必不可少的因素。在本研究中，成本预期是指信息服务协同主体为了实现信息服务协同对所需投入成本的预期。各协同主体的信息服务协同行为是在成本预期的基础上，综合权衡后做出的相对理性的决策方案。这里的成本不仅包括协同主体参与信息服务协同所涉及的时间、金钱、人力等成本，还包括各协同参与主体的成本共担情况。经过前期编码数据分析发现，成本预期的编码参考点占比为4.5%，受访群体和已有研究均认为协同成本预期对跨境电商信息服务协同行为具有负向影响。

7. 协同激励驱动

协同激励是一种促使个体专注于实现目标的手段，而激励驱动也历来被视为个体行为动力的源泉，在社会学、心理学等学科被广泛研究。在跨境电商信息服务协同中跨境电商平台运营商、跨境电商服务提供商两方协同主体常常会在激励驱动的影响下来调整自身的协同行为选择。而政府在激励环节大多扮演着激励发起者的角色，但另外两方受激励影响的程度对政府适时改进激励手段也是非常重要的。波特和劳勒（Porter & Lawler，1969）在期望激励理论基础上，将激励划分为内部激励和外部激励。本研究在此基础上又考虑到惩罚与监管等约束方式对主体行为选择也有较大影响意义，所以又加入逆向激励驱动因子来充分反映真实环境下激励的情况。经过前期编码数据分析发现，激励驱动的编码参考点占比为9.4%，受访群体和已有研究均认为协同激励驱动对跨境电商信息服务协同行为具有正向影响。

8. 协同保障环境

协同保障环境是指为了抑制信息孤岛、提升整体信息服务保障能力而创设的一种环境。广义的协同保障环境包括人文环境、政策环境和技术环境。狭义的协同保障环境单指保障协同顺利实施的技术环境、制度环境等（史新等，2007）。本研究将广义协同保障环境作为主范畴，具体包括政策法规、协同人才资源保障、信息服务协同组织保障、信息服务协同平台以及信息服务协同技术保障等初始范畴。经过前期编码数据分析发现，协同保障环境的编码参考点占比达到 24.0%，受访群体和已有研究均认为协同保障环境对跨境电商信息服务协同行为具有正向影响。

8.4　本 章 小 结

　　识别跨境电商信息服务协同影响因素是推进跨境电商信息服务协同创新模式实施的第一步。本章在现有研究成果的基础上，运用扎根理论对跨境电商信息服务协同影响因素进行探索性研究，通过对国内外文献及半结构化访谈资料进行文本编码，获得跨境电商信息服务协同影响因素的各级范畴，进而构建跨境电商信息服务协同影响因素模型，具体影响因素包括协同信息特性、协同主体能力、协同主体认知、协同风险感知、协同收益预期、协同成本预期、协同激励驱动、协同保障环境。本章协同影响因素的研究是后续跨境电商信息服务协同演化博弈收益支付矩阵建立的基础。

第 9 章

协同创新模式下跨境电商信息
服务协同发展演化博弈分析

由前文研究可知，跨境电商信息服务协同创新模式是一个涉及跨境电商平台运营商、跨境电商服务提供商和政府部门等多元主体参与的新型协同模式。基于第 8 章对跨境电商信息服务协同发展影响因素的识别与分析，本章通过演化博弈收益支付矩阵的构建将跨境电商平台运营商、跨境电商服务提供商、政府部门作为平等的利益相关者统一到同一个演化博弈分析框架之下，以信息服务为研究内容，构建跨境电商信息服务协同演化博弈模型，着重分析三方主体的行为选择演化路径及影响三方主体协同行为选择的关键因素。以演化博弈论为基础的研究范式在解决主体复杂问题上具有天然优势，可以较好地兼顾到跨境电商信息服务协同中不同信息服务主体在协同过程中的复杂竞合关系。因此，本章在演化博弈分析的基础上探究关键因素对跨境电商信息服务主体协同策略选择的影响，对于找寻协同创新模式下跨境电商信息服务协同发展影响因素，引导信息服务协同主体有效决策，促进跨境电商信息服务协同创新模式落地和可持续发展具有重要意义。

9.1 演化博弈理论模型

9.1.1 基本概念

博弈论，也称为"对策论"，用来研究特定条件下不同主体根据对方策略调整自身策略，最终达到均衡的决策优化方式。传统博弈论研究中假设博弈主体是完全理性的，但这一假设与实际情况有所出入，现实生活中由于认知局限性，博弈主体难以做到完全理性，为了解决这一问题，演化博弈论概念出现。

演化博弈论是传统博弈论和生物进化论相结合所产生的动态博弈理论，整合了生物学与理性经济学的思想。1973 年，史密斯和布莱斯（Smith & Price）发表了《动物冲突的逻辑》（The logic of animal conflict）一文，首先，将进化思想应用到传统博弈论中，开辟了演化博弈的先河。演化博弈剔除了完全理性这一假设，强调经济人都是有限理性的，经济人通过不断试错达到博弈均衡，更符合实际情况。在演化博弈中，受有限理性影响，博弈主体很难在首次博弈中找到最优策略，因此，需要反复进行试错，每次博弈试错后都会根据对方的策略调整自身策略，直到达到最终均衡为止，这也是演化博弈的核心内容。综上所述，演化博弈具有以下特点：首先，演化博弈假设主体是有限理性的，即不同博弈主体对信息的获取吸收能力有所差异，难以全面了解信息，因此，无法迅速做出最优决策，需要不断模仿学习。其次，演化博弈由于融入了进化思想，因此，博弈过程是动态的，且演化过程较为复杂，群体中的个体行为会不断发生变化。最后，演化博弈主要关注群体行为，与传统博弈主要关注个体行为有所差异。

9.1.2　核心要素

演化博弈有两大核心要素。一是演化稳定策略（evolutionarily stable strategy，ESS），它指在动态演化过程中，博弈主体会反复试错、学习、适应、调整选择，只有经过多次博弈后，稳定策略才会形成，且稳定策略形成后，微小个体的策略变动不会对整体策略稳定性产生影响。二是复制动态方程。泰勒和琼克（Taylor & Jonker）于 1978 年提出复制动态方程这一概念，其认为生态系统中具有不同种群，并将每一种群的策略选择用固定的方程式进行表示。复制动态方程的本质是能获得更大收益的选择策略会被群体中的多数个体所使用，反映了随时间推移，某一策略在群体中被使用的频次变化情况。

9.1.3 模型应用

演化博弈最初源于生物学，之后经过学者不断完善，逐渐被应用到各个行业，如制造业（崔裕枫，2018；韩玉莹，2019）、服务业（卢安文、何洪阳，2021；常永华、李春玲，2011）、农业（陈莫凡、黄建华，2018）等领域。跨境电子商务从属于服务行业，涉及物流服务商、支付服务商、海关等多元主体，交易环节复杂，因此，演化博弈这一思想在跨境电商中的作用更为突出，研究成果较为丰富。付帅帅等（2021）构建了政府部门、跨境电商平台运营商及企业之间的跨境物流演化博弈模型，探究了初始意愿、政府策略行为、机会主义及降本系数对协同演化的影响，并提出了相应的对策建议。曹武军等（2019）基于演化博弈理论对跨境电商生态系统中的核心企业与支持企业之间的合作演化行为进行研究，并指出政府补贴和惩罚会对企业合作行为起到促进作用。学（Xue，2022）探究了动态环境下跨境电商与物流企业的协同决策问题，通过建立演化博弈模型，进行数值模拟和敏感性分析，研究了动态环境下协同过程中企业战略的影响因素，并分析了不同企业的战略对协同效应的影响。杜志平等（2019）运用演化博弈对国内电商企业和国外物流企业之间的合作影响因素进行探究，提出超额收益、初始合作状态及"云"技术平台会正向影响国内电商企业和国外物流企业之间长期合作关系的选择。王蓓等（2018）在演化博弈思想的指导下，以唯品会为例探究了跨境电商企业对物流结构策略的选择，构建了订单直邮和保税仓之间的演化博弈模型。

综上所述，在跨境电子商务演化博弈相关研究方面，大多数研究都是将政府部门作为外生变量引入到博弈模型，较少有研究关注政府部门作为特殊的信息服务主体对协同发展的重要性，并没有将政府部门作为信息服务主体与其他信息服务主体进行博弈分析。且已有研究并未从信息服务视角切入考虑跨境电商信息服务协同主体博弈问题。事实上，政府部门、跨境电商平台运营商、跨境电商服务提供商等多方参与主体间的信息服务协同行为对于跨境电商能否实现持续、健康、有序的发展至关重要。因此，为了保障跨境电商信息服务协同创新模式的有效实施，本书将充分考虑跨境电商信息服务各协同发展主体的实际情况，同时重点考虑政府在跨境电商信息服务中的政策扶持及监管行为，在上一章归纳的跨境电商信息服务协同影响因素基础上，对关键影响要素进行量化处理来构建跨境电商信息服务协同演化博弈模型，并通过敏感性分析揭示信息服务主体协同行为与关键影响因素间的复杂关系，以期对跨境电商信息服务协同发展提供理论及实践指导。

9.2　跨境电商信息服务协同演化博弈模型

9.2.1　收益支付矩阵构建

收益支付矩阵是指从支付表中抽象出来由损益值形成的矩阵，用于描述两个或多个参与人策略和支付的矩阵（焦柳丹等，2021）。所以本书在构建收益支付矩阵时首先要确定博弈主体，下面基于跨境电商信息服务生态系统主体进行博弈主体选择说明。

跨境电商平台运营商在跨境电商信息服务生态系统中作为核心种群，其在实际运行中积累了大量买卖双方的交易信息，还可以在结合自身先进技术及品牌影响力的基础上聚集并选择优质服务提供商进行协同。同时，对政府部门的相关政策与统计数据也较为敏感，既可以充分利用政府提供的信息服务，又可以基于自身信息服务为政府政策制定提供数据支持。

跨境物流与跨境支付在跨境电商信息服务生态系统中是支撑种群，在实际运行中跨境物流企业拥有丰富的商品跨境流通信息，跨境电商支付平台拥有大量资金流数据，二者均作为跨境电商服务提供商为保障跨境活动的有序进行而提供相关支撑性服务。所以，跨境物流与跨境支付在收益支付矩阵中的策略选择与利润效用方面具有极大的一致性。本书充分考虑到收益支付矩阵的可操作性与合理性，将跨境物流与跨境支付均视作跨境电商服务提供商代入收益支付矩阵进行分析研究。

政府部门是社会统筹管理的主体，是跨境电商信息服务协同发展的参与者、鼓励者和监督者。首先，作为信息服务参与者，政府信息服务在很大程度上属于一种公益性服务，特别是在跨境电商交易过程中，海关提供的信息具有准确性、权威性等特点，能帮助企业实时了解跨境电商发展状况，从而更好地开展交易活动。其次，作为鼓励者，政府可以采取税收和财政补贴等方式促进跨境电商发展。最后，作为监督者，政府通过制定政策法规对参与主体进行针对性扶持和引导，制定科学的监督机制，防范参与主体的投机行为，保障参与主体的权益，为跨境电商信息服务发展提供有力保障。

综上所述，在跨境电商信息服务协同演化博弈模型中共涉及三类参与主体，分别为跨境电商平台运营商、跨境电商服务提供商及政府部门，下面对模型假设、参数设置及收益支付矩阵构建进行具体说明。

1. 模型假设

假设 1：有限理性假设。跨境电商平台运营商、跨境电商服务提供商及政府部门均有自身独特的信息优势，存在竞合关系，在博弈过程中旨在寻求自身利益最大化决策。但外部因素变化会影响其博弈策略选择，三类协同参与主体均是有限理性的，自身认知、资源、能力及时间有限，难以知道对方博弈策略。因此，在首次博弈时，不能迅速做出最佳策略选择，需要反复试错、学习、调整，进行多次博弈，随时间推移演化达到稳定状态，即三类协同主体都找到了满足自身利益最大化的策略。

假设 2：参与主体策略选择假设。在跨境电商信息服务协同演化博弈模型构建过程中，跨境电商服务提供商和平台运营商可以根据实际需求选择信息服务协同，表现为彼此致力于建立信息服务协同创新模式，实现信息服务的有效对接与整合。两者也可以选择不协同，各自独立运营自身的信息系统，信息与服务交流简单，双方的选择策略集为｛协同，不协同｝。

其中，跨境电商服务提供商选择协同的概率为 x（$0 \leqslant x \leqslant 1$），选择不协同的概率为（$1-x$），跨境电商平台运营商选择协同的概率为 y（$0 \leqslant y \leqslant 1$），选择不协同的概率为（$1-y$）。

在信息服务协同过程中，作为特殊的协同主体，将政府部门的策略集设定为 ｛积极参与，消极参与｝。假设政府选择积极参与的概率为 z（$0 \leqslant z \leqslant 1$），选择消极参与的概率为（$1-z$）。

一方面，政府积极参与的情况表现为积极履行职责，投入人力、物力和财力使信息资源能及时在跨境电商信息服务生态系统中流转，从而更好地服务于跨境电商企业用户。同时积极地为跨境电商服务提供商和跨境电商平台运营商提供优惠政策并实时监督二者的协同过程。另一方面，政府也可能存在消极参与情况，政府相关部门出于自身利益考虑，为了形成信息垄断，缺乏对跨境电商信息服务深度改造的动力，更多地采取传统信息服务方式，导致信息资源在跨境电商信息服务系统中低效流转。同时，政府鼓励政策也不够规范、完善，存在明显缺陷，在监管过程中政府存在消极履行监管责任、监管力度不足等问题。

2. 参数设置

第 8 章基于扎根理论对收集而来的跨境电商信息服务协同相关原始文本资料进行编码，最终识别出协同信息特性、协同主体能力、协同主体认知、协同风险感知、协同收益预期、协同成本预期、协同激励驱动、协同保障环境 8 个影响因素。

本章旨在运用演化博弈理论分析跨境电商服务提供商、跨境电商平台运营商、政府部门三方参与主体行为的演化过程。鉴于现实中博弈各方在理性认知和学习能力方面存在差异，本部分将综合跨境电商信息服务协同的实际情况和前文扎根所提炼的影响因素（殷辉，2014），来确定跨境电商信息服务协同演化博弈模型参数，在筛选博弈矩阵具体参数时主要遵循以下原则。

（1）可测性原则。演化博弈理论最早源于遗传生态学家对动物和植物的冲突与合作行为的博弈分析（乔根·W. 威布尔、王永钦，2006），所以演化博弈内在要求所有参数必须符合可观可测原则，若存在不可测的参数不仅会影响研究者对参数的理解，也会影响后期仿真研究中的参数赋值。同时，本书旨在探究跨境电商平台运营商、跨境电商服务提供商以及政府部门的三方信息服务协同问题，同一参数对不同信息服务主体的影响程度也有所不同，所以在筛选指标时，要充分考虑其在博弈模型中进行研究分析的难易程度。在通常研究中，难以判断规模和程度的参数一般不作为选定参数参与演化博弈。例如，信息标准化、协调价值观认知等初始范畴难以进行程度上的定义与表示，所以本书对此类参数予以剔除。

（2）可表征性原则。表征既是对客观事物的反映，又是被加工的客体。演化博弈中参数作为一种变量，需要使用输入、转换、定义、赋值等相关方式对其进行充分解释与描述。在本书中，针对较为抽象的范畴若符合可表征性的原则也将其纳入演化博弈参数选择的范畴之中。例如，信息异质性是指信息服务协同中所能利用信息的差异与互补程度这一特征概念，但我们可以通过将其转换为异质信息量这一可量化的形式进行表达，并加以利用。

（3）完备性原则。演化博弈论结合了博弈理论和动态演化过程，旨在对现象进行科学的分析（崔文静、连季婷，2016）。为了最大限度地保证演化博弈的合理性与有效性，通常在研究中可以通过对博弈参数进行真实全面的选取来还原现实中各种具体情况，这也就要求博弈参数选取应该充分地考虑完备性原则。跨境电商是一个庞大的复合系统，所选取博弈参数难以完整地建构出演化博弈模型，但仍然可以根据通过对象系统特征或层次完整性设计使博弈模型尽可能接近完备状态。例如，作为三方主体之一的政府部门，由于主体的特殊性既是跨境电商信息服务协同的积极参与者，又是鼓励者与监督者。所以本书可以从文献扎根识别到的协同成本预期、协同收益预期以及协同保障环境这三个主范畴出发，结合政府实际情况将与政府监管相关的政府积极监管的收益、消极监管的损失以及积极监管成本纳入演化博弈当中。

（4）代表性原则。在注重参数完备性原则的同时，参数选取还要兼顾参数的相对独立性，避免参数冗余。所以一套科学的演化博弈模型并不是所选择参数数量越多越好。一般情况下，在较多的博弈参数中，应保留主要关键参数，剔除次要非关键参数，而衡量博弈参数是否为关键参数的标准是看该参数是否具有代表性，参数代表性越强，可为关键指标；反之，代表性越低，则可能为非关键指标。例如，在协同激励中，协同奖励为正向激励中的代表参数，不协同违约金则为逆向激励中的代表参数。而两个范畴内部还包含着一些参数，但在代表性上均弱于以上两个参数设定，所以本书将协同奖励与不协同违约金作为博弈参数纳入演化博弈当中。

综上所述，本书在基于扎根理论分析结果的基础上参考以上原则，并结合跨境电商信息服务协同实际情况，共筛选出 21 个参数（见表 9 - 1），为下一步演化博弈研究打下坚实基础。

表 9 - 1　　　　　　　　演化博弈主要参数及含义

符号	意义说明
R_i（$i=1$、2、3）	协同主体 i 的初始收益
Q_i（$i=1$、2、3）	协同主体 i 的信息量
r_i（$i=1$、2、3）	协同主体 i 的信任系数
a_i（$i=1$、2、3）	协同主体 i 的信息共享能力
b_i（$i=1$、2、3）	协同主体 i 的信息吸收能力
e_i（$i=1$、2、3）	协同主体 i 的异质信息量
f_i（$i=1$、2、3）	协同主体 i 将信息转化为服务的能力
g_i（$i=1$、2、3）	三方协同时，协同主体 i 的超额收益分配系数
E	三方协同时的协同超额收益
G	两方协同时的协同超额收益
k_i（$i=1$、2、3）	两方协同时，协同主体 i 的协同超额收益分配系数
ε	信息共享成本系数
β	政府部门积极监管时，跨境电商服务提供商的协同成本下降系数
θ	政府部门积极监管时，跨境电商平台运营商的协同成本下降系数
D_i（$i=1$、2、3）	协同主体 i 的风险成本
M	政府部门为鼓励服务提供商和平台运营商协同给出的奖励

符号	意义说明
u_i（$i=1$、2）	协同主体 i 所获得的政府奖励分配系数
H	政府部门积极监管时带来的社会效益
J	政府部门积极监管时的监管成本
L	政府部门消极监管时的损失
F	服务提供商和平台运营商不协同的违约金
x	跨境电商服务提供商选择协同的概率
y	跨境电商平台运营商选择协同的概率
z	政府部门积极参与的概率

下面对参数进行具体说明。

①信息服务协同收益分配。定义 R_i（$i=1$、2、3）分别为跨境电商服务提供商、跨境电商平台运营商、政府部门的初始收益，因信息服务协同获得的协同超额收益为 E，也就是协同效应中"$1+1>2$"的那部分收益。若三方都选择协同，超额收益分配系数分别为 g_1、g_2、g_3，g_1、g_2、$g_3 \in [0，1]$，且 $g_1+g_2+g_3=1$，三方协同收益分配额分别为 Eg_1、Eg_2、Eg_3。若只有其中两方选择协同，则协同超额收益为 G，协同超额收益分配系数为 k_i，$k_i \in [0，1]$，其中 $k_1+k_2=1$ 或 $k_1+k_3=1$ 或 $k_2+k_3=1$。若只有一方选择协同，则不会获得协同收益。

②信息服务协同风险成本。指跨境电商服务提供商、跨境电商平台运营商、政府部门任何一方在协同过程中会由于战略风险、技术风险和人为因素风险而引发的相应风险成本，分别定义为 D_1、D_2、D_3，满足 $D_i \geqslant 0$，信息服务协同风险越高，导致的不确定性成本越高。

③信息服务协同直接收益。直接收益是指将对方共享的信息及经验转化为自身的那部分收益，直接收益与对方信息储量 Q_i、信任系数 r_i、不同主体的异质信息量 e_i、不同主体信息共享能力 a_i、企业自身信息吸收能力 b_i 及信息转化为服务的能力 f_i 相关，即协同直接收益可用 $b_i f_i Q_i r_i a_i e_i$ 表示。

④违约金。作为市场经营主体，当跨境电商服务提供商和跨境电商平

台运营商有任何一方不参与协同时，要为对方付出相应的违约金 F，作为不协同的惩罚。

⑤政府奖励。为了促进跨境电商服务提供商和跨境电商平台运营商更好的协同，政府会设置相应的激励措施，给予跨境电商服务提供商和跨境电商平台运营商相应的奖励 M，协同奖励分配系数分别为 u_1 和 u_2，$u_1 + u_2 = 1$，跨境电商服务提供商和平台运营商所获得的政府奖励收益分别为 $u_1 M$ 和 $u_2 M$。

⑥政府积极监管的收益与成本。为了促进跨境电商服务提供商和跨境电商平台运营商更好的协同，政府要对协同主体进行相应的监管，积极参与监管时会投入监管成本 J，同时也会获得相应的监管收益 H，如社会声望的提升等。

⑦政府消极监管的损失，政府消极参与监管会有相应的损失 L，如公信力的下降等。

⑧协同投入成本。不同主体共享的信息量与信息储备量 Q_i、信任系数 r_i 和信息共享能力 a_i 成正比，即共享信息量可以用 $Q_i a_i r_i$ 表示。协同主体共享信息时会有相应的成本支出，设定信息共享成本系数为 ε，协同成本与共享信息量呈二次函数关系（Joseph & Thevaranjan，1998）。此外，当政府积极参与监管时，跨境电商服务提供商和平台运营商协同成本会下降，对应的下降成本系数分别为 β 和 θ，β，$\theta \in [0, 1]$，此时，服务提供商和平台运营商投入的直接成本分别为 $\dfrac{1}{2}\beta\varepsilon(Q_1 r_1 a_1)^2$ 和 $\dfrac{1}{2}\theta\varepsilon(Q_2 r_2 a_2)^2$。

3. 收益支付矩阵构建

结合上文分析，本书跨境电商信息服务各协同参与主体的收益成本情况如下：协同总收益 = 初始收益 + 直接收益 + 超额收益；协同成本 = 协同投入成本 + 风险成本，此外，政府部门作为特殊的协同参与主体，其协同过程还包括积极监管的收益与成本以及消极监管的损失。根据以上假设和参数情况，构建三方演化博弈收益支付矩阵，如表 9 - 2 所示。

表9-2　　服务提供商、平台运营商和政府部门三方博弈演化收益支付矩阵

协同主体			跨境电商服务提供商	
			协同（x）	不协同（$1-x$）
政府	积极参与（z）	跨境电商平台运营商 — 协同（y）	$R_1 + b_1f_1(Q_2r_2a_2e_2 + Q_3r_3a_3e_3) + g_1E - \frac{1}{2}\beta\varepsilon(Q_1r_1a_1)^2 - D_1 + u_1M$	$R_1 + b_1f_1(Q_2r_2a_2e_2 + Q_3r_3a_3e_3) - F$
			$R_2 + b_2f_2(Q_1r_1a_1e_1 + Q_3r_3a_3e_3) + g_2E - \frac{1}{2}\theta\varepsilon(Q_2r_2a_2)^2 - D_2 + u_2M$	$R_2 + b_2f_2Q_3r_3a_3e_3 + k_2G - \frac{1}{2}\theta\varepsilon(Q_2r_2a_2)^2 - D_2 + u_2M + F$
			$R_3 + b_3f_3(Q_1r_1a_1e_1 + Q_2r_2a_2e_2) + g_3E - \frac{1}{2}\varepsilon(Q_3r_3a_3)^2 - D_3 - M + H - J$	$R_3 + b_3f_3Q_2r_2a_2e_2 + k_3G - \frac{1}{2}\varepsilon(Q_3r_3a_3)^2 - D_3 - u_2M + H - J$
		不协同（$1-y$）	$R_1 + b_1f_1Q_3r_3a_3e_3 + k_1G - \frac{1}{2}\beta\varepsilon(Q_1r_1a_1)^2 - D_1 + u_1M + F$	$R_1 + b_1f_1Q_3r_3a_3e_3$
			$R_2 + b_2f_2(Q_1r_1a_1e_1 + Q_3r_3a_3e_3) - F$	$R_2 + b_2f_2Q_3r_3a_3e_3$
			$R_3 + b_3f_3Q_1r_1a_1e_1 + k_3G - \frac{1}{2}\varepsilon(Q_3r_3a_3)^2 - D_3 - u_1M + H - J$	$R_3 - \frac{1}{2}\varepsilon(Q_3r_3a_3)^2 - D_3 + H - J$
	消极参与（$1-z$）	协同（y）	$R_1 + b_1f_1Q_2r_2a_2e_2 + k_1G - \frac{1}{2}\varepsilon(Q_1r_1a_1)^2 - D_1$	$R_1 + b_1f_1Q_2r_2a_2e_2 - F$
			$R_2 + b_2f_2Q_1r_1a_1e_1 + k_2G - \frac{1}{2}\varepsilon(Q_2r_2a_2)^2 - D_2$	$R_2 - \frac{1}{2}\varepsilon(Q_2r_2a_2)^2 - D_2 + F$
			$R_3 + b_3f_3(Q_1r_1a_1e_1 + Q_2r_2a_2e_2) - L$	$R_3 + b_3f_3Q_2r_2a_2e_2 - L$
		不协同（$1-y$）	$R_1 - \frac{1}{2}\varepsilon(Q_1r_1a_1)^2 - D_1 + F$	R_1
			$R_2 + b_2f_2Q_1r_1a_1e_1 - F$	R_2
			$R_3 + b_3f_3Q_1r_1a_1e_1 - L$	$R_3 - L$

9.2.2　复制动态方程构建

跨境电商服务提供商、跨境电商平台运营商及政府部门可根据自身收益所得与成本支出做出最佳策略选择，根据表9-2建立的收益支付矩阵，

可得到三类参与主体的演化博弈复制动态方程 $F(x)$、$F(y)$、$F(z)$，分别表示随时间推移跨境电商服务提供商选择协同策略、跨境电商平台运营商选择协同策略、政府选择积极参与策略意愿的变化速率。

1. 跨境电商服务提供商的复制动态方程

假定跨境电商服务提供商选择信息服务协同和不协同的期望收益分别为 U_{L1} 和 U_{L2}，平均期望收益为 $\overline{U}_L$，根据博弈收益支付矩阵可得 U_{L1}、U_{L2} 和 $\overline{U}_L$ 的计算过程如下。

U_{L1} 的计算公式为：

$$
\begin{aligned}
U_{L1} = {} & yz\left(R_1 + b_1 f_1 (Q_2 r_2 a_2 e_2 + Q_3 r_3 a_3 e_3) + g_1 E - \frac{1}{2}\beta\varepsilon\,(Q_1 r_1 a_1)^2 - D_1 + u_1 M \right) \\
& + (1-y)z\left(R_1 + b_1 f_1 Q_3 r_3 a_3 e_3 + k_1 G - \frac{1}{2}\beta\varepsilon\,(Q_1 r_1 a_1)^2 - D_1 + u_1 M + F \right) \\
& + y(1-z)\left(R_1 + b_1 f_1 Q_2 r_2 a_2 e_2 + k_1 G - \frac{1}{2}\varepsilon\,(Q_1 r_1 a_1)^2 - D_1 \right) \\
& + (1-y)(1-z)\left(R_1 - \frac{1}{2}\varepsilon\,(Q_1 r_1 a_1)^2 - D_1 + F \right)
\end{aligned}
\tag{9-1}
$$

U_{L2} 的计算公式为：

$$
\begin{aligned}
U_{L2} = {} & yz(R_1 + b_1 f_1 (Q_2 r_2 a_2 e_2 + Q_3 r_3 a_3 e_3) - F) \\
& + (1-y)z(R_1 + b_1 f_1 Q_3 r_3 a_3 e_3) \\
& + y(1-z)(R_1 + b_1 f_1 Q_2 r_2 a_2 e_2 - F) \\
& + (1-y)(1-z)R_1
\end{aligned}
\tag{9-2}
$$

$\overline{U}_L$ 的计算公式为：

$$
\overline{U}_L = x U_{L1} + (1-x) U_{L2}
\tag{9-3}
$$

由此得出跨境电商服务提供商的复制动态方程为：

$$
\begin{aligned}
F(x) = \mathrm{d}x/\mathrm{d}t = {} & x(U_{L1} - \overline{U}_L) = -\frac{1}{2}(-1+x)x(2F - 2D_1 + 2Eyzg_1 \\
& + 2G(y+z-2yz)k_1 + (-1+z-z\beta)\varepsilon a_1^2 Q_1^2 r_1^2 + 2Mzu_1)
\end{aligned}
\tag{9-4}
$$

2. 跨境电商平台运营商的复制动态方程

同理，跨境电商平台运营商选择信息服务协同和不协同时的期望收益

分别为 U_{M1} 和 U_{M2}，平均期望收益为 $\overline{U}_M$，根据博弈收益支付矩阵可得，U_{M1}、U_{M2} 和 $\overline{U}_M$ 的计算过程如下。

U_{M1} 的计算公式为：

$$U_{M1} = xz(R_2 + b_2f_2(Q_1r_1a_1e_1 + Q_3r_3a_3e_3) + g_2E - \frac{1}{2}\theta\varepsilon\,(Q_2r_2a_2)^2 - D_2 + u_2M)$$

$$+ (1-x)z(R_2 + b_2f_2Q_3r_3a_3e_3 + k_2G - \frac{1}{2}\theta\varepsilon\,(Q_2r_2a_2)^2 - D_2 + u_2M + F)$$

$$+ x(1-z)(R_2 + b_2f_2Q_1r_1a_1e_1 + k_2G - \frac{1}{2}\varepsilon\,(Q_2r_2a_2)^2 - D_2)$$

$$+ (1-x)(1-z)(R_2 - \frac{1}{2}\varepsilon\,(Q_2r_2a_2)^2 - D_2 + F) \qquad (9-5)$$

U_{M2} 的计算公式为：

$$U_{M2} = xz(R_2 + b_2f_2(Q_1r_1a_1e_1 + Q_3r_3a_3e_3) - F)$$

$$+ x(1-z)(R_2 + b_2f_2Q_1r_1a_1e_1 - F)$$

$$+ (1-x)z(R_2 + b_2f_2Q_3r_3a_3e_3)$$

$$+ (1-x)(1-z)R_2 \qquad (9-6)$$

$\overline{U}_M$ 的计算公式为：

$$\overline{U}_M = yU_{M1} + (1-y)U_{M2} \qquad (9-7)$$

由此得出跨境电商平台运营商的复制动态方程为：

$$F(y) = \mathrm{d}y/\mathrm{d}t = y(U_{M1} - \overline{U}_M) = -\frac{1}{2}(-1+y)y(2F - 2D_2 + 2Exzg_2$$

$$+ 2G(x+z-2xz)k_2 + \varepsilon(-1+z-z\theta)a_2^2Q_2^2r_2^2 + 2Mzu_2) \qquad (9-8)$$

3. 政府部门的复制动态方程

同理，政府部门选择积极参与和消极参与时的期望收益分别为 U_{F1} 和 U_{F2}，平均期望收益为 $\overline{U}_F$，根据收益支付矩阵可得，U_{F1}、U_{F2} 和 $\overline{U}_F$ 的计算过程如下。

U_{F1} 的计算公式为：

$$U_{F1} = xy\left(R_3 + b_3f_3(Q_1r_1a_1e_1 + Q_2r_2a_2e_2) + g_3E - \frac{1}{2}\varepsilon\,(Q_3r_3a_3)^2 - D_3 - M + H - J\right)$$

$$+ x(1-y)\left(R_3 + b_3f_3Q_1r_1a_1e_1 + k_3G - \frac{1}{2}\varepsilon\,(Q_3r_3a_3)^2 - D_3 - u_1M + H - J\right)$$

$$+ (1-x)y\left(R_3 + b_3f_3Q_2r_2a_2e_2 + k_3G - \frac{1}{2}\varepsilon\,(Q_3r_3a_3)^2 - D_3 - u_2M + H - J\right)$$

$$+ (1-x)(1-y)\left(R_3 - \frac{1}{2}\varepsilon\,(Q_3r_3a_3)^2 - D_3 + H - J\right) \tag{9-9}$$

U_{F2} 的计算公式为：

$$U_{F2} = xy(R_3 + b_3f_3(Q_1r_1a_1e_1 + Q_2r_2a_2e_2) - L)$$
$$+ x(1-y)(R_3 + b_3f_3Q_1r_1a_1e_1 - L)$$
$$+ (1-x)y(R_3 + b_3f_3Q_2r_2a_2e_2 - L)$$
$$+ (1-x)(1-y)(R_3 - L) \tag{9-10}$$

$\overline{U}_F$ 的计算公式为：

$$\overline{U}_F = zU_{F1} + (1-z)\cdot U_{F2} \tag{9-11}$$

由此得出政府的复制动态方程为：

$$F(z) = \mathrm{d}z/\mathrm{d}t = z(U_{F1} - \overline{U}_F) = -\frac{1}{2}(-1+z)z(-2D_3 + 2Exyg_3 + 2G(x+y-2xy)k_3$$

$$- \varepsilon a_3^2 Q_3^2 r_3^2 + 2(H - J + L - Mxy + Mx(-1+y)u_1 + M(-1+x)yu_2))$$

$$\tag{9-12}$$

9.2.3　协同主体策略稳定性分析

根据演化博弈的性质，当 $F(x) = 0$ 且 $F'(x) = f(x) < 0$；$F(y) = 0$ 且 $F'(y) = f(y) < 0$；$F(z) = 0$ 且 $F'(z) = f(z) < 0$ 时，表示跨境电商服务提供商、跨境电商平台运营商和政府部门策略选择达到稳定状态，即服务提供商和平台运营商选择协同策略，政府部门选择积极参与策略，策略的选择不会随时间推移而改变。下面对各个主体的稳定策略进行分析。

1. 跨境电商服务提供商的渐进稳定性分析

对式（9-4）中 x 求导可得：

$$f(x) = \frac{\mathrm{d}F(x)}{\mathrm{d}x} = \left(\frac{1-x}{2} - \frac{x}{2}\right)(2F - 2D_1 + 2Eyzg_1 + 2G(y + z - 2yz)k_1$$

$$+ (-1 + z - z\beta)\varepsilon a_1^2 Q_1^2 r_1^2 + 2Mzu_1) \tag{9-13}$$

根据微分方程稳定性定理，跨境电商服务提供商选择协同策略的概率处于稳定状态，必须满足 $F(x) = 0$ 且 $f(x) < 0$。

设函数：

$$G_1(y) = 2F - 2D_1 + 2Eyzg_1 + 2G(y + z - 2yz)k_1$$

$$+ (-1 + z - z\beta)\varepsilon a_1^2 Q_1^2 r_1^2 + 2Mzu_1 \tag{9-14}$$

化简可得：

$$G_1(y) = 2y(Ezg_1 + Gk_1 - 2Gzk_1) + 2F - 2D_1 + 2Gzk_1$$

$$+ (-1 + z - z\beta)\varepsilon a_1^2 Q_1^2 r_1^2 + 2Mzu_1 \tag{9-15}$$

令 $G_1(y) = 0$，解得：

$$y^* = \frac{-2F + 2D_1 - 2Gzk_1 + \varepsilon a_1^2 Q_1^2 r_1^2 - z\varepsilon a_1^2 Q_1^2 r_1^2 + z\beta\varepsilon a_1^2 Q_1^2 r_1^2 - 2Mzu_1}{2(Ezg_1 + Gk_1 - 2Gzk_1)}$$

因 $G_1(y)$ 增减情况无法判定，故分两种情形进行讨论。

情形 1：$Ezg_1 + Gk_1 - 2Gzk_1 > 0$ 时，$G_1(y)$ 为增函数，下面分三种情况进行讨论。

$$(1)\ y = y^* = \frac{-2F + 2D_1 - 2Gzk_1 + \varepsilon a_1^2 Q_1^2 r_1^2 - z\varepsilon a_1^2 Q_1^2 r_1^2 + z\beta\varepsilon a_1^2 Q_1^2 r_1^2 - 2Mzu_1}{2(Ezg_1 + Gk_1 - 2Gzk_1)}$$

时，$f(x) = 0$，$F(x) \equiv 0$，此时无论 x 取何值，均为稳定状态，即跨境电商服务提供商不论选择协同还是不协同策略，随时间推移均不会发生变化。

(2) $y^* < y < 1$ 时，$G_1(y) > 0$，令 $F(x) = 0$ 可得 $x = 0$ 或 $x = 1$，此时 $f(0) > 0$，$f(1) < 0$，$x = 1$ 是稳定点，跨境电商服务提供商选择协同是演化稳定策略。

(3) $0 < y < y^*$ 时 $G_1(y) < 0$，令 $F(x) = 0$ 可得 $x = 0$ 或 $x = 1$，此时 $f(0) < 0$，$f(1) > 0$，$x = 0$ 是稳定点，跨境电商服务提供商选择不协同是演化稳定策略。

综上所述，在情形 1 下，跨境电商服务提供商渐进稳定性相位图如图 9-1 所示。

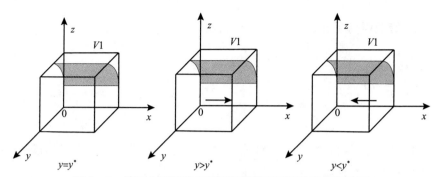

图 9 – 1　情形 1 下跨境电商服务提供商渐进稳定性相位图

情形 2：$Ezg_1 + Gk_1 - 2Gzk_1 < 0$ 时，$G_1(y)$ 为减函数。

（1）$y = y^* = \dfrac{-2F + 2D_1 - 2Gzk_1 + \varepsilon a_1^2 Q_1^2 r_1^2 - z\varepsilon a_1^2 Q_1^2 r_1^2 + z\beta\varepsilon a_1^2 Q_1^2 r_1^2 - 2Mzu_1}{2(Ezg_1 + Gk_1 - 2Gzk_1)}$

时，$f(x) = 0$，$F(x) \equiv 0$，此时无论 x 取何值，均为稳定状态，即跨境电商服务提供商不论选择协同还是不协同策略，随时间推移均不会发生变化。

（2）$y^* < y < 1$ 时，$G_1(y) < 0$，令 $F(x) = 0$ 可得 $x = 0$ 或 $x = 1$，此时 $f(0) < 0$，$f(1) > 0$，$x = 0$ 是稳定点，跨境电商服务提供商选择不协同是演化稳定策略。

（3）$0 < y < y^*$ 时，$G_1(y) > 0$，令 $F(x) = 0$ 可得 $x = 0$ 或 $x = 1$，此时 $f(0) > 0$，$f(1) < 0$，$x = 1$ 是稳定点，跨境电商服务提供商选择协同是演化稳定策略。

综上所述，在情形 2 下，跨境电商服务提供商渐进稳定性相位图如图 9 – 2 所示。

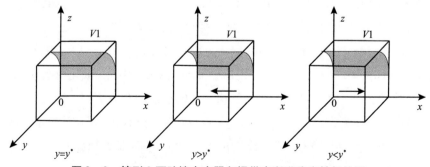

图 9 – 2　情形 2 下跨境电商服务提供商渐进稳定性相位图

2. 跨境电商平台运营商渐进稳定性分析

对式（9-8）中的 y 求导可得：

$$f(y) = \frac{\mathrm{d}F(y)}{\mathrm{d}y} = \left(\frac{1-y}{2} - \frac{y}{2}\right)(2F - 2D_2 + 2Exzg_2 + 2G(x+z-2xz)k_2$$
$$+ \varepsilon(-1+z-z\theta)a_2^2Q_2^2r_2^2 + 2Mzu_2) \tag{9-16}$$

根据微方程稳定性定理，跨境电商平台运营商选择协同策略的概率处于稳定状态，必须满足 $F(y) = 0$ 且 $f(y) < 0$。

设函数：

$$G_2(z) = 2F - 2D_2 + 2Exzg_2 + 2G(x+z-2xz)k_2 + \varepsilon(-1+z-z\theta)a_2^2Q_2^2r_2^2 + 2Mzu_2 \tag{9-17}$$

化简可得：

$$G_2(z) = 2F - 2D_2 + 2Gxk_2 - \varepsilon a_2^2Q_2^2r_2^2 + z(2Exg_2 + 2Gk_2 - 4Gxk_2$$
$$+ \varepsilon a_2^2Q_2^2r_2^2 - \varepsilon\theta a_2^2Q_2^2r_2^2 + 2Mu_2) \tag{9-18}$$

令 $G_2(z) = 0$，可得：

$$z = z^* = \frac{2F - 2D_2 + 2Gxk_2 - \varepsilon a_2^2Q_2^2r_2^2}{-2Exg_2 - 2Gk_2 + 4Gxk_2 - \varepsilon a_2^2Q_2^2r_2^2 + \varepsilon\theta a_2^2Q_2^2r_2^2 - 2Mu_2}$$

因 $G_2(z)$ 增减情况无法判定，故分两种情形进行讨论。

情形 1：$2Exg_2 + 2Gk_2 - 4Gxk_2 + \varepsilon a_2^2Q_2^2r_2^2 - \varepsilon\theta a_2^2Q_2^2r_2^2 + 2Mu_2 > 0$ 时，$G_2(z)$ 为增函数，下面分三种情况进行讨论。

（1）当 $z = z^* = \dfrac{2F - 2D_2 + 2Gxk_2 - \varepsilon a_2^2Q_2^2r_2^2}{-2Exg_2 - 2Gk_2 + 4Gxk_2 - \varepsilon a_2^2Q_2^2r_2^2 + \varepsilon\theta a_2^2Q_2^2r_2^2 - 2Mu_2}$ 时，$f(y) = 0$，$F(y) \equiv 0$，此时无论 y 取何值，均为稳定状态，即跨境电商平台运营商不论选择协同还是不协同策略，随时间推移均不会发生变化。

（2）$z^* < z < 1$ 时，$G_2(z) > 0$，令 $F(y) = 0$ 可得 $y = 0$ 或 $y = 1$，此时 $f(0) > 0$，$f(1) < 0$，$y = 1$ 是稳定点，跨境电商平台运营商选择协同是演化稳定策略。

（3）$0 < z < z^*$ 时，$G_2(z) < 0$，令 $F(y) = 0$ 可得 $y = 0$ 或 $y = 1$，此时 $f(0) < 0$，$f(1) > 0$，$y = 0$ 是稳定点，跨境电商平台运营商选择不协同是演化稳定策略。

综上所述，在情形 1 下，跨境电商平台运营商渐进稳定性相位图如图 9-3 所示。

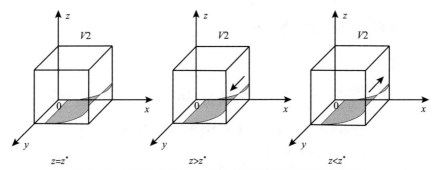

图 9 - 3　情形 1 下跨境电商平台运营商渐进稳定性相位图

情形 2：$2Exg_2 + 2Gk_2 - 4Gxk_2 + \varepsilon a_2^2 Q_2^2 r_2^2 - \varepsilon \theta a_2^2 Q_2^2 r_2^2 + 2Mu_2 < 0$ 时，$G_2(z)$ 为减函数，下面分三种情况进行讨论。

（1）当 $z = z^* = \dfrac{2F - 2D_2 + 2Gxk_2 - \varepsilon a_2^2 Q_2^2 r_2^2}{-2Exg_2 - 2Gk_2 + 4Gxk_2 - \varepsilon a_2^2 Q_2^2 r_2^2 + \varepsilon \theta a_2^2 Q_2^2 r_2^2 - 2Mu_2}$ 时，$f(y) = 0$，$F(y) \equiv 0$，此时无论 y 取何值，均为稳定状态，即跨境电商平台运营商不论选择协同还是不协同策略，随时间推移均不会发生变化。

（2）$z^* < z < 1$ 时，$G_2(z) < 0$，令 $F(y) = 0$ 可得 $y = 0$ 或 $y = 1$，此时 $f(0) > 0$，$f(1) < 0$，$y = 0$ 是稳定点，跨境电商平台运营商选择不协同是演化稳定策略。

（3）$0 < z < z^*$ 时，$G_2(z) > 0$，令 $F(y) = 0$ 可得 $y = 0$ 或 $y = 1$，此时 $f(0) < 0$，$f(1) > 0$，$y = 1$ 是稳定点，跨境电商平台运营商选择协同是演化稳定策略。

综上所述，在情形 2 下，跨境电商平台运营商渐进稳定性相位图如图 9 - 4 所示。

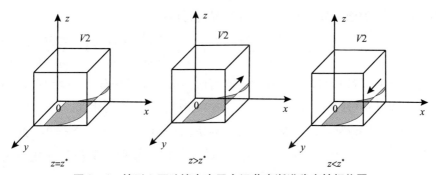

图 9 - 4　情形 2 下跨境电商平台运营商渐进稳定性相位图

3. 政府部门渐进稳定性分析

对式（9-12）中的 z 求导可得：

$$f(z) = \frac{\mathrm{d}F(z)}{\mathrm{d}z} = \left(\frac{1-z}{2} - \frac{z}{2}\right)\left(-2D_3 + 2Exyg_3 + 2G(x+y-2xy)k_3\right.$$
$$- \varepsilon a_3^2 Q_3^2 r_3^2 + 2(H - J + L - Mxy + Mx(-1+y)u_1$$
$$\left. + M(-1+x)yu_2)\right) \tag{9-19}$$

设函数：

$$G_3(y) = -2D_3 + 2Exyg_3 + 2G(x+y-2xy)k_3 - \varepsilon a_3^2 Q_3^2 r_3^2$$
$$+ 2(H - J + L - Mxy + Mx(-1+y)u_1 + M(-1+x)yu_2)$$
$$\tag{9-20}$$

化简可得：

$$G_3(y) = 2H - 2J + 2L - 2D_3 + 2Gxk_3 - \varepsilon a_3^2 Q_3^2 r_3^2 - 2Mxu_1$$
$$+ y(-2Mx + 2Exg_3 + 2Gk_3 - 4Gxk_3 + 2Mxu_1 + 2M(-1+x)u_2)$$
$$\tag{9-21}$$

根据微方程稳定性定理，政府部门选择协同策略的概率处于稳定状态，必须满足 $F(z)=0$，且 $f(z)<0$。

令 $G_3(y)=0$，可得：

$$y = y^{**} = -\frac{2H - 2J + 2L - 2D_3 + 2Gxk_3 - \varepsilon a_3^2 Q_3^2 r_3^2 - 2Mxu_1}{2(-Mx + Exg_3 + Gk_3 - 2Gxk_3 + Mxu_1 - Mu_2 + Mxu_2)}$$

因 $G_3(y)$ 增减情况无法判定，故分两种情形进行讨论。

情形1：当 $-2Mx + 2Exg_3 + 2Gk_3 - 4Gxk_3 + 2Mxu_1 + 2M(-1+x)u_2 > 0$ 时，$G_3(y)$ 为增函数，下面分三种情况进行讨论。

（1）若 $y = y^{**} = -\dfrac{2H - 2J + 2L - 2D_3 + 2Gxk_3 - \varepsilon a_3^2 Q_3^2 r_3^2 - 2Mxu_1}{2(-Mx + Exg_3 + Gk_3 - 2Gxk_3 + Mxu_1 - Mu_2 + Mxu_2)}$，则 $f(z)=0$，$F(z)\equiv0$，此时无论 z 取何值，均为稳定状态，即政府部门不论选择积极参与还是消极参与策略，随时间推移均不会发生变化。

（2）$y^{**} < y < 1$ 时，$G_3(y) > 0$，令 $F(z)=0$ 可得 $z=0$ 或 $z=1$，此时 $f(0)>0$，$f(1)<0$，$z=1$ 是稳定点，政府部门选择积极参与是演化稳定策略。

（3）$0 < y < y^{**}$ 时，$G_3(y) < 0$，令 $F(z) = 0$ 可得 $z = 0$ 或 $z = 1$，此时 $f(0) < 0$，$f(1) > 0$，$z = 0$ 是稳定点，政府部门选择消极参与是演化稳定策略。

综上所述，在情形 1 下，政府部门渐进稳定性相位图如图 9 - 5 所示。

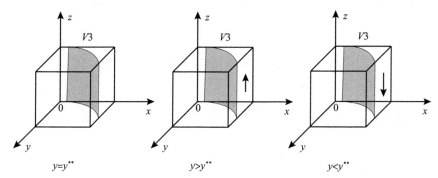

$y = y^{**}$　　　　$y > y^{**}$　　　　$y < y^{**}$

图 9 - 5　情形 1 下政府部门渐进稳定性相位图

情形 2：当 $-2Mx + 2Exg_3 + 2Gk_3 - 4Gxk_3 + 2Mxu_1 + 2M(-1 + x) u_2 < 0$ 时，$G_3(y)$ 为减函数，下面分三种情况进行讨论。

（1）$y = y^{**} = -\dfrac{2H - 2J + 2L - 2D_3 + 2Gxk_3 - \varepsilon a_3^2 Q_3^2 r_3^2 - 2Mxu_1}{2(-Mx + Exg_3 + Gk_3 - 2Gxk_3 + Mxu_1 - Mu_2 + Mxu_2)}$ 时，$f(z) = 0$，$F(z) \equiv 0$，此时无论 z 取何值，均为稳定状态，即政府部门不论选择积极参与还是消极参与策略，随时间推移均不会发生变化。

（2）$y^{**} < y < 1$ 时，$G_3(y) < 0$，令 $F(z) = 0$ 可得 $z = 0$ 或 $z = 1$，此时 $f(0) < 0$，$f(1) > 0$，$z = 0$ 是稳定点，政府部门选择消极参与是演化稳定策略。

（3）$0 < y < y^{**}$ 时，$G_3(y) > 0$，令 $F(z) = 0$ 可得 $z = 0$ 或 $z = 1$，此时 $f(0) > 0$，$f(1) < 0$，$z = 1$ 是稳定点，政府部门选择积极参与是演化稳定策略。

综上所述，在情形 2 下，政府部门渐进稳定性相位图如图 9 - 6 所示。

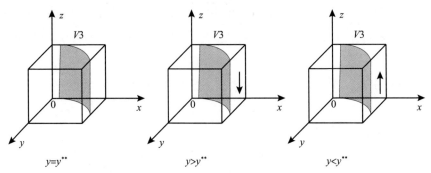

图 9 - 6　情形 2 下政府部门渐进稳定性相位图

9.2.4　系统均衡点及稳定性分析

1. 三维动力系统与雅可比矩阵

首先，构建跨境电商服务提供商、跨境电商平台运营商和政府部门的策略集合，定义：跨境电商服务提供商协同时，$x = 1$；跨境电商服务提供商不协同时，$x = 0$。跨境电商平台运营商协同时，$y = 1$；跨境电商平台运营商不协同时，$y = 0$。政府部门积极参与时，$z = 1$；政府部门消极参与时，$z = 0$。

将跨境电商服务提供商、跨境电商平台运营商和政府部门所对应的三个复制动态方程联立可得到演化博弈三维动力系统式：

$$
\begin{cases}
F(x) = \mathrm{d}x/\mathrm{d}t = -\dfrac{1}{2}(-1+x)x(2F - 2D_1 + 2Eyzg_1 + 2G(y+z-2yz)k_1 \\
\qquad + (-1+z-z\beta)\varepsilon a_1^2 Q_1^2 r_1^2 + 2Mzu_1) \\[2mm]
F(y) = \mathrm{d}y/\mathrm{d}t = -\dfrac{1}{2}(-1+y)y(2F - 2D_2 + 2Exzg_2 + 2G(x+z-2xz)k_2 \\
\qquad + (-1+z-z\theta)\varepsilon a_2^2 Q_2^2 r_2^2 + 2Mzu_2) \\[2mm]
F(z) = \mathrm{d}z/\mathrm{d}t = -\dfrac{1}{2}(-1+z)z(-2D_3 + 2Exyg_3 + 2G(x+y-2xy)k_3 \\
\qquad - \varepsilon a_3^2 Q_3^2 r_3^2 + 2(H - J + L - Mxy + Mx(-1+y)u_1 \\
\qquad + M(-1+x)yu_2))
\end{cases}
$$

$$(9 - 22)$$

　　跨境电商信息服务协同演化博弈的均衡点定义为 $F(x)=0$、$F(y)=0$、$F(z)=0$ 的点，在式（9-22）中，令 $F(x)=0$、$F(y)=0$、$F(z)=0$，可以计算出三维动力系统的 8 个纯策略均衡点，分别为 $E_1(0,0,0)$、$E_2(0,0,1)$、$E_3(0,1,0)$、$E_4(0,1,1)$、$E_5(1,0,0)$、$E_6(1,0,1)$、$E_7(1,1,0)$、$E_8(1,1,1)$。

　　跨境电商信息服务协同演化策略指三方参与主体达到均衡点后，策略选择处于稳定状态，随时间推移不会发生变化。雅克比矩阵局部稳定性分析法可以判定跨境电商信息服务协同三维动力系统的演化稳定策略（Friedman，1991），对式（9-22）中的三个复制动态方程求偏导可得该系统的雅克比矩阵为 J：

$$J = \begin{pmatrix} A_{11} & A_{12} & A_{13} \\ A_{21} & A_{22} & A_{23} \\ A_{31} & A_{32} & A_{33} \end{pmatrix} = \begin{pmatrix} \partial(\mathrm{d}x/\mathrm{d}t)/\partial x & \partial(\mathrm{d}x/\mathrm{d}t)/\partial y & \partial(\mathrm{d}x/\mathrm{d}t)/\partial z \\ \partial(\mathrm{d}y/\mathrm{d}t)/\partial x & \partial(\mathrm{d}y/\mathrm{d}t)/\partial y & \partial(\mathrm{d}y/\mathrm{d}t)/\partial z \\ \partial(\mathrm{d}z/\mathrm{d}t)/\partial x & \partial(\mathrm{d}z/\mathrm{d}t)/\partial y & \partial(\mathrm{d}z/\mathrm{d}t)/\partial z \end{pmatrix}$$

$$(9-23)$$

　　通过求偏导可得 A_{11}、A_{12}、A_{13}、A_{21}、A_{22}、A_{23}、A_{31}、A_{32}、A_{33} 的计算结果如下：

$$A_{11} = \partial(\mathrm{d}x/\mathrm{d}t)/\partial x = \left(\frac{1-x}{2} - \frac{x}{2}\right)(2F - 2D_1 + 2Eyzg_1 + 2G(y+z-2yz)k_1$$
$$+ (-1+z-z\beta)\varepsilon a_1^2 Q_1^2 r_1^2 + 2Mzu_1)$$

$$A_{12} = \partial(\mathrm{d}x/\mathrm{d}x)/\partial y = -\frac{1}{2}(-1+x)x(2Ezg_1 + 2G(1-2z)k_1)$$

$$A_{13} = \partial(\mathrm{d}x/\mathrm{d}t)/\partial z = -\frac{1}{2}(-1+x)x(2Eyg_1 + 2G(1-2y)k_1$$
$$+ (1-\beta)\varepsilon a_1^2 Q_1^2 r_1^2 + 2Mu_1)$$

$$A_{21} = \partial(\mathrm{d}y/\mathrm{d}t)/\partial x = -\frac{1}{2}(-1+y)y(2Ezg_2 + 2G(1-2z)k_2)$$

$$A_{22} = \partial(\mathrm{d}y/\mathrm{d}t)/\partial y = \left(\frac{1-y}{2} - \frac{y}{2}\right)(2F - 2D_2 + 2Exzg_2 + 2G(x+z-2xz)k_2$$
$$+ \varepsilon(-1+z-z\theta)a_2^2 Q_2^2 r_2^2 + 2Mzu_2)$$

$$A_{23} = \partial(\mathrm{d}y/\mathrm{d}t)/\partial z = -\frac{1}{2}(-1+y)y(2Exg_2 + 2G(1-2x)k_2$$

$$+\varepsilon(1-\theta)a_2^2 Q_2^2 r_2^2 + 2Mu_2)$$

$$A_{31} = \partial(\mathrm{d}z/\mathrm{d}t)/\partial x = -\frac{1}{2}(-1+z)z(2Eyg_3 + 2G(1-2y)k_3$$

$$+2(-My + M(-1+y)u_1 + Myu_2))$$

$$A_{32} = \partial(\mathrm{d}z/\mathrm{d}t)/\partial y = -\frac{1}{2}(-1+z)z(2Exg_3 + 2G(1-2x)k_3$$

$$+2(-Mx + Mxu_1 + M(-1+x)u_2))$$

$$A_{33} = \partial(\mathrm{d}z/zt)/\partial z = \left(\frac{1-z}{2} - \frac{z}{2}\right)(-2D_3 + 2Exyg_3 + 2G(x+y-2xy)k_3 - \varepsilon a_3^2 Q_3^2 r_3^2$$

$$+2(H-J+L-Mxy+Mx(-1+y)u_1 + M(-1+x)yu_2))$$

2. 均衡点稳定性分析

将上文求得的 8 个均衡点分别代入雅克比矩阵 J 中，可解得每个均衡点所对应的特征值。首先，以均衡点 $E_1(0,0,0)$ 为例进行分析，可得出跨境电商服务提供商不协同、跨境电商平台运营商不协同、政府部门消极参与情况下三维动力系统的雅可比矩阵 J_1。

$$J_1 = \begin{pmatrix} \frac{1}{2}(2F-2D_1-\varepsilon a_1^2 Q_1^2 r_1^2) & 0 & 0 \\ 0 & \frac{1}{2}(2F-2D_2-\varepsilon a_2^2 Q_2^2 r_2^2) & 0 \\ 0 & 0 & \frac{1}{2}(2(H-J+L)-2D_3-\varepsilon a_3^2 Q_3^2 r_3^2) \end{pmatrix}$$

$$(9-24)$$

在该种情况下，雅克比矩阵的三个特征值分别为 $\lambda_1 = \frac{1}{2}(2F-2D_1 - \varepsilon a_1^2 Q_1^2 r_1^2)$；$\lambda_2 = \frac{1}{2}(2F-2D_2 - \varepsilon a_2^2 Q_2^2 r_2^2)$；$\lambda_3 = \frac{1}{2}(2(H-J+L)-2D_3 - \varepsilon a_3^2 Q_3^2 r_3^2)$。

同理，将其余 7 个均衡点 $E_2(0,0,1)$、$E_3(0,1,0)$、$E_4(0,1,1)$、$E_5(1,0,0)$、$E_6(1,0,1)$、$E_7(1,1,0)$、$E_8(1,1,1)$ 分别代入

雅克比矩阵 J，可求得各均衡点所对应的特征值，如表 9 - 3 所示。

表 9 - 3　　　　　　　　　不同均衡点所对应的特征值

均衡点	特征值 λ_1	特征值 λ_2	特征值 λ_3
$E_1(0,0,0)$	$\frac{1}{2}(2F-2D_1-\varepsilon a_1^2 Q_1^2 r_1^2)$	$\frac{1}{2}(2F-2D_2-\varepsilon a_2^2 Q_2^2 r_2^2)$	$\frac{1}{2}(2(H-J+L)-2D_3-\varepsilon a_3^2 Q_3^2 r_3^2)$
$E_2(0,0,1)$	$\frac{1}{2}(2F-2D_1+2Gk_1-\beta\varepsilon a_1^2 Q_1^2 r_1^2+2Mu_1)$	$\frac{1}{2}(2F-2D_2+2Gk_2-\varepsilon\theta a_2^2 Q_2^2 r_2^2+2Mu_2)$	$\frac{1}{2}(-2(H-J+L)+2D_3+\varepsilon a_3^2 Q_3^2 r_3^2)$
$E_3(0,1,0)$	$\frac{1}{2}(2F-2D_1+2Gk_1-\varepsilon a_1^2 Q_1^2 r_1^2)$	$\frac{1}{2}(-2F+2D_2+\varepsilon a_2^2 Q_2^2 r_2^2)$	$\frac{1}{2}(-2D_3+2Gk_3-\varepsilon a_3^2 Q_3^2 r_3^2+2(H-J+L-Mu_2))$
$E_4(0,1,1)$	$\frac{1}{2}(2F-2D_1+2Eg_1-\beta\varepsilon a_1^2 Q_1^2 r_1^2+2Mu_1)$	$\frac{1}{2}(-2F+2D_2-2Gk_2+\varepsilon\theta a_2^2 Q_2^2 r_2^2-2Mu_2)$	$\frac{1}{2}(2D_3-2Gk_3+\varepsilon a_3^2 Q_3^2 r_3^2-2(H-J+L-Mu_2))$
$E_5(1,0,0)$	$\frac{1}{2}(-2F+2D_1+\varepsilon a_1^2 Q_1^2 r_1^2)$	$\frac{1}{2}(2F-2D_2+2Gk_2-\varepsilon a_2^2 Q_2^2 r_2^2)$	$\frac{1}{2}(-2D_3+2Gk_3-\varepsilon a_3^2 Q_3^2 r_3^2+2(H-J+L-Mu_1))$
$E_6(1,0,1)$	$\frac{1}{2}(-2F+2D_1-2Gk_1+\beta\varepsilon a_1^2 Q_1^2 r_1^2-2Mu_1)$	$\frac{1}{2}(2F-2D_2+2Eg_2-\varepsilon\theta a_2^2 Q_2^2 r_2^2+2Mu_2)$	$\frac{1}{2}(2D_3-2Gk_3+\varepsilon a_3^2 Q_3^2 r_3^2-2(H-J+L-Mu_1))$
$E_7(1,1,0)$	$\frac{1}{2}(-2F+2D_1-2Gk_1+\varepsilon a_1^2 Q_1^2 r_1^2)$	$\frac{1}{2}(-2F+2D_2-2Gk_2+\varepsilon a_2^2 Q_2^2 r_2^2)$	$\frac{1}{2}(2(H-J+L-M)-2D_3+2Eg_3-\varepsilon a_3^2 Q_3^2 r_3^2)$
$E_8(1,1,1)$	$\frac{1}{2}(-2F+2D_1-2Eg_1+\beta\varepsilon a_1^2 Q_1^2 r_1^2-2Mu_1)$	$\frac{1}{2}(-2F+2D_2-2Eg_2+\varepsilon\theta a_2^2 Q_2^2 r_2^2-2Mu_2)$	$\frac{1}{2}(-2(H-J+L-M)+2D_3-2Eg_3+\varepsilon a_3^2 Q_3^2 r_3^2)$

当均衡点所对应的三个特征值均为负值时，可称其为稳定点，即系统演化稳定策略（ESS）。鉴于不协同会对跨境电商整体发展起到阻碍作用，且本研究的目的是促进服务提供商和平台运营商协同，政府部门积极参与，同时为了便于特征值比较分析，本研究令 $\frac{1}{2}(2F-2D_1-\varepsilon a_1^2 Q_1^2 r_1^2)>0$；$\frac{1}{2}(2F-$

$2D_2 - \varepsilon a_2^2 Q_2^2 r_2^2) > 0$；$\frac{1}{2}(2(H-J+L) - 2D_3 - \varepsilon a_3^2 Q_3^2 r_3^2) > 0$，即三方协同收益大于三方不协同收益，此时 $E_1(0, 0, 0)$ 的特征值符号为（+，+，+）。根据此条件可得 $\frac{1}{2}(2F - 2D_1 + 2Gk_1 - \beta\varepsilon a_1^2 Q_1^2 r_1^2 + 2Mu_1)$，$\frac{1}{2}(2F - 2D_1 + 2Gk_1 - \varepsilon a_1^2 Q_1^2 r_1^2)$，$\frac{1}{2}(2F - 2D_1 + 2Eg_1 - \beta\varepsilon a_1^2 Q_1^2 r_1^2 + 2Mu_1)$，$\frac{1}{2}(2F - 2D_2 + 2Gk_2 - \varepsilon\theta a_2^2 Q_2^2 r_2^2 + 2Mu_2)$，$\frac{1}{2}(2F - 2D_2 + 2Gk_2 - \varepsilon a_2^2 Q_2^2 r_2^2)$，$\frac{1}{2}(2F - 2D_2 + 2Eg_2 - \varepsilon\theta a_2^2 Q_2^2 r_2^2 + 2Mu_2)$ 均为正值，其相反数为负值，$\frac{1}{2}(-2(H-J+L) + 2D_3 + \varepsilon a_3^2 Q_3^2 r_3^2)$ 为负值，因此，可得 $E_2(0, 0, 1)$ 的特征值符号为（+，+，-）；$E_3(0, 1, 0)$、$E_4(0, 1, 1)$ 的特征值符号为（+，-，s），其中 s 表示特征值的正负情况不能判定，$E_5(1, 0, 0)$、$E_6(1, 0, 1)$ 的特征值符号为（-，+，s），$E_7(1, 1, 0)$、$E_8(1, 1, 1)$ 的特征值符号为（-，-，s）。

综上所述，可判定均衡点 $E_1(0, 0, 0)$、$E_2(0, 0, 1)$、$E_3(0, 1, 0)$、$E_4(0, 1, 1)$、$E_5(1, 0, 0)$、$E_6(1, 0, 1)$ 均为不稳定点，均衡点 $E_7(1, 1, 0)$ 和 $E_8(1, 1, 1)$ 的稳定性暂时无法确定，下面将对 E_7 和 E_8 的稳定性情况进行分类讨论。

情况1：假设 $\frac{1}{2}(2(H-J+L-M) - 2D_3 + 2Eg_3 - \varepsilon a_3^2 Q_3^2 r_3^2) < 0$，此时 $E_7(1, 1, 0)$ 的特征值符号为（-，-，-），为稳定点（ESS），$E_8(1, 1, 1)$ 的特征值符号为（-，-，+），即为不稳定点。在这种情况下，跨境电商服务提供商和跨境电商平台运营商选择协同策略，政府部门选择消极参与策略，证明政府选择消极参与所获得的收益大于政府选择积极参与时获得的收益。

情况2：假设 $\frac{1}{2}(-2(H-J+L-M) + 2D_3 - 2Eg_3 + \varepsilon a_3^2 Q_3^2 r_3^2) < 0$，此时 $E_7(1, 1, 0)$ 的特征值符号为（-，-，+），即为不稳定点，$E_8(1, 1, 1)$ 的特征值符号为（-，-，-），为稳定点（ESS）。在这种情况下，

跨境电商服务提供商和跨境电商平台运营商选择协同策略，政府部门选择积极参与，跨境电商信息服务协同达到整体利益最大化状态，这也是本研究所期望的结果。

综上所述，跨境电商信息服务协同演化博弈系统的稳定性情况如表 9 - 4 所示。

表 9 - 4　　　　　　　　　　　均衡点稳定性分析

均衡点	情况 1		情况 2	
	特征值符号	稳定性	特征值符号	稳定性
$E_1(0, 0, 0)$	（＋，＋，＋）	不稳定点	（＋，＋，＋）	不稳定点
$E_2(0, 0, 1)$	（＋，＋，－）	不稳定点	（＋，＋，－）	不稳定点
$E_3(0, 1, 0)$	（＋，－，s）	不稳定点	（＋，－，s）	不稳定点
$E_4(0, 1, 1)$	（＋，－，s）	不稳定点	（＋，－，s）	不稳定点
$E_5(1, 0, 0)$	（－，＋，s）	不稳定点	（－，＋，s）	不稳定点
$E_6(1, 0, 1)$	（－，＋，s）	不稳定点	（－，＋，s）	不稳定点
$E_7(1, 1, 0)$	（－，－，－）	ESS	（－，－，＋）	不稳定点
$E_8(1, 1, 1)$	（－，－，＋）	不稳定点	（－，－，－）	ESS

注：s 表示特征值的正负情况无法判定。

9.3　跨境电商信息服务协同
演化博弈模型仿真分析

为了确保跨境电商信息服务协同演化博弈模型的准确性，本书将使用 Matlab 进行数值仿真分析。下面对上一节得到的 8 个纯策略均衡点在两种不同情况下的稳定性进行仿真，探究各参与主体的演化路径。

9.3.1　协同稳定结果仿真分析

基于上一节提出的跨境电商信息服务协同演化博弈模型，设定具体初始参数数值进行仿真实验。在参数初始赋值时，通过借鉴相关文献中的参数设定（杜志平、区钰贤，2021；吴君民等，2021；吴洁等，2019；Wang et al.，2020），并咨询了3位跨境电商、信息资源管理领域的专家，对参数赋值条件进行限定，主要包括以下几方面。

（1）平台是跨境电商运作的核心子系统，其盈利方式众多，如广告盈利、增值服务盈利、交易佣金等，初始收益最大，政府是公益性组织，不以营利为目的，初始收益最小。因此，本研究设定 $R_2 > R_1 > R_3$。

（2）在跨境电商信息服务协同过程中，平台的核心作用决定了其付出最多，面临的风险最大，信息协同风险成本也最高，政府在协同过程虽然会公开共享信息，但更多是对其他两方协同的激励和约束作用，因此，风险成本较低，故设定 $D_2 > D_1 > D_3$。

（3）三方协同超额收益一般会高于两方协同超额收益，所以本研究设定 $E > G$。

（4）跨境电商核心平台整合了物流企业、支付企业等信息资源，是整个跨境电商信息服务生态系统中的核心种群，综合能力最强，而在三方协同过程中，政府主要起引导、激励和监管的作用，为服务提供商和平台运营商塑造更加良好的协同环境，促进二者之间的协同，推动跨境电商良好运转。此外，跨境电商服务提供商和平台运营商是营利性企业，面临着激烈的市场竞争，在互联网时代亟须提升自身信息技术能力，增强企业竞争力，如信息共享能力、信息吸收能力及信息转化为服务的能力等。同时，由于平台提供的服务更多，对自身能力要求也更高，政府属于公益性组织，信息技术能力与营利性企业相比仍有一定的差距，所以本研究设定 $a_2 > a_1 > a_3$、$b_2 > b_1 > b_3$、$f_2 > f_1 > f_3$。

（5）政府存在多个信息收集部门，如商务部、海关总署、外汇管理局等，能通过多种渠道获取信息，信息资源大多数掌握在政府手里。同时跨境电商平台能对物流、支付等服务提供商提供的信息资源进行整合，所以设定 $e_3 > e_2 > e_1$、$Q_3 > Q_2 > Q_1$。

（6）三方博弈主体在跨境电商信息服务协同中扮演着不同的角色，发挥的作用也有所差异，利益分配标准难以衡量，为了确保利益分配的均衡性，本研究设定 $g_1 = g_2 = g_3$、$k_1 = k_2 = k_3$、$u_1 = u_2$；之后基于上述条件，结合实际情况进行赋值，并将各参数值代入三维动力系统进行仿真。

首先，针对情况 1 中的稳定点 $E_7(1, 1, 0)$ 进行仿真分析，根据假设，当 $\frac{1}{2}(2F - 2D_1 - \varepsilon a_1^2 Q_1^2 r_1^2) > 0$，$\frac{1}{2}(2F - 2D_2 - \varepsilon a_2^2 Q_2^2 r_2^2) > 0$，$\frac{1}{2}(2(H - J + L) - 2D_3 - \varepsilon a_3^2 Q_3^2 r_3^2) > 0$ 且 $\frac{1}{2}(2(H - J + L - M) - 2D_3 + 2Eg_3 - \varepsilon a_3^2 Q_3^2 r_3^2) < 0$ 时，此时演化稳定策略为跨境电商服务提供商协同、跨境电商平台运营商协同、政府部门消极参与。初始参数赋值如表 9－5 所示，赋值均满足前文所提参数条件。

表 9－5　　　　　　　　　　情况 1 各参数初始赋值

R_1	R_2	R_3	E	G	D_1	D_2	D_3	F	M	H	J	L	Q_1
15	20	10	18	12	3.3	3.6	3	4	4.5	1.5	4.5	1.5	11
Q_2	Q_3	g_1	g_2	g_3	k_1	k_2	k_3	u_1	u_2	e_1	e_2	e_3	r_1
13	15	0.33	0.33	0.33	0.5	0.5	0.5	0.5	0.5	3	4	6	0.4
r_2	r_3	a_1	a_2	a_3	b_1	b_2	b_3	f_1	f_2	f_3	β	θ	ε
0.4	0.4	0.3	0.5	0.2	0.3	0.5	0.2	0.3	0.5	0.2	0.92	0.9	0.02

演化路径如图 9－7 所示，其中，x 轴代表跨境电商服务提供商选择协同策略的意愿，y 轴代表跨境电商平台运营商选择协同策略的意愿，z 轴代表政府部门选择协同策略的意愿。由图 9－7 可知，x、y、z 趋向于（1，1，0），说明此时（1，1，0）为演化博弈的稳定点（ESS）。

其次，针对情况 2 中的稳定点 $E_8(1, 1, 1)$ 进行仿真分析，根据假设，当 $\frac{1}{2}(2F - 2D_1 - \varepsilon a_1^2 Q_1^2 r_1^2) > 0$，$\frac{1}{2}(2F - 2D_2 - \varepsilon a_2^2 Q_2^2 r_2^2) > 0$，$\frac{1}{2}(2(H - J + L) - 2D_3 - \varepsilon a_3^2 Q_3^2 r_3^2) > 0$，且 $\frac{1}{2}(-2(H - J + L - M) + 2D_3 - 2Eg_3 + \varepsilon a_3^2 Q_3^2 r_3^2) < 0$ 时，此时演化稳定策略为跨境电商服务提供商协同、跨境电商平台运营商

协同、政府部门积极参与。初始参数赋值情况如表 9 - 6 所示，赋值均满足前文所提参数条件。

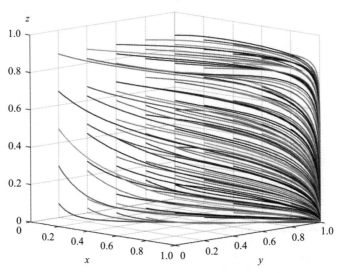

图 9 - 7   情况 1 中各主体演化路径

表 9 - 6   情况 2 各参数初始赋值

R_1	R_2	R_3	E	G	D_1	D_2	D_3	F	M	H	J	L	Q_1
15	20	10	24	12	3.3	3.6	3	4	2.5	4.8	2	3.2	11
Q_2	Q_3	g_1	g_2	g_3	k_1	k_2	k_3	u_1	u_2	e_1	e_2	e_3	r_1
13	15	0.33	0.33	0.33	0.5	0.5	0.5	0.5	0.5	3	4	6	0.4
r_2	r_3	a_1	a_2	a_3	b_1	b_2	b_3	f_1	f_2	f_3	β	θ	ε
0.4	0.4	0.3	0.5	0.2	0.3	0.5	0.2	0.3	0.5	0.2	0.92	0.9	0.02

演化路径如图 9 - 8 所示，由图 9 - 8 可知，此时 x、y、z 趋向（1，1，1），证明（1，1，1）是演化博弈稳定点。

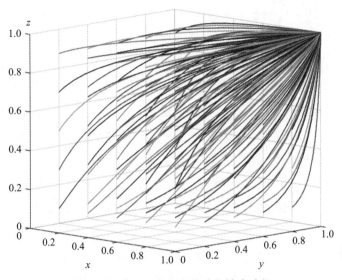

图 9 – 8 情况 2 中各主体演化博弈路径

9.3.2 协同稳定结果敏感性分析

鉴于本书旨在实现跨境电商服务提供商和平台运营商做出协同策略选择，政府部门做出积极参与策略选择，从而更好地推动跨境电商信息服务协同创新，为中小微企业提供更高效的信息服务这一目标，即寻求 $E_8(1, 1, 1)$ 为稳定点的策略选择。因此，接下来将进一步探究情况 2 中各参数变化随着时间推移对协同参与主体稳定策略选择的影响，为跨境电商信息服务协同提出保障策略做铺垫。

在表 9 – 6 赋值基础上依据实际情况对政府奖励 M、奖励分配系数 u_i、政府积极监管成本 J、积极监管带来的社会效益 H、消极监管损失 L、协同风险成本 D_i、违约金 F、三方协同超额收益 E 的参数赋值进行调整，分析其对系统演化路径的影响。

1. 政府奖励对系统演化路径的影响

限定其他参数不变，将政府奖励 M 分别赋值 0.5、2.5、4.5，设定三方初始参与协同比例为（0.5，0.5，0.5）（刘伟等，2017），图 9 – 9、

图 9-10、图 9-11 分别表示政府奖励 M 对跨境电商服务提供商、跨境电商平台运营商及政府部门博弈策略选择的影响，其中横轴表示演化时间 t，纵轴表示各参与主体选择协同策略或积极参与策略的意愿 P。由图可知，政府奖励 M 不同，协同主体策略选择也有所差异。M 对跨境电商平台运营商和服务提供商的影响较小，对政府的影响较为显著。无论 M 取值高低，随时间推移三者都会趋向协同。对服务提供商和平台运营商而言，政府奖励增加时，其所获收益增加，演化收敛速率有所提升，协同意愿增强，系统达到稳定状态所需时间减少。对政府自身而言，其所提供的奖励 M 取值越小，越倾向于积极参与，当 M 为 0.5 时，政府奖励支出较少，其趋近于积极参与的收敛速率最快，当 M 逐渐增加为 2.5 时，随时间变化政府仍会选择积极参与，但演化收敛速率减慢，当 M 继续增加至 4.5 时，政府奖励支出较高，导致自身所获收益减少，政府选择协同策略的意愿降低，演化收敛速率最慢。此外，服务提供商和平台运营商的策略选择会受到奖励分配系数 u_i 的影响，由图 9-12、图 9-13 可知，当 u_1 和 u_2 分别由 0.1 增加至 0.9 时，服务提供商和平台运营商得到的奖励增多，收益提高，选择协同策略的意愿提升，系统收敛于 1 的速率增加，达到稳定状态所需的时间缩短。

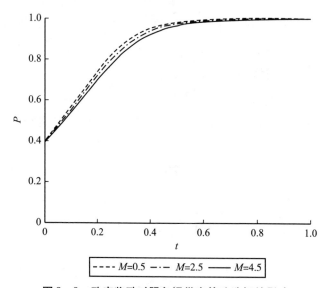

图 9-9　政府奖励对服务提供商策略选择的影响

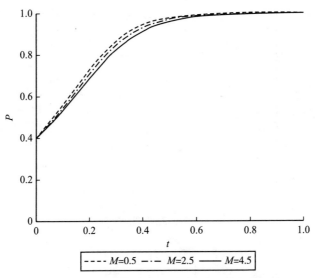

图 9 - 10 政府奖励对平台运营商策略选择的影响

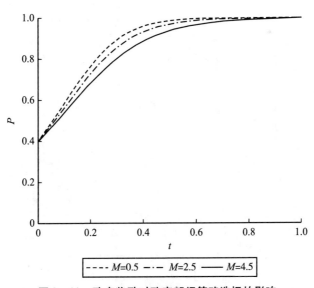

图 9 - 11 政府奖励对政府部门策略选择的影响

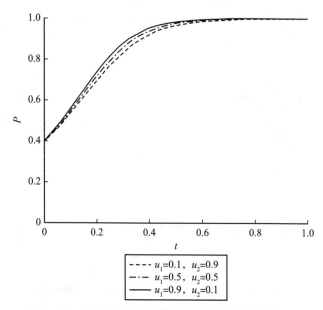

图 9 - 12 奖励分配系数对服务提供商策略选择的影响

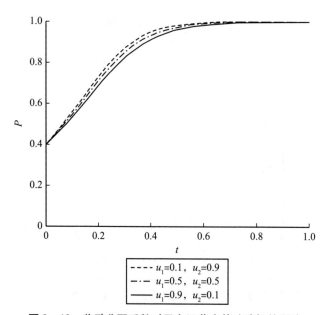

图 9 - 13 奖励分配系数对平台运营商策略选择的影响

2. 政府监管对政府部门策略选择的影响

　　跨境电商信息服务协同需要良好的环境保障，有效的监管措施是建立良好协同环境的前提，可以推动协同主体间的沟通与合作。为了探究政府积极监管成本 J、积极监管社会效益 H、消极监管损失 L 对系统演化的影响，可保持其他参数不变，只对 J、H、L 的赋值进行更改，观察博弈主体策略选择意愿变化，本书将 J 分别赋值 0.5、2.0、3.5，H 分别赋值为 0.5、4.8、9.0，L 分别赋值为 0.5、3.2、6.0。设定三方初始协同比例为 (0.5，0.5，0.5)，图 9 – 14、图 9 – 15、图 9 – 16 分别表示政府积极监管成本 J、积极监管带来的社会效益 H 及消极监管损失 L 对政府部门博弈策略选择的影响。由图可知，在系统由不稳定状态演化至稳定状态的过程中，当其他条件不变时，政府监管会对系统演化产生影响，积极监管社会效益 H、消极监管损失 L 对政府策略选择的影响趋势相同，不同于积极监管成本 J 趋势。在积极监管成本方面，当政府积极监管成本 J 增加时，意味着政府监管力度增大，但成本支出提高会使其收益降低，因此，政府选择积极参与策略的意愿降低。当 J 取值为 0.5 时，政府监管成本较低，积极

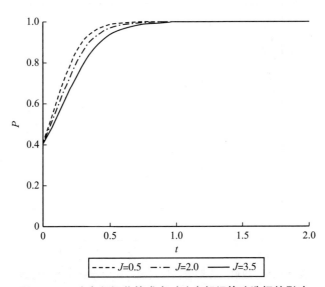

图 9 – 14　政府积极监管成本对政府部门策略选择的影响

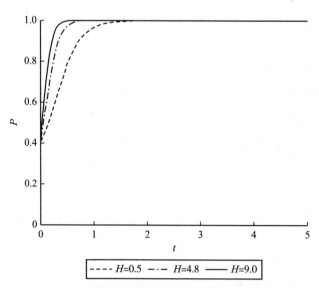

图 9 – 15　政府积极监管社会效益对政府部门策略选择的影响

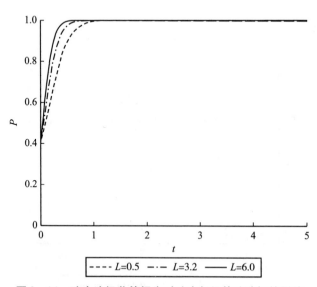

图 9 – 16　政府消极监管损失对政府部门策略选择的影响

参与对其收益影响较少，系统演化速率较快，选择积极参与策略的意愿较高；当 J 增加为 2.0 时，政府监管成本增加，收益继续减少，为了避免损失，演化收敛速率下降；当 J 继续增加至 3.5 时，监管成本持续升高，可能导致成本大于收益，此时政府选择消极参与的意愿最低。在积极监管社会效益方面，当 H 由 0.5 增加至 9.0 时，政府积极监管社会效益提升，系统演化收敛速率提升，达到稳定状态所需时间变短，政府部门选择积极参与的意愿提升。在消极监管损失方面，当 L 由 0.5 增加至 6.0 时，政府部门消极监管损失增加，导致其收益减少，为了减少损失，政府部门会积极参与协同，系统演化收敛于 1 的速率得到提升。

3. 协同风险成本对系统演化路径的影响

跨境电商市场信息不对称现象严重，协同风险复杂且难以预估，需要付出相应的成本进行控制。为了探究协同风险成本对系统演化路径的影响，可令其他参数不变，分别赋值 D_1 = 1.0，3.3，5.5；D_2 = 1.5，3.6，6.0；D_3 = 0.5，3.0，5.0。设定三方初始协同比例为（0.5，0.5，0.5），图 9 – 17、图 9 – 18、图 9 – 19 分别表示协同风险成本 D 对跨境电商服务提供商、跨境电商平台运营商及政府部门博弈策略选择的影响。由图可知，协同风险成本对三者的影响趋势相同，风险成本越高，跨境电商服务提供商和平台运营商不协同意愿越强烈，政府消极参与的趋势越明显。当 D_1、D_2、D_3 分别取值 1.0、1.5、0.5 时，随着协同风险成本的降低，演化收敛于 1 的速率变快，博弈主体选择协同策略的意愿较高。随着 D_1、D_2、D_3 取值的增大，系统演化收敛速率减慢，为了避免协同风险产生，跨境电商服务提供商和跨境电商平台运营商及政府部门协同意愿降低，达到稳定状态所需时间变长。由此可知，风险成本的降低能够增加协同参与主体选择协同策略的演化速度，有效的风险风控可以促进跨境电商信息服务协同。

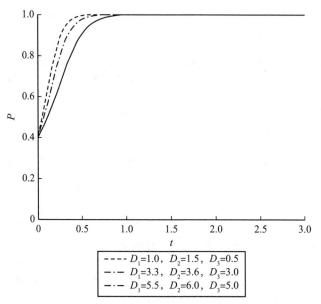

图 9-17   协同风险成本对服务提供商策略选择的影响

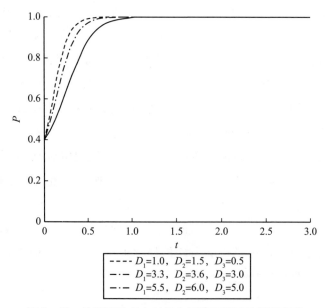

图 9-18   协同风险成本对平台运营商策略选择的影响

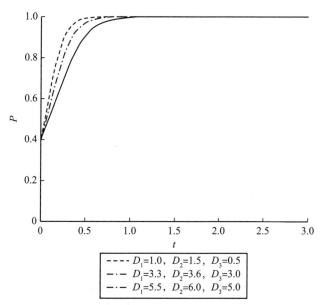

图 9 - 19　协同风险成本对政府部门策略选择的影响

4. 违约金对平台运营商及服务提供商策略选择的影响

为了更好地促进主体间协同，提升协同质量，跨境电商服务提供商和平台运营商作为市场运营主体，当有一方不协同时，不协同方要向协同方支付相应的违约金。为了探究违约金的大小对系统演化的影响，本书设定其他参数不变，令违约金 F 分别等于 1、4、7，设定三方初始协同比例为 (0.5，0.5，0.5)，图 9 - 20、图 9 - 21 分别表示违约金 F 对跨境电商服务提供商、跨境电商平台运营商博弈策略选择的影响。由图可知，随违约金赋值的变化，系统演化趋势发生变化，且二者变化趋势相同，当 F 为 1 时，系统演化收敛速度较慢，达到稳定状态所需时间较长；当 F 增加至 4 时，收敛速度提升，演化时间缩短，协同参与主体为了减少违约赔偿，降低损失，二者会在较短时间内选择协同；当 F 继续增大，增大至 7 时，系统演化速率继续提升，由于违约金损失较高，可能导致收益较少或收益小于成本，为了使损失最小化，服务提供商和平台运营商会在最短时间内做出协同策略选择行为。

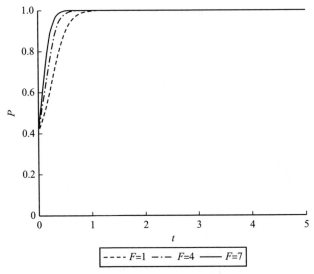

图 9 – 20   违约金对服务提供商策略选择的影响

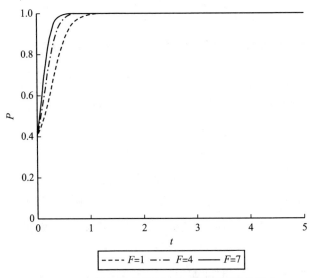

图 9 – 21   违约金对平台运营商策略选择的影响

5. 三方协同超额收益对系统演化路径的影响

协同效应是协同的核心，能为协同主体带来超额收益，会对主体协同策略选择产生影响。为探究协同超额收益 E 对系统演化路径的影响，可保持其他参数不变，将三方协同超额收益 E 分别赋值 10、24、38，设定三方初始协同比例为（0.5，0.5，0.5），图 9 – 22、图 9 – 23、图 9 – 24 分别表

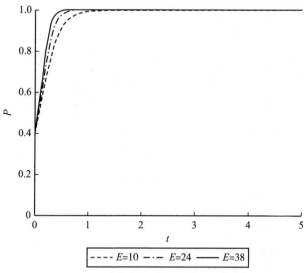

图 9 – 22　三方协同超额收益对服务提供商策略选择的影响

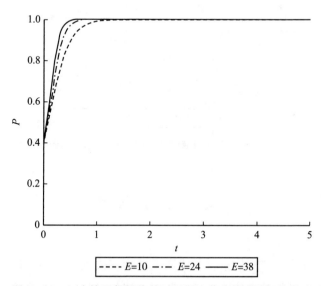

图 9 – 23　三方协同超额收益对平台运营商策略选择的影响

示三方协同超额收益 E 对跨境电商服务提供商、跨境电商平台运营商及政府部门博弈策略选择的影响。通过分析可知，协同超额收益会对协同参与主体策略选择产生影响，对政府部门的影响程度最大，其次是跨境电商平台运营商，最后是服务提供商。当 E 从 10 变化至 24 再到 38 时，三者演化趋势相同，演化速率不断增加，系统从不稳定状态达到稳定状态的时间缩短。当 E 取值为 10 时，协同超额收益虽然较低，但各参与主体受自身资源、能力等限制，不能独自完成目标，仍会选择协同策略，但系统达到稳定状态所需时间较长；当 E 增大到 38 时，协同超额收益远高于成本，在较短时间内达到稳定状态，更容易实现三方整体利益最大化。

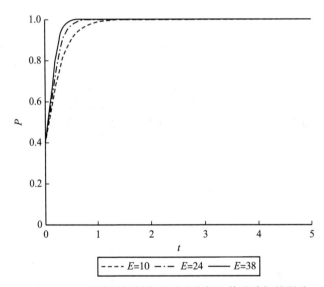

图 9-24　三方协同超额收益对政府部门策略选择的影响

9.4　本章小结

在第 8 章跨境电商信息服务协同发展影响因素识别的基础上，通过对关键影响要素进行量化处理来建立跨境电商服务提供商、跨境电商平台运营商、政府部门三方演化博弈收益支付矩阵，根据收益支付矩阵建立复制动态方程，之后通过复制动态方程的推演，得到演化博弈模型均衡点并判断其稳定性，接下来借助 Matlab 软件进行数值仿真，模拟各参数随时间变化对跨境电商信息服务协同稳定策略的影响。研究得出：跨境电商平台运营商与跨境电商服务提供商二者的协同参与意愿受政府奖励、协同风险成本、违约金及三方协同超额收益等因素的影响。其中，提高政府奖励、协同超额收益及降低违约金和协同风险成本，会推动跨境电商服务提供商和平台运营商做出协同策略选择。作为特殊的协同主体，政府的协同稳定策略主要会受到政府奖励、政府积极监管成本、积极监管社会效益、消极监管损失、协同风险成本、三方协同超额收益等因素影响。在一定条件下，政府奖励越高，积极监管成本、协同风险成本越高，政府选择协同的意愿越低，做出协同策略选择所需时间越长。政府积极监管社会效益、消极监管损失、三方超额收益越高，演化收敛于协同稳定结果的速率越快，即协同意愿越高。上述演化研究结论有助于为后续推进跨境电商信息服务协同创新模式顺利实施对策建议的提出提供指导。

第 *10* 章

跨境电商信息服务协同创新
模式发展的对策建议

　　前文对跨境电商信息服务协同创新模式的构建、协同成效评价指标的构建应用与协同发展影响因素的研究，不仅具有一定的理论研究意义，也对跨境电商信息服务各主体的协同发展有一定的实践指导价值。为了更好地提升跨境电商信息服务能力与水平，本章在前文研究成果的基础上，从宏观、微观两个视角全方位地对跨境电商信息服务协同创新模式的推进与运作提出有针对性的发展对策与建议。

10.1　宏　观　层　面

　　宏观层面是指对整个跨境电商信息服务体系进行整体性分析，从而提出相应的对策建议。结合前期研究成果，下面主要从信息服务协同环境和信息服务协同意识两个维度出发提出相应的宏观策略。

10.1.1　信息服务协同环境

1. 加强创新技术融合，夯实协同技术保障

　　跨境电商信息服务生态系统中各信息服务主体要充分把握互联网新技术发展趋势，加大技术方面的相关投入，通过创新技术与传统技术的有效

融合来带动信息服务协同多元化发展。如将 AR/VR、人工智能等可以发挥自身特色的新兴技术嵌构于原有信息服务技术体系之中，从而构建更加宽泛、更加包容的协同发展网络。

跨境电商信息服务协同模式的成功实施主要依赖于各信息服务协同主体之间的有效沟通。但考虑到外部环境复杂多变等因素会使协同过程充满不确定性，因此，需要构建以云计算、大数据、人工智能、区块链等技术作为底层架构的跨境电商技术支撑体系。该体系一方面能够实现跨境物流、跨境支付等主体业务的数字化转换，为协同主体业务内容与业务流程同步化提供信息来源，便于跨境电商平台运营商及时监管订单履行的整体进度，并对可能存在的风险与瓶颈环节进行预判，提前制定应急管理预案；另一方面，通过大数据技术，平台可以实现商品信息、物流信息、资金流信息等多元信息资产的综合管理，进而减少跨境电商由于中间流通链冗长及跨国责任追索繁杂等因素导致的信息不透明现象产生。此外，以大数据为特征的现代数据挖掘和分析技术能够对现有跨境电商业务体系运营管理提供最优化解决方案，如业务流程改进、功能整合再造等，还可以通过运营数据监控来筛选优质协同合作主体，重组业务体系结构，最大限度地实现跨境电商信息服务生态系统优胜劣汰的良性循环。

在众多新兴技术中，区块链技术被认为是解决信息不对称和信息隐私的有力工具，可以有效缓解跨境电商信息服务协同过程中出现的道德风险问题。首先，协同主体可以在原有信息服务技术的基础上融合区块链技术构建分布式系统，共建共享共治协同数据库，各协同参与主体均可以在数据库中添加新数据并验证其完整性；其次，区块链上存储的所有信息也可以供生态系统中的所有参与主体访问，各协同主体也可以轻松验证其他主体所提供信息的真实性；再次，借助区块链技术，信息传递和使用更加扁平化，信息透明性和可视度得到提高，在一定程度上可以提升各协同参与主体的决策准确性；最后，区块链技术在保障信息安全的前提下可以实现信息在协同参与主体间的自由流转，从而降低协同信任成本，提高跨境电商信息服务协同效率。

2. 完善协同保障机制，营造良好协同环境

完善的保障机制是营造良好协同环境的必要条件。首先，跨境电商信息服务本质上属于商业行为，信息服务主体具有一定的盲目性与逐利性，通过建立政府对信息服务的长效监督约束机制、合理有效的信息服务协同激励机制，健全科学的协同成效评估机制可以保障整个跨境电商信息服务生态系统的质量和稳定性。其次，信息服务协同过程是一个非常复杂的系统过程，需要对各参与主体利益进行协调，公平的激励机制可以促使参与主体协同合作，提升协同整体及参与成员的绩效。此外，还需要对协同成效进行量化评价，实现以评促建，以评促改，让跨境电商信息服务协同模式诊断、改进和完善工作做到有据可依。最后，跨境电商信息服务协同创新模式主要涉及三元主体，根据前文研究结论，任何一方信息服务协同主体的协同意愿和协同效率都会随着超额收益的增加而提升。因此，必须逐步完善以跨境电商平台为主体、政府为主导的信息服务协同环境机制建设，提升协同参与主体的综合能力，不同的参与主体充分发挥自身信息资源优势弥补其他成员的信息短板，通过协同合作减少能力差距，促进协同超额收益的增加。信息优势互补不仅可以保障跨境电商信息服务主体自身权益，也有助于在全行业营造信息服务协同环境，促进跨境电商信息服务协同的良性发展。

3. 加快专业人才培养，提高协同综合能力

跨境电商信息服务作为新兴服务行业，信息服务协同的发展不仅受到资金、技术方面的影响，同时也受到以人才为代表的信息服务主体能力的影响。人才需求的满足在跨境电商信息服务协同中的重要性日益凸显，因此，各协同参与主体要对人才资源加以重视。首先，协同参与主体之间可以建立人才资源信息数据库，采用人才资源流动的柔性机制，实现人力资源协同；其次，参与主体之间需要强化跨境电商专题教育培训的共建共享；最后，要采用多元化方式培养跨境电商信息服务相关人才。一方面，需要跨境电商信息服务企业结合自身经营实践加强对员工的实践技能培

训，协同团队要搭建起有利于人才成长的学习平台，丰富学习资源，改进学习形式，拓宽学习渠道，增强系统知识存量，加强协同团队成员对核心知识的收集、共享及应用能力，并经常总结利用隐性知识，加速知识在协同过程中的高效流通；另一方面，跨境电商信息服务协同体现了不同学科之间的交叉、融合与渗透，因此，对于该领域人才的培养更要注重与产业实际发展需求紧密结合，鼓励政府牵头，通过产学研联动，协同培养多领域跨学科的复合型人才。

4. 建立共同愿景，营造协同组织文化

共同愿景源自跨境电商每个协同参与主体的愿景，可以为多元化跨境电商信息服务协同的发展提供焦点和能量。跨境电商信息服务主体的共同愿景即通过信息服务协同实现价值共创，而跨境电商信息服务协同文化由各信息服务主体共同营造，能对信息服务主体的协同活动起到积极的引导和规范作用。从前文信息服务主体协同度评价及企业用户视角协同质量综合评价结果可知，目前跨境电商信息服务协同还处在初级阶段，各信息服务主体协同意识不强，并且各跨境电商信息服务主体经营模式与文化背景存在较大差异，所以主体间未能形成一致认同的协同文化。这就要求信息服务各主体制定明确的协同目标，增强协同意识，在建立牢固的价值共创愿景的基础上营造主体间协同文化。只有这样才能充分利用协同文化软实力来提升各信息服务主体协同的主动性和积极性，进一步释放信息服务协同效能，提高跨境电商信息服务协同的质量与效率，有利于各协同参与主体实现降本增效。

10.1.2　信息服务协同意识

1. 遵守协同规则，强化主体规则意识

遵守协同规则，首先必须有较强的规则意识。规则意识，即主体发自内心并自觉主动地以一定规则来约束自身行动的意识。各协同参与主体在进行信息服务协同时，会受到来自政府、法律、行业规范以及企业间合约等内外部规则的约束与规范。信息服务协同主体只有信守承诺、尊重规则才能共同获益，不能因为短期利益破坏规则，并且主体在违反规则后能够主动地接受既定规则的惩罚。这样做有利于维护协同秩序、优化协同环境，为协同的持续良性发展提供保障。

2. 增进彼此信任，提高主体责任意识

信任是主体对彼此之间可信赖程度的认知。跨境电商信息服务协同工作是一项多主体参与的复杂活动，在信息服务协同中往往会涉及协同主体的商业信息，只有在足够信任的基础上各协同参与主体才会积极进行信息资源共享。然而信任需要依靠每个协同参与主体共同维护，这就需要提高主体责任意识。首先，在信息服务协同过程中要保护协同合作方的涉密商业信息；其次，在信息服务协同过程中要保障所提供信息服务的准确性；最后，要拒绝消极协同与投机协同。综上所述，信息服务协同主体必须提高责任意识来增进协同主体间的相互信任，从而提升协同稳定性，推动跨境电商信息服务协同健康可持续发展。

3. 注重风险防控，增强主体忧患意识

风险防控在跨境电商信息服务协同中的重要性不容忽视，可以帮助协同主体了解跨境电商市场发展动向，避免不必要的损失，提高协同整体效率。因此，协同参与主体要增强主体忧患意识，采取相应措施，降低协同风险成本，提升协同参与意愿。首先，跨境电商服务提供商、平台运营商及政府部门要提升风险防控意识，明确协同过程中风险防控的重要性，加强自身对风险的判断能力，及时对协同潜在风险进行识别；其次，要制定并调整风险防控应急措施，跨境电商所面临的市场瞬息万变，协同过程中存在着众多不确定性因素，为了减少风险带来的损失，协同参与主体要制定全面的风险防控应急措施，并针对市场变化及时进行调整，对协同风险进行动态防控；最后，跨境电商信息服务协同参与主体要共同努力，构建包含风险识别、风险评估、风险管理、风险化解等内容的一体化协同风险

防控体系，保障跨境电商信息服务协同健康长远发展。

10.2　微观层面

微观层面是从跨境电商信息服务生态系统中各信息服务主体出发，在结合前文研究成果的基础上，对跨境电商平台运营商、跨境电商服务提供商和政府部门这三个信息服务主体提出有针对性的协同发展建议。

10.2.1　跨境电商平台运营商

通过前文研究，跨境电商平台运营商作为跨境电商信息服务协同中的核心主体，在跨境电商信息服务协同中扮演着重要作用。据此对跨境电商平台运营商提出以下对策建议。

1. 注重服务对象需求，提升协同服务精度

跨境电商信息服务的服务对象为终端跨境电商企业用户，在服务过程中，跨境电商平台运营商必须注重终端跨境电商企业用户的实际需求。根据前文研究，企业用户对信息的需求是存在优先级次序的，平台运营商需要合理地安排信息需求优先级，确保信息服务的迭代都是有价值的。

在数字化时代，企业越来越注重平台运营的成本效率以及精准程度，信息服务个性化是决定跨境电商信息服务质量的重要因素。跨境电商平台运营商应充分考虑服务对象需求，在保障信息安全的同时，提升信息服务的精准化程度。在提供精准化信息服务时，一方面，要提升跨境电商平台供需信息匹配服务，精准对接用户，缩短产品交易时间；另一方面，要提升对服务对象所属行业的市场信息供应支持力度，将企业用户营销数据嵌入评价信息系统，从而为其提供合适的信息服务。另外，随着企业的发展以及经营商品、目标出口国的变化，加上跨境电商自身的行业特殊性，语言翻译成为跨境电商企业的无差异性需求，所以跨境电商平台运营商应紧

跟时代发展，及时更新词库，满足多种语言的信息服务，这样既节省了企业用户的时间，也提升了平台信息服务效率和信息服务推荐精度。

2. 完善信息服务体系，拓宽协同服务广度

一个完善的跨境电商交易平台应该配有完备的跨境电商交易流程信息服务体系，如订单量管理信息、退换货信息、检验检疫及通关信息等交易流程的信息服务。首先，交易平台运营商应该强化订单信息管理服务及售后管理信息服务支持，加强平台信息与企业库存信息间的交流，充分保障中小微企业订单量信息的完整性和实时性；其次，平台运营商需要拥有完整的退换货规则信息，并不断优化完善，完备第三方纠纷机制，在平台开展纠纷典型案例总结与展示，当中小微企业用户遇到纠纷、侵权等情况时可提供最优解决方案，切实通过规范化的信息服务来维护卖家用户权利。此外，平台运营商还必须加强与海关等政府部门之间的协同，确保信息更新的及时性，其中包括及时更新海关政策及通关信息，进行通关告知、预警等信息服务。总之，跨境电商交易平台不仅是为企业及消费者提供交易途径，更多的是为企业跨境交易流程提供综合性信息服务，通过拓宽与其他信息服务主体的信息服务协同广度，为企业用户提供一站式信息服务功能，有效提升企业用户使用体验。

3. 着眼服务对象发展，拓展协同服务深度

跨境电商服务对象的发展关乎跨境电商平台的生存与发展。跨境电商平台运营商作为信息服务协同的核心，要基于服务对象的发展，拓展自身信息服务协同深度，强化对企业经营流程的信息服务支持。例如，在风控信息服务方面，由于跨境电商的特殊性，需要综合考虑国内外的政策与法规环境。但近些年随着跨境电商企业数量的快速上升，同时国内被投诉、被控侵权和账号被封禁的现象也陆续增加，大量企业面临着订单积压、濒临破产等风险，为了进一步保障跨境电商企业的经营安全，平台有必要与其他信息服务对象进行深度协同，为企业提供风控信息，主要涵盖平台合规风险信息、知识产权侵权信息、产品质量风险信息、货款结算和合同履

约风险信息、政治环境变化风险、海关风险信息等。使跨境电商企业在了解和掌握最新的国际形势变化的前提下，采取有效措施积极防范和妥善应对各种风险情况。

10.2.2　跨境电商服务提供商

根据前文研究结果，跨境电商服务提供商是跨境电商信息服务中的重要主体。本书考虑跨境物流与跨境支付是跨境电商服务中的主要环节，故下面结合跨境物流与跨境支付现状对跨境电商服务提供商信息服务提供对策建议。

1. 探索专项信息资源开发，丰富协同内容

跨境物流和跨境支付是跨境电商交易得以顺利完成的重要保障，相关服务的运行与反馈均离不开信息资源的支持。除了借助相关新技术、新模式的辅助来提升跨境电商服务提供商的信息服务能力外，还应重视信息服务提供商在实际运营中的信息生产能力，特别是其专项信息资源开发能力，通过对跨境电商服务提供商所产生的专项信息资源进行充分开发，既有助于拓展其信息服务内涵又有利于丰富信息服务协同内容。具体来说，服务提供商可以通过先进的信息技术手段对自身所产生的跨境物流、跨境支付等信息进行分析和加工，在实现自身信息有序化、系统化的前提下，将其运用到信息服务协同中，实现信息资源的充分应用。因此，积极探索信息资源的开发与利用对丰富信息服务协同具有重要意义。

2. 综合信息服务管理，提升协同能力

跨境电商信息服务生态系统作为一个多元信息服务主体参与的复合系统，涉及选品、物流、金融、通关、结算等多个服务环节，所以在信息服务协同中各主体扮演的角色也存在差异。根据上文信息服务主体复合系统协同度测评结果可知，跨境电商平台子系统与物流子系统、支付子系统之间处于低度协同状态，服务提供商由于自身信息服务能力有限，难以有效

配合平台运营商的发展，导致低度协同，因此，为了充分发挥信息服务提供商的协同配合作用，其可以从以下几方面入手进行改进与提升。首先，各服务提供商要全面了解各信息服务对象对协同质量的期望和需求，加深对跨境电商信息服务协同的理解，从而进一步转换成可以落实的执行方案。其次，对于信息服务提供商来说，提供服务信息的整个环节都离不开信息技术的支持，并且信息系统和信息技术的好坏直接影响协同质量的高低。近年来，随着开发自动预测需求、自动跟踪、智能机器人回复等技术方法的革新，信息服务提供商要适时选用合适的信息服务技术手段来开展相关信息服务。最后，各协同参与主体还要尽可能地培养更多高素质的信息服务提供人员，建立完善的协同体系内部人才培养和流通渠道，以提升信息服务整体素质。

10.2.3　政府部门

不同于跨境电商平台运营商和跨境电商服务提供商，政府作为其中特殊的信息服务主体，其在构建协同运行保障机制和保持信息服务协同模式持续稳定发展中都具有强有力的领导与规范作用，基于上述分析本书提出以下几点建议。

1. 丰富监管举措，优化协同关系

政府是拥有公权力的信息服务主体，通过上文分析结果可知，监管作为逆向激励的一种方式会影响参与主体协同策略选择。在跨境电商实际运营过程中，跨境电商服务提供商和跨境电商平台运营商为追求自身利益最大化，可能会传递虚假信息或做出投机主义等不道德行为，降低协同效率。因此，为了促进跨境电商信息服务协同工作健康可持续发展，避免不道德行为产生，需设定合理的监管举措，适度监管可以提升协同整体效益，提升政府自身声誉，若监管不能及时跟上，则会影响政府的公信力，为其带来损失。政府在监管过程中要考虑以下几方面：首先，政府有必要设置第三方监管部门，对协同情况实时监控记录，尽最大努力避免协同过

程中不道德行为的产生，对协同参与主体行为进行约束，加强其自觉意识，推动跨境电商信息服务协同长远发展；其次，政府监管松紧要适度，若监管力度过大，政府成本投入便会增加，在一定程度上影响自身协同积极性；最后，政府应建立灵活有效的反馈机制来应对发展变化的现实需求，通过建立有效的反馈机制实现政府与其他信息服务协同参与主体间的良性对话。综上所述，适度合理的监管措施可以优化协同关系，实现多元主体协作多赢，在提升跨境电商服务提供商效益的同时，也可以保障跨境电商平台运营商收益，促进政府利益提升，最终实现整体利益最大化，共同推动跨境电商信息服务市场发展。

2. 健全奖惩体系，营造协同环境

政府作为实施奖励的主体，是跨境电商信息服务协同机制的重要组成部分，也是协同激励的核心力量。科学适度的激励措施可以产生激励协同效应，提升协同主体积极性。通过前文仿真结果分析可知，跨境电商服务提供商和平台运营商获得的政府奖励越多，其参与协同的积极性便会更高，协同意愿也会得到提升。基于上述研究结论，政府可以从以下几方面入手：首先，政府要加强宣传，积极发布协同方面指导意见及奖励政策，提升社会协同意识，使跨境电商服务提供商与平台运营商可以自愿参加跨境电商信息服务协同工作；其次，政府要及时将奖励政策落到实处，如减免税收、发放协同补贴、鼓励协同企业技术升级等，进一步激发协同主体参与积极性；最后，政府奖励要适度，若奖励过高，便会导致自身成本投入增加，影响自身协同参与积极性，整体协同效益减少。

3. 提高服务意识，参与协同合作

在跨境电商信息服务协同过程中，政府扮演着特殊的角色，其必须具备较强的信息服务意识，充分认识到自身在信息资源配置中的重要作用，并且可以利用多种方法与手段将信息服务意识转化为具体的信息行为。由于我国跨境电商和信息服务业起步较晚，全社会信息素养还有所欠缺，这在一定程度上导致政府在信息服务中更多扮演的是信息服务监管者的角色，而不是参与者角色，进而造成了政府端信息资源与技术浪费现象严重，所以政府应该积极转变其在信息服务协同中的角色定位，不仅要作为协同监督者，还要作为协同参与者。具体来说，政府不仅要运用其行政强制力和影响力对信息资源的流动和共享进行监督管理，并且还应该充分发挥其作为信息服务主体的作用，积极地参与到信息服务协同中来，借助各种技术手段充分利用其掌握的大量跨境电商权威统计数据与信息，并与其他信息服务主体积极进行协同，达到信息资源"共建、共知、共享"的最优效果。

第 11 章

结论与展望

　　本书遵循信息服务的用户导向原则,对企业用户的信息需求进行调查,并从跨境电商信息服务现状出发,对信息服务现存问题进行分析和探究,发现信息服务多主体协同是跨境电商信息服务发展的主要趋势。在此基础上,本书在情报学、管理学、信息科学等相关学科理论基础上,又引入数学、生态学、哲学等学科研究方法及研究思想,试图通过多元概念的嵌入来深入系统地探讨跨境电商信息服务协同创新模式的构建、实施与成效评价等问题,主要研究结论与展望如下。

11.1　研　究　结　论

　　随着我国跨境电商行业与信息服务行业的快速发展,跨境电商信息服务备受关注。信息服务协同作为一种解决目前信息服务供需矛盾的有效手段,协同模式不但可以满足当前跨境电商信息服务中小微企业的现实信息需求,而且还有助于提升跨境电商整体信息服务水平。然而目前,跨境电商信息服务仍处于较低协同发展水平,各信息服务主体独自承担着信息服务任务,无法有效满足企业用户多样化信息需求,如何通过协同提高信息服务效能是当前亟须解决的重要问题。因此,本书以跨境电商信息服务协同创新模式为研究核心,基于协同理论、信息服务生态系统理论、复合系统理论等相关理论,运用访谈法、调查法、数学建模法、数理统计法等多种研究方法,系统地探索了跨境电商信息服务协同创新模式构建、协同创新模式下信息服务协同成效评价体系、跨境电商信息服务协同发展影响因素等问题，基于此提出了相应的对策与建议。本书的主要研究工作及结论有以下几方面。

1. 跨境电商信息服务生态系统理论模型构建与分析

本书在商业生态系统理论与信息服务生态系统的理论基础上，得出跨境电商信息服务生态系统的三要素分别为信息人、信息资源及信息环境，接下来对跨境电商背景下信息服务生态系统中各构成要素的内涵与相互关系进行深入分析，总结出跨境电商信息服务生态系统的五大参与种群，分别是政府种群、跨境电商平台种群、跨境电商支付种群、跨境电商物流种群及企业用户种群，之后结合各种群自身属性与行业分工，按照信息服务生产者、信息服务传递者、信息服务消费者、信息服务监管者的分类方式对五大种群在跨境电商信息服务生态系统中角色定位进行明晰，最终构建出一套在信息服务技术、信息服务制度、信息服务时空背景下，以价值共创为目标、以信息资源及资源流动为连接导向的跨境电商信息服务生态系统模型。

2. 企业用户跨境电商信息需求层次分析

在跨境电商信息服务生态系统中，信息服务活动主要以企业用户需求为导向。本书基于意义建构理论，设计半结构化访谈并选取 30 家从事跨境电商贸易中小微企业为访谈对象，通过扎根编码来对访谈结果进行概念化、范畴化处理，得出跨境电商企业用户的主要信息需求。接下来根据访谈内容，按照 Kano 模型基本原理设计调查问卷并对问卷收集结果进行分析，确定了各信息需求项目的 Kano 归属类别，最终分析出以环境信息、经营信息、交易信息为第一层级，以贸易国政策法规、宏观经济环境信息等 19 项内容为第二层级的中小微企业出口跨境电商信息需求层次。

3. 跨境电商信息服务协同创新模式构建

本书在协同论、资源依赖理论的基础上，结合实际情况，基于跨境电商信息服务生态理论模型，从跨境电商平台运营商、跨境电商服务提供商、政府部门三个信息服务主体入手，通过网络调查法对跨境电商信息服务现状及现存信息服务协同模式进行研究，研究发现，现存信息服务协同模式并不能很好地满足企业用户的信息需求，因此，在参考信息服务四要素基础上，构建了信息服务对象协同、信息服务主体协同、信息服务内容协同、信息服务策略协同四维一体的跨境电商信息服务协同创新模式。

4. 协同创新模式下跨境电商信息服务主体协同度评价模型构建

结合前文信息服务生态系统理论，从信息服务协同主体视角出发，引入复合系统理论，构建跨境电商信息服务协同度评价模型，研究过程利用灰色关联度方法，以信息服务相关指标为各子系统参考序列来进行指标选取，模型选用 2015～2020 年的数据进行实证分析，探究以跨境电商平台运营商、跨境电商服务提供商、政府部门为基础的信息服务生态系统内部各指标之间的协同程度，平台与其他子系统之间的协同程度以及信息服务生态系统整体协同情况，研究结果表明，跨境电商信息服务领域各信息服务主体近年来协同趋势明显，但仍处于低层次协同状态，在上述研究结论的基础上，结合实际情况进一步分析了跨境电商信息服务生态系统协同度波动的原因。

5. 协同创新模式下跨境电商信息服务协同质量用户评价模型构建

本书在充分印证了信息服务协同的重要性和必要性以及完成对信息服务协同创新模式构建的基础上，从企业用户视角来评价跨境电商信息服务协同效果。研究充分借鉴服务质量差距理论，从信息资源协同、信息服务主体协同、信息服务策略协同及信息服务协同环境四个维度入手，在结合已有研究成果的基础上，确定跨境电商信息服务质量协同评价指标，并运用乘积标度法确定指标权重，最终从企业用户视角出发构建了一套科学的跨境电商信息服务协同质量评价体系。实证结果表明，所调研企业用户对当前信息服务协同质量评价较低。

6. 协同创新模式下跨境电商信息服务协同发展影响因素识别与分析

本书运用扎根理论，通过检索国内外跨境电商信息服务协同相关文献，结合半结构化访谈方法搜集原始资料，之后通过编码处理，全面详尽地识别影响跨境电商信息服务主体协同的关键因素，并在此基础上构建了由协同信息特性、协同主体能力、协同主体认知、协同风险感知、协同收益预期、协同成本预期、激励驱动、协同保障环境组成的跨境电商信息服务协同影响因素理论模型，最后根据参考点占比对各个因素重要性进行了科学限定和分析。

7. 协同创新模式下跨境电商信息服务协同发展演化博弈分析

本书在演化博弈理论的基础上，以跨境电商平台运营商、跨境电商服务提供商、政府部门为信息服务三方主体，结合前文影响因素成果选取相关参数来构建演化博弈模型，探究协同参与主体的演化稳定策略，之后进行仿真模拟，并对关键影响因素进行敏感性分析，研究得出，政府奖励、政府监管、协同风险成本、违约金、三方协同超额收益对跨境电商信息服务协同演化发展的影响规律。

11.2　研　究　展　望

跨境电商信息服务作为一个新兴领域，其协同创新模式的实施与运行不是一蹴而就的，而是一个需要经历长期探索的过程，且跨境电商信息服务协同系统是一个复杂的、动态的生态系统，因此，需要不断改进提升，以上是对本书研究的阶段性总结，现阶段研究还存在以下不足，有待在后续研究中继续改进。

（1）本书综合运用了扎根理论、半结构化访谈、问卷调查等方法对原始资料进行采集和处理，在一定程度上受到了较多人为主观因素的影响。虽然研究中通过样本量的增加与信度效度分析尽可能降低人为因素的影响，但为了进一步提升研究的科学性，在接下来的研究中需要尽量消除人为因素对研究的干扰。

（2）研究中需要大量跨境电商现有数据，但受限于商业数据获取难度较大，所以在相关指标的丰富度和完整度上还存在较大提升空间，且研究中采纳的数据样本量不够多，在一定程度上会影响研究准确性，因此，在今后研究过程中，可通过进一步扩大数据样本量方式保证数据样本的全面性和科学性。

（3）本书主要针对跨境电商信息服务协同进行探究，但在实际的商业运行中，各个主体在协同过程中也往往伴随着竞争。为了更加符合跨境电商信息服务发展的实际情况，在今后的研究中要适当考虑主体间竞争对协同的作用与影响。

（4）目前，对跨境电商信息服务协同研究是在单一背景和环境下进行的，在今后的研究中可以考虑对不同环境下尤其是突发、极端环境下的跨境电商信息服务协同演化发展情况，继续进行针对性或者比较性的研究。

参 考 文 献

［1］白华，韩文秀．复合系统及其协调的一般理论［J］．运筹与管理，2000（3）：1-7.

［2］毕长泉，王艳红，吴卫华，等．基于企业创新发展需求的高校图书馆信息服务的内容及途径分析［J］．现代情报，2012，32（4）：73-76.

［3］曹武军，闫梦娜，薛朝改．论基于演化博弈的跨境电商生态系统稳定性［J］．财会月刊，2019（23）：145-152.

［4］查先进．企业竞争情报［M］．武汉：武汉大学出版社，2020.

［5］常永华，李春玲．电子政务信息服务模型研究——基于演化博弈的分析［J］．情报理论与实践，2011，34（9）：73-77.

［6］陈光磊．生态与生存［M］．南京：东南大学出版社，2015.

［7］陈怀平，金栋昌．基于大数据时代的公共信息服务政企合作路径分析［J］．图书馆工作与研究，2014（8）：9-13.

［8］陈建宏．统计学基础［M］．北京：北京理工大学出版社，2013.

［9］陈建龙，申静．信息服务学导论［M］．北京：北京大学出版社，2017.

［10］陈劲，阳银娟．协同创新的理论基础与内涵［J］．科学学研究，2012，30（2）：161-164.

［11］陈岚．基于公众视角的地方政府微博信息服务质量评价及差距分析［J］．现代情报，2015，35（6）：3-8.

［12］陈立华．面向企业需求的数字信息资源整合及信息集成服务平台的设计与实现［J］．图书馆理论与实践，2015（10）：107-110.

［13］陈莫凡，黄建华．政府补贴下生态农业技术创新扩散机制——

基于"公司＋合作社＋农户"模式的演化博弈分析 [J]. 科技管理研究, 2018, 38 (4): 34 - 45.

[14] 陈朋. 基于机构合作的信息集成服务——传统文献信息服务走出困境的突破口 [J]. 情报理论与实践, 2004 (2): 165 - 169.

[15] 陈潇, 张彩慧, 钟肖英, 等. 基于复合系统的跨境电商与物流协同度评价研究 [J]. 江西科学, 2022, 40 (2): 361 - 366.

[16] 陈晔. 公共图书馆标准文献服务与中小企业信息需求的对接探索——基于上海图书馆的实践 [J]. 科技情报开发与经济, 2015, 25 (7): 4 - 7.

[17] 程惠. 探讨我国中小外贸企业开展跨境电商面临的机遇与挑战 [J]. 农村经济与科技, 2020, 31 (20): 80 - 81.

[18] 初景利, 唐果媛. 图书馆与智库 [J]. 图书情报工作, 2018, 62 (1): 1 - 7.

[19] 储节旺, 英雨晨. 数字贸易背景下我国信息服务贸易发展路径研究 [J]. 情报理论与实践, 2022, 45 (7): 1 - 7, 73.

[20] 崔文静, 连季婷. 京津冀协同发展的动态联盟演化博弈与一体化路径研究 [J]. 社会科学家, 2016 (4): 61 - 65.

[21] 崔裕枫. 基于演化博弈论的行人与机动车冲突仿真模型研究 [D]. 北京: 北京交通大学, 2018.

[22] 单卫国. 推进智库建设提升国家和企业软实力 [J]. 理论视野, 2014 (5): 70 - 74.

[23] 邓胜利, 付婷. 协同理论在中国图情领域的应用研究述评与展望 [J]. 情报理论与实践, 2018, 41 (9): 148 - 153.

[24] 邓亚文. 白沟箱包企业出口跨境电商信息需求调查研究 [D]. 保定: 河北大学, 2020.

[25] 丁亭亭. 智慧物流园区协同创新激励机制及评价研究 [D]. 南京: 南京财经大学, 2020.

[26] 丁璇. 建立企业档案信息服务中心 [J]. 北京档案, 2005 (2): 22 - 23.

［27］董洁萍．天津自贸区企业信息需求调查与分析［J］．科技情报开发与经济，2015，25（15）：107－109．

［28］杜志平，郭承丽，鲁文豪，等．基于演化博弈的跨境电商物流联盟合作分析［J］．数学的实践与认识，2019，49（10）：22－32．

［29］杜志平，区钰贤．基于复合系统协同度模型的跨境物流联盟协同评价分析［J］．供应链管理，2021，2（2）：100－111．

［30］杜志平，区钰贤．基于三方演化博弈的跨境物流联盟信息协同机制研究［J/OL］．中国管理科学，1－12［2021－11－22］．

［31］冯缨，徐俊．社会化媒体环境下的信息生态系统协同度测度研究［J］．图书馆，2018（6）：73－78．

［32］付姣珑．移动互联网背景下湖南省跨境电商企业的发展影响因素分析［J］．质量与市场，2021（18）：1－3．

［33］付帅帅，陈伟达，王丹丹．跨境电商物流供应链协同发展研究［J］．东北大学学报（社会科学版），2021，23（1）：52－60．

［34］傅小康．云环境下的集散型物流服务协同模型与优化［D］．杭州：浙江工商大学，2016．

［35］甘雨，刘昆雄．面向创新型湖南建设的跨系统信息协同服务策略［J］．情报杂志，2015，34（3）：176－180．

［36］高玮．基于序参量原理的区域物流系统协同评价研究［D］．北京：北京理工大学，2018．

［37］高阳．基于SERVQUAL模型的移动通信服务质量评价研究［D］．北京：北京邮电大学，2010．

［38］顾兆姝．我国跨境电商物流模式存在的问题与对策［J］．中国中小企业，2020（6）：159－160．

［39］郭海玲．产业集群视角下出口跨境电商发展对策——以河北省为例［J］．中国流通经济，2017，31（5）：55－65．

［40］郭海玲．跨境电商平台信息服务协同模式构建研究［J］．贵州社会科学，2021，379（7）：139－147．

［41］郭海玲，马红雨，朱嘉琪．跨境电商信息服务生态系统构成要

素与概念模型研究［J］．商业经济研究，2021（19）：92 – 95.

［42］郭海玲，许泽辉，马红雨．跨境电子商务信息资源服务体系的构建研究［J］．经济论坛，2019（11）：103 – 110.

［43］哈肯．协同学［M］．北京：原子能出版社，1984.

［44］韩玉莹．基于演化博弈和仿真分析的节能产品补贴策略研究［D］．哈尔滨：哈尔滨工业大学，2019.

［45］何江，钱慧敏．跨境电商与跨境物流协同策略研究［J］．物流科技，2017，40（7）：1 – 6.

［46］何江，钱慧敏．跨境电商与跨境物流协同关系实证研究［J］．大连理工大学学报（社会科学版），2019，40（6）：37 – 47.

［47］何江，钱慧敏．我国跨境电商物流研究——述评与展望［J］．技术与创新管理，2017，38（5）：535 – 541.

［48］何绍华，林翔．基于网络交互式平台的信息服务协同模式研究［J］．情报理论与实践，2013，36（7）：54 – 57，80.

［49］和征，张志钊，杨小红．云制造创新生态系统知识共享激励的演化博弈分析［J/OL］．中国管理科学，1 – 14［2022 – 06 – 22］.

［50］胡碧琴，赵亚鹏．创新视域下港口物流产业集群与跨境电商联动发展研究［J］．商业经济研究，2016（8）：102 – 103.

［51］胡昌平，曹宁，张敏．创新型国家建设中的信息服务转型与发展对策［J］．山西大学学报（哲学社会科学版），2008（1）：101 – 108.

［52］胡昌平，胡媛．跨系统协同信息咨询服务模型构建［J］．情报科学，2015，33（3）：65 – 69.

［53］胡昌平，张敏．面向国家自主创新的知识信息服务支撑体系构建［J］．图书情报知识，2009（2）：12 – 16.

［54］胡昌平，张耀坤．跨系统协同信息服务及其发展［J］．图书馆论坛，2010，30（6）：27 – 33.

［55］胡吉明，李雨薇，谭必勇．政务信息发布服务质量评价模型与实证研究［J］．现代情报，2019，39（10）：78 – 85.

［56］胡潜．信息资源整合平台的跨系统建设分析［J］．图书馆论坛，

2008，28（3）：81－84.

[57] 胡晓平. 一带一路下跨境电商物流发展对策研究 [J]. 中国产经，2020（4）：5－6.

[58] 胡宇豪. "一带一路"下跨境电商与跨境物流发展几点思考 [J]. 商场现代化，2020（7）：34－35.

[59] 胡媛，胡昌平. 面向用户的跨系统协同信息服务平台构建与定制服务推进 [J]. 信息资源管理学报，2013，3（2）：29－35.

[60] 华丽. 面向现代企业的信息咨询服务 [J]. 现代情报，2005（9）：165－166，168.

[61] 黄继梅，车国旺，陈进强. 国际物流与跨境电商的互动效应及其驱动因素 [J]. 商业经济研究，2021（23）：133－137.

[62] 黄琳琳. 我国中小企业跨境电商协同机制研究 [J]. 现代商贸工业，2020，41（3）：35－36.

[63] 黄文华，黄见德. 主体认知结构探源 [J]. 华中理工大学学报（社会科学版），1991（2）：86－91，97.

[64] 黄晓斌，张明鑫. 新技术环境下的智库情报服务创新研究 [J]. 图书与情报，2020（1）：112－119.

[65] 姜文华. 构建信用信息服务平台　打造中小企业信用体系建设新模式 [J]. 征信，2010，28（1）：65－67.

[66] 焦柳丹，朱影含，吴雅，等. 基于演化博弈理论的城市轨道交通高峰票价定价研究 [J]. 重庆交通大学学报（自然科学版），2021，40（8）：42－49.

[67] 金惠红. 民营企业信息需求及获取途径分析 [J]. 企业经济，2010（6）：49－52.

[68] 金璐. 跨境电商供应链效率影响要素及关系分析 [J]. 商业经济研究，2020（22）：153－155.

[69] 柯平. 信息资源共享研究的一个标杆——评肖希明教授的《信息资源共享系统绩效评估研究》[J]. 情报资料工作，2014（3）：110－112.

[70] 李纲，李阳. 面向决策的智库协同创新情报服务：功能定位与

体系构建 [J]. 图书与情报, 2016 (1): 36 – 43.

[71] 李桂华. 信息服务设计与管理 [M]. 北京: 清华大学出版社, 2022.

[72] 李海超, 盛亦隆. 区域科技创新复合系统的协同度研究 [J]. 科技管理研究, 2018, 38 (21): 29 – 34.

[73] 李金龙. 义乌跨境电商保税物流平台的探索 [J]. 中国流通经济, 2015, 29 (7): 30 – 34.

[74] 李隽波, 张珏, 曲霏. 跨境电商生态圈构建及发展路径研究 [J]. 科技管理研究, 2019 (23): 207 – 212.

[75] 李乐儒, 傅文奇. 多元主体协同的我国高校知识产权信息服务的调查与分析 [J]. 情报探索, 2021 (9): 62 – 67.

[76] 李敏, 郑川, 李永强. 云南省省、市、县级地震应急信息协同技术系统的设计与实现 [J]. 地震研究, 2018, 41 (1): 139 – 147.

[77] 李娜. 科研协同信息平台服务内容分析与服务体系构建 [J]. 情报科学, 2011, 29 (9): 1370 – 1373.

[78] 李鹏. 公共管理学 [M]. 北京: 中共中央党校出版社, 2010.

[79] 李杉杉, 赵乃瑄, 冯君. 服务于协同创新的跨系统区域图书馆联盟发展策略研究 [J]. 图书情报工作, 2016, 60 (16): 61 – 65, 72.

[80] 李顺东. 跨境电子商务信用协同运行机理研究 [D]. 天津: 天津财经大学, 2019.

[81] 李炜平. 乌鲁木齐综合保税区农产品跨境电子商务物流服务体系建设研究 [D]. 乌鲁木齐: 新疆农业大学, 2021.

[82] 李志刚, 徐婷. 电子政务信息服务质量公众满意度模型及实证研究 [J]. 电子政务, 2017 (9): 119 – 127.

[83] 刘晗. 社会资本对跨境电商企业创新持续性的影响——以广东省 244 个跨境电商企业为样本 [J]. 浙江树人大学学报 (人文社会科学版), 2019, 19 (6): 65 – 72, 81.

[84] 刘和东, 陈文潇. 资源互补与行为协同提升合作绩效的黑箱解构——以高新技术企业为对象的实证分析 [J]. 科学学研究, 2020, 38 (10): 1847 – 1857.

［85］刘佳，彭鹏，黄雨微．面向科技创新的科技信息服务生态链模型构建研究［J］．现代情报，2019，39（6）：32－37．

［86］刘捷先，张晨．公共服务平台下虚拟联盟成员选择机制及联盟企业间协同制造问题研究［J］．中国管理科学，2020，28（2）：126－135．

［87］刘莉．数据挖掘在企业信息服务中的应用［J］．现代情报，2006（6）：188－189，191．

［88］刘琳，王玖河．基于演化博弈的顾客知识共享决策行为研究［J］．科研管理，2022，43（2）：149－159．

［89］刘琦．物联网协同信息服务模式探究［J］．科技展望，2014（22）：6－7．

［90］刘伟，夏立秋，王一雷．动态惩罚机制下互联网金融平台行为及监管策略的演化博弈分析［J］．系统工程理论与实践，2017，37（5）：11－21．

［91］刘亚娟．基于社会责任观的企业档案信息服务［J］．兰台世界，2009（24）：38－39．

［92］刘有升，陈笃彬．基于复合系统协同度模型的跨境电商与现代物流协同评价分析［J］．中国流通经济，2016，30（5）：106－114．

［93］刘雨农，刘敏榕，陈振标．图书馆生态系统协同度测度模型研究——以福州大学图书馆为例［J］．图书情报工作，2017，61（20）：71－76．

［94］刘玉梅．面向产学研合作创新的信息服务体系构建研究［J］．图书馆学研究，2014（8）：76－81．

［95］刘志坚．基于产业集群的企业生态网络研究［J］．经济与管理研究，2006（1）：61－64．

［96］娄策群，徐黎思．信息服务生态链功效的影响因素及提升策略［J］．图书情报工作，2011，55（4）：19－23．

［97］娄策群，赵桂芹．信息生态平衡及其在构建和谐社会中的作用［J］．情报科学，2006，24（11）：1606－1610．

［98］卢安文，何洪阳．互联网信息服务业多元共治模式的作用机制研究——基于多参数影响的演化博弈视角［J］．中国管理科学，2021，29

（3）：210 – 218.

［99］卢安文，何洪阳. 基于演化博弈的互联网信息服务业多元协同治理研究［J］. 运筹与管理，2020，29（11）：53 – 59.

［100］卢小宾，王丽华. 我国信息服务企业发展战略研究［J］. 情报科学，2003，21（11）：1133 – 1137.

［101］陆浩东，戴艳清. 基于信息共享空间的图书馆协同信息服务实现［J］. 图书馆学研究，2011（11）：80 – 83.

［102］陆伟，郝金星，王晓光. 信息服务企业的战略数据规划［J］. 科技进步与对策，2004（9）：144 – 146.

［103］吕晖，叶飞，强瑞. 供应链资源依赖、信任及关系承诺对信息协同的影响［J］. 工业工程与管理，2010，15（6）：7 – 15.

［104］吕映秀，郭丽芳，马家齐，等. 农业跨境电子商务采纳影响因素研究［J］. 北方园艺，2018（5）：188 – 193.

［105］罗汉洋. 供应链中跨组织信息系统的演化［J］. 科技管理研究，2005（9）：161 – 163.

［106］罗贤春，李阳晖. 电子政务对中小企业国际贸易的服务机制研究［J］. 图书馆理论与实践，2012（2）：28 – 31，37.

［107］骆品亮，殷华祥. 知识共享的利益博弈模型分析及其激励框架［J］. 研究与发展管理，2009，21（2）：24 – 30，55.

［108］马费成，姜愿，赵一鸣. 服务视角下的知识组织系统研究新进展［J］. 情报杂志，2015（7）：165 – 172，152.

［109］马费成，宋恩梅，赵一鸣. 信息管理学基础［M］. 武汉：武汉大学出版社，2018.

［110］马红雨. 面向跨境电商企业智库的信息服务协同机制研究［D］. 保定：河北大学，2020.

［111］马捷，胡漠，尹舒悦，等. 群体智慧视域下智慧政府信息协同满意度感知范畴研究［J］. 情报科学，2021，39（7）：116 – 123，152.

［112］马捷，蒲泓宇，张云开，等. 基于关联数据的政府智慧服务框架与信息协同机制［J］. 情报理论与实践，2018，41（11）：20 – 26.

［113］马捷，张云开，蒲泓宇．信息协同：内涵、概念与研究进展［J］．情报理论与实践，2018，41（11）：12－19．

［114］马喜芳，颜世富，钟根元．新常态下激励协同对组织创造力影响机制研究［J］．管理工程学报，2019，33（1）：84－93．

［115］马亚男．知识联盟组织间技术知识共享的风险控制［M］．北京：中国经济出版社，2008．

［116］孟庆松，韩文秀．复合系统协调度模型研究［J］．天津大学学报，2000（4）：444－446．

［117］莫祖英，侯征，刘燕权．基于IPA分析的政府开放数据关键性质量问题研究［J］．情报资料工作，2021，42（1）：88－94．

［118］潘俊，程建和．电信企业通用数据服务平台的设计与实现［J］．电信科学，2013，29（2）：124－128，134．

［119］庞燕．跨境电商服务供应链与服务集成商能力的提升［J］．中国流通经济，2019，33（9）：64－72．

［120］钱肖祥．跨境电商对中小企业出口竞争力的影响研究［D］．天津：天津财经大学，2016．

［121］乔东．中小企业综合信息服务平台业务功能与模式［J］．山西财经大学学报，2010，32（1）：142．

［122］权进国，张恩强．电子政务应用平台建设探索［J］．改革与战略，2002（12）：13－15．

［123］任钰，郭芳芳．农业信息服务需求与影响因素分析［J］．山西农业科学，2015，43（8）：1018－1020．

［124］［瑞典］乔根·W. 威布尔，王永钦．演化博弈论［M］．上海：上海人民出版社，2006．

［125］桑国荣．中国小微外贸企业跨境电商的发展研究［D］．长春：吉林财经大学，2019．

［126］史新，邹一秀，路永和．协同环境下的竞争情报系统研究［J］．情报杂志，2007（10）：67－69．

［127］宋磊．跨境贸易电商供应链效率影响因素研究［J］．安阳师范

学院学报，2017（3）：26 - 29.

[128] 宋姗姗，王金平，邱科达. 智库协同创新的知识协同评价体系构建与实证研究 [J]. 情报杂志，2022，41（6）：200 - 207.

[129] 宋舒曼. 跨境电商主导性规则及其推进策略研究 [J]. 商场现代化，2019（18）：35 - 36.

[130] 宋维嫒. 图书情报机构面向企业智库建设的信息服务体系研究 [D]. 长春：吉林大学，2018.

[131] 宋晓舒. 信息因素对我国贸易比较优势的影响探析 [J]. 商业经济研究，2015（25）：28 - 30.

[132] 宋新平，甘德昌，熊强. 中小企业竞争情报的需求及应用行为探析 [J]. 情报理论与实践，2012，35（3）：62 - 65，74.

[133] 苏佳坤，郭鹏，赵静，等. 跨组织项目合作的知识共享行为演化博弈研究 [J]. 科技管理研究，2020，40（18）：179 - 187.

[134] 苏凯. 基于跨境电子商务综合服务平台的信息共享研究 [D]. 哈尔滨：黑龙江大学，2017.

[135] 苏为华. 多指标综合评价理论与方法问题研究 [D]. 厦门：厦门大学，2000.

[136] 孙林凯，金家善，耿俊豹. 基于修正邓氏灰色关联度的设备费用影响因素分析 [J]. 数学的实践与认识，2012，42（8）：140 - 145.

[137] 孙琪. 我国跨境电商发展现状与前景分析 [J]. 商业经济研究，2020（1）：113 - 115.

[138] 孙伟，赵文珺. 吉林省跨境电子商务服务平台构建 [J]. 情报科学，2015，33（6）：106 - 108，119.

[139] 孙新波. 知识联盟激励协同机理及实证研究 [M]. 北京：科学出版社，2013.

[140] 孙毅，查胜举. 外贸信息服务体系的国际比较与借鉴 [J]. 世界经济文汇，2000（3）：14 - 19.

[141] 覃雪莲，刘志学. 供应链物流服务质量研究述评与展望 [J]. 管理学报，2018，15（11）：1731 - 1738.

[142] 覃子珍，娄策群．旅游信息服务生态链模型及其协同管理研究 [J]．现代情报，2017，37（12）：19-23.

[143] 汤铃，李建平，余乐安，等．基于距离协调度模型的系统协调发展定量评价方法 [J]．系统工程理论与实践，2010（4）：594-602.

[144] 唐林．农村小微企业电子商务对策研究 [D]．武汉：华中师范大学，2014.

[145] 唐毅，常诚．云边一体的下一代智能协同交互技术研究 [J]．中国信息化，2019（8）：92-95.

[146] 陶海蓉．跨境电商环境下中小企业出口转型对策研究 [J]．合作经济与科技，2015（14）：120-121.

[147] 陶威，刘平峰，代四广．价值共创共享的信息服务生态系统协同演化 [J]．武汉理工大学学报（信息与管理工程版），2016，38（4）：437-440.

[148] 田少卿，姜帆，黄崇利．自贸港供应链信息补偿机制与服务平台构建 [J]．海南大学学报，2022，40（3）：47-57.

[149] 田薇．跨境电商环境下国际物流服务能力评价研究 [D]．长沙：中南林业科技大学，2017.

[150] 田燕娜．跨境电商综合服务平台信息系统研究 [D]．北京：北京化工大学，2019.

[151] 完颜邓邓，张燕南．公共数字文化服务质量提升策略——服务质量差距模型视角 [J]．图书馆学研究，2019（14）：77-81，97.

[152] 汪传雷，刘书美，章瑜，等．跨境电商与商贸流通业协同研究——基于复合系统协同度模型 [J]．河南工程学院学报（社会科学版），2022，37（1）：36-41.

[153] 汪祖柱，钱程，王栋，等．基于协同理论的农业科技信息服务体系研究 [J]．情报科学，2015，33（8）：10-14.

[154] 王帮俊，赵雷英．基于扎根理论的产学研协同创新绩效影响因素分析 [J]．科技管理研究，2017，37（11）：205-210.

[155] 王蓓，李平，聂剑平．基于演化博弈理论情境的跨境电商物流

结构策略探析——以唯品会为例 [J]. 商业经济研究, 2018 (15): 107 - 110.

[156] 王冬梅. 跨境电商平台服务创新模式的问题研究与对策 [J]. 市场周刊, 2019 (2): 75 - 76.

[157] 王刚, 张屹. 移动云计算环境下数字图书馆信息服务协同机制研究 [J]. 大学图书情报学刊, 2018, 36 (3): 25 - 28, 88.

[158] 王海军, 温兴琦. 资源依赖与模块化交叉调节下的产学研用协同创新研究 [J]. 科研管理, 2018, 39 (4): 21 - 31.

[159] 王海龙, 和法清, 王宁. 信息产业模块化与产业创新协同发展实证分析 [J]. 科学学与科学技术管理, 2014, 35 (9): 87 - 93.

[160] 王健, 诸子怡. 跨境电商服务生态体系发展及其对中国电商国际合作的启示 [J]. 国际贸易, 2022 (3): 58 - 65.

[161] 王姣. 组织间信息系统协同机理及协同度测度研究 [M]. 北京: 清华大学出版社, 2015.

[162] 王静, 郭太敏, 王敏, 等. 基于生命周期理论的区域科技信息服务协同风险管理研究 [J]. 图书馆, 2014 (4): 63 - 64, 82.

[163] 王康, 王晓慧. 产业技术创新战略联盟的技术竞争情报协同服务模式研究 [J]. 情报科学, 2018, 36 (10): 54 - 57, 83.

[164] 王乐乐, 邬锦雯, 李丹. 基于灰色关联分析法的跨境电商与物流协同水平测度研究 [J]. 情报探索, 2020 (4): 23 - 27.

[165] 王庆喜, 严浩坤. 战略联盟构建的风险感知分析 [J]. 科学学研究, 2003 (S1): 90 - 94.

[166] 王婉, 曾艳, 刘汝建. 基于企业创新发展需求的高校图书馆专利信息服务研究 [J]. 大学图书情报学刊, 2020, 38 (5): 104 - 109.

[167] 王心妍. 产业竞争情报多元协同服务模式研究 [D]. 大连: 辽宁师范大学, 2020.

[168] 王玉冬, 张博, 武川, 等. 高新技术产业创新链与资金链协同度测度研究——基于复合系统协同度模型 [J]. 科技进步与对策, 2019, 36 (23): 63 - 68.

[169] 王昱青，陈震宇. 搭建具有公信力的跨境电商质量信息服务平台之我见 [J]. 中国标准化，2018 (8)：239 - 240，242.

[170] 王章豹，韩依洲，洪天求. 产学研协同创新组织模式及其优劣势分析 [J]. 科技进步与对策，2015，32 (2)：24 - 29.

[171] 王震. 跨境电商小微企业精准营销研究 [D]. 桂林：桂林理工大学，2018.

[172] 魏蕊，孙一钢. 国家创新能力建设视角下国家图书馆企业信息服务策略研究 [J]. 图书情报工作，2019，63 (16)：22 - 31.

[173] 温馨，周佳子. 一种面向效率的系统多序参量识别方法 [J]. 运筹与管理，2020，29 (10)：183 - 189.

[174] 吴洁，车晓静，盛永祥，等. 基于三方演化博弈的政产学研协同创新机制研究 [J]. 中国管理科学，2019，27 (1)：162 - 173.

[175] 吴君民，唐僖，盛永祥，等. 基于三方演化博弈的后补贴时代新能源汽车政产学协同创新机制研究 [J]. 运筹与管理，2021，30 (4)：96 - 102.

[176] 吴敏琦. 从图书馆联盟到协同创新网络：高校图书馆的角色定位与实现路径 [J]. 情报资料工作，2013 (3)：99 - 102.

[177] 吴毅，吴刚，马颂歌. 扎根理论的起源、流派与应用方法述评——基于工作场所学习的案例分析 [J]. 远程教育杂志，2016，35 (3)：32 - 41.

[178] 吴玉浩，姜红，高思芃. 大数据驱动下技术标准化与知识管理的协同机制研究 [J]. 现代情报，2019，39 (1)：20 - 28.

[179] 吴玉，刘苏宁，王玉香. 基于地方民营企业情报需求的高校图书馆智库服务 [J]. 情报科学，2013，31 (2)：72 - 77.

[180] 吴育良，潘志良，韩松林. 基于智库理念的图书馆信息服务研究——以社科院图书馆为例 [J]. 情报资料工作，2014 (3)：70 - 73.

[181] 吴云云. 安徽省中小企业跨境电商模式研究 [D]. 合肥：安徽大学，2016.

[182] 向德平，莫怡文. 我国信息咨询业的现状、问题及发展对策

［J］. 图书情报知识，2003（3）：33-35.

［183］萧裕中. 跨境电商物流显性服务质效的影响因素实证研究［J］. 商业经济研究，2021（16）：108-111.

［184］肖国华，詹文青，杨云秀，等. 情报工程视角下四螺旋协同创新信息平台建设研究［J］. 情报科学，2020，38（1）：147-152，161.

［185］肖华秀. 科技进步与城区可持续发展关系研究［D］. 武汉：武汉理工大学，2004.

［186］肖钠. 基于信息生态链的学术电子书产业链信息协同模式研究［J］. 新世纪图书馆，2020（3）：64-69，87.

［187］肖鹏. 重建津梁：数据商眼中的"程焕文之问"［J］. 图书馆论坛，2016，36（5）：40-43.

［188］偰娜. 我国跨境电子商务贸易平台模式探讨［J］. 中国流通经济，2015，29（8）：70-74.

［189］谢辉. 一种面向 Web 服务复合的多 Agent 协同系统设计［J］. 微计算机信息，2007（21）：137-139.

［190］谢人强，叶福兰. 数字图书馆网站信息服务生态性评价及实证研究［J］. 图书馆工作与研究，2018（7）：74-80.

［191］谢镕键，何绍华. 旅游网络信息生态系统中的协同信息服务［J］. 现代情报，2016，36（11）：71-75.

［192］邢飞，彭国超，贾怡晨. 基于科技型中小企业信息需求的高校图书馆精准化信息服务研究［J］. 图书馆学研究，2020（17）：77-86.

［193］熊回香，冯姗，胡春，等. 大数据环境下战略性新兴产业信息服务平台服务模式创新研究［J］. 情报理论与实践，2020，43（7）：81-87.

［194］徐宝祥，王姣，张欣. 组织间信息系统协同及其实现技术研究［J］. 情报杂志，2008（2）：63-65.

［195］徐纲红. 信息用户服务质量——层次性期望与满足［J］. 图书馆杂志，2004（1）：33-36.

［196］徐瑞朝，曾一昕. 移动互联网环境大学生信息过载影响因素研究——基于扎根理论的探索［J］. 图书馆学研究，2020（1）：22-32，41.

［197］许子媛．京津冀科技创新信息资源协同共享模式研究［J］．图书馆工作与研究，2017，251（1）：65－70．

［198］严炜炜，张敏．面向科研协同的跨系统技术创新信息服务融合平台构建［J］．科技进步与对策，2017，34（2）：32－37．

［199］杨慧瀛，杨宏举．我国物流业信息化水平测度及区域差异［J］．商业经济研究，2021（13）：98－102．

［200］杨群，莫再峰，习羽．大数据视角下高校图书馆智库型信息咨询服务模式浅析［J］．图书馆学研究，2018（12）：68－73．

［201］杨胜文，史美林．协同服务：从群件到面向服务的协同系统［J］．通信学报，2006（11）：148－153．

［202］杨晓荣，杜荣．IT驱动的虚拟社区知识共享对跨境电商服务质量的影响研究［J］．中国管理科学，2022，30（2）：226－233．

［203］杨益军．我国信息咨询行业发展的现状和生存环境分析［EB/OL］．http：//www．docin．com/p－369366527．html，2012－3－24/2021－10－22．

［204］姚慧丽，毛翔宇，金辉．考虑平台影响因素的虚拟社区知识共享演化博弈研究［J］．运筹与管理，2020，29（12）：82－88．

［205］易明，宋进之，李梓奇．基于Kano模型的高校智慧图书馆功能需求研究［J］．图书情报工作，2020，64（14）：45－53．

［206］殷辉．基于演化博弈理论的产学研合作形成机制的研究［D］．杭州：浙江大学，2014．

［207］尹萍．跨境电商供应链协同评价研究［D］．镇江：江苏科技大学，2018．

［208］于春莉．中小企业信息需求的调查分析［J］．情报资料工作，2010（5）：69－73．

［209］于丰园，于群英，杨阳．基于电子政务框架信息服务协同机理分析——以陕西科技信息网为例［J］．情报杂志，2013，32（1）：169－172．

［210］俞蔚．河南省跨境电子商务发展的提升路径研究［J］．河北企业，2019（10）：92－93．

［211］原文涛．基于情境感知下的物流园区信息服务协同系统研究

[J]．现代营销（下旬刊），2019（12）：152－153．

[212] 岳森，冯莉．信息协同视角下跨境电子商务运作模式重构 [J]．商业经济研究，2021（15）：153－156．

[213] 岳森，张倩倩，张仲伍，等．跨境电子商务信息安全关键性影响因素分析及保障对策研究 [J]．对外经贸，2021（5）：24－27．

[214] 曾婧．基于资源依赖理论的地方高校转型发展策略 [J]．黑龙江高教研究，2019（4）：28－31．

[215] 詹丽华，潘瑞冰．企业信息需求与高校图书馆信息服务的动态关联性分析 [J]．情报探索，2014（12）：44－47．

[216] 詹帅．基于跨境电商的黑龙江省农产品出口物流发展对策研究 [J]．商业经济，2020（3）：7－8．

[217] 张斌，马费成．大数据环境下数字信息资源服务创新 [J]．情报理论与实践，2014，37（6）：28－33．

[218] 张海涛，任亮，刘雅姝，等．商务网络信息生态链价值协同创造的关键影响因素识别研究 [J]．现代情报，2019，39（6）：16－23，58．

[219] 张洪胜，张小龙．跨境电商平台促进全球普惠贸易：理论机制、典型事实和政策建议 [J]．国际商务研究，2021，42（4）：74－86．

[220] 张辑哲．深论信息特性 [J]．档案学通讯，2007（4）：25－28．

[221] 张继德，时斐．基于电子商务的供应链管理应用研究——以苏宁易购为例 [J]．会计之友，2014（36）：122－126．

[222] 张静．"互联网＋居家养老"服务需求研究 [D]．武汉：华中师范大学，2020．

[223] 张军亮，汪丹．支撑中小企业的信息咨询服务的组织机构类型、环境因素及其影响力研究 [J]．现代情报，2006（3）：164－166．

[224] 张兰生．跨境电商生态系统协同演化的建模与分析 [D]．郑州：郑州大学，2020．

[225] 张玲玲，郑秀榆，马俊，等．团队知识转移与共享"搭便车"行为的激励机制研究 [J]．科学学研究，2009，27（10）：1543－1550．

[226] 张敏．跨系统协同信息服务的定位及其构成要素分析 [J]．图

书情报工作，2010，54（12）：64-68.

[227] 张琦，邵彦敏．智慧校园背景下信息协同评价与推进策略研究 [J]．情报科学，2019，37（8）：102-107.

[228] 张瑞，周万坤，陈倩竹．组织信任与知识共享行为的演化博弈分析 [J]．科研管理，2020，41（10）：210-217.

[229] 张曙明．建设外经贸信息服务体系促进政府管理创新 [J]．信息化建设，2003（4）：34-35.

[230] 张夏恒，陈怡欣．跨境电子商务全产业链集聚的瓶颈及其破解 [J]．理论探索，2020，241（1）：124-128.

[231] 张夏恒．京东：构建跨境电商生态系统 [J]．企业管理，2016（11）：102-104.

[232] 张夏恒．跨境电子商务生态系统构建机理与实施路径 [J]．当代经济管理，2021，43（7）：55-60.

[233] 张夏恒．跨境电子商务生态系统研究 [M]．北京：经济科学出版社，2017.

[234] 张鑫蕊，张海涛，李依霖，等．突发公共卫生事件信息协同关键要素识别研究 [J]．情报理论与实践，2022，45（3）：141-148.

[235] 张亚男，王克平，王艺，等．基于区块链的竞争情报联盟协作平台模型研究 [J]．图书情报知识，2021，38（6）：100-109，122.

[236] 赵晖．跨系统图书馆联盟协同管理概念模型及管理体系研究 [J]．图书馆建设，2010（3）：89-92.

[237] 郑小雪，李登峰，王莹，等．跨境电商供应链中的知识服务供需匹配模型研究 [J]．现代情报，2016，36（11）：43-49，54.

[238] 周承聪．信息服务生态系统运行机制研究 [M]．北京：中国社会科学出版社，2015.

[239] 周承聪．信息服务生态系统运行与优化机制研究 [D]．武汉：华中师范大学，2011.

[240] 周广澜，王健，苏为华．跨境电商统计方法改革研究 [J]．国际贸易，2020（2）：40-47，71.

［241］周静，张立彬，谷文浩. 我国高校图书馆知识产权信息服务的现状与思考［J］. 图书情报工作，2019，63（21）：35 – 46.

［242］周朴雄，余以胜. 面向知识联盟知识创新过程的信息资源组织研究［J］. 情报杂志，2008（9）：63 – 65.

［243］周容霞. 福建省跨境电商物流协同度测算及提升策略［J］. 福建江夏学院学报，2021，11（5）：16 – 24.

［244］周晓芸. 信息咨询服务企业运行方式探讨［J］. 企业技术开发，2008（11）：110 – 112.

［245］周毅. 论信息服务专业性与社会性的互构及其价值［J］. 情报理论与实践，2021，44（12）：19 – 25.

［246］朱虹. 浅析我国盈利性信息服务业的发展［J］. 图书情报工作，2003（8）：103 – 105，112.

［247］朱嘉琪. 基于协同理论的跨境电商信息服务体系构建［J］. 图书情报导刊，2021，6（5）：32 – 37.

［248］朱琴芬. 政府在当前我国经济体制改革中的作用［J］. 贵州师范学院学报，2001，17（6）：21 – 22.

［249］邹波，周文萱，卜琳华."三螺旋"创新协同效应理论分析［J］. 学术交流，2013，236（11）：111 – 114.

［250］Abukhader S M. Eco-efficiency in the era of electronic commerce-should "Eco – Effectiveness" approach be adopted?［J］. Journal of Cleaner Production，2008，16（7）：801 – 808.

［251］Amabile T M. Motivational synergy：toward new conceptualizations of intrinsic and extrinsic motivation in the workplace［J］. Human Resource Management Review，1993，3（3）：185 – 201.

［252］Andrade-rojas G M，Kathuria A，Konsynski B R. Competitive brokerage how information management capability and collaboration networks act as substitutes［J］. Journal of Management Information Systems，2021，38（3）：667 – 703.

［253］Arshed N. The origins of policy ideas：the importance of think tanks in the enterprise policy process in the UK [J]. Journal of Business Research, 2017: 71, 74 – 83.

[254] Barile S, Lusch R, Reynoso J, et al. Systems, networks, and ecosystems in service research [J]. Journal of Service Management, 2016, 27 (4): 652 – 674.

[255] Barut M, Faisst W, Kanet J J. Measuring supply chain coupling: an information system perspective [J]. European Journal of Purchasing & Supply Management, 2002, 8 (3): 161 – 171.

[256] Bonner J M, Kim D, Cavusgil S T. Self-perceived strategic network identity and its effects on market performance in alliance relationships [J]. Journal of Business Research, 2005, 58 (10): 1371 – 1380.

[257] Chakrabarty S. A conceptual model for bidirectional service, information and product quality in an IS outsourcing collaboration environment [C]// Proceedings of the 39th Annual Hawaii International Conference on System Sciences (HICSS'06). IEEE, 2006, 1: 7b – 7b.

[258] Charmaz K. Constructing grounded theory: a practical guide through qualitative analysis [J]. International Journal of Qualitative Studies on Health and Well – Being, 2006, 1 (3): 378 – 380.

[259] Chen H, Chiang RHL, Storey VC. Business intelligence and analytics: from big data to big impact [J]. MIS Quarterly, 2012, 36 (4): 1165 – 1188.

[260] Chesbrough H. Managing open innovation [J]. Research – Technology Management, 2004, 47 (1): 23 – 26.

[261] Chiware E R T, Dick A L. Information needs and information seeking patterns of small, medium and micro enterprises in Namibia [J]. Information Development, 2008, 24 (1): 24 – 36.

[262] Clarke V, Braun V, Hayfield N. Thematic analysis [J]. Qualitative Psychology: A Practical Guide to Research Methods, 2015: 222 – 248.

[263] Corbin J M, Strauss A. Grounded theory research: procedures,

canons, and evaluative canons, and evaluative criteria [J]. Qualitative Sociology, 1990, 13 (1): 3 – 21.

[264] Das T K, Teng B S. Partner analysis and alliance performance [J]. Scandinavian Journal of Management, 2003, 19 (3): 279 – 308.

[265] Delen D, Demirkan H. Data, information and analytics as services [J]. Decision Support Systems, 2013, 55 (1): 359 – 363.

[266] Dervin B, Clark K. ASQ: alternative tools for information need and accountability assessments by libraries [M]. Sacramento: The Peninsula Library System, 1987.

[267] Fiorini M, Hoekman B. Services trade policy and sustainable development [J]. World Development, 2018, 112: 1 – 12.

[268] Friedman D. Evolutionary games in economics [J]. Econometrica: Journal of the Econometric Society, 1991: 637 – 666.

[269] Gichohi P M, Onyancha O B, Dulle F W. How public libraries in Meru County, Kenya, address the business information needs of small-scale enterprises [J]. Information Development, 2017, 33 (4): 418 – 413.

[270] Glaser B G, Strauss A L, Strutzel E. The discovery of grounded theory: strategies for qualitative research [J]. Nursing Research, 1968, 17 (4): 364.

[271] González – Ibáñez R, Haseki M, Shah C. Time and space in collaborative information seeking: the clash of effectiveness and uniqueness [J]. Proceedings of the American Society for Information Science and Technology, 2012, 49 (1): 1 – 10.

[272] Gu M, Yang L, Huo B. The impact of information technology usage on supply chain resilience and performance: an ambidexterous view [J]. International Journal of Production Economics, 2021, 232: 107956.

[273] Hagemeister M, Rodríguez – Castellanos A. Knowledge acquisition, training, and the firm's performance: theoretical model of the role of knowledge integration and knowledge options [J]. European Research on Management and

Business Economics, 2019, 25 (2): 48 - 53.

[274] Haken H. Synergetics [J]. IEEE Circuits & Devices Magazine, 1977, 28 (3): 412 - 414.

[275] Herzberg F. The motivation to work [M]. New York: John Wiley and Sons, 1959.

[276] Huang X H, Wang W P, Cai B Q. Evaluation method for system coordination development based on grey system theory [J]. Journal of Grey System, 2015, 27 (1): 80 - 93.

[277] Ivascu L, Cirjaliu B, Draghici A. Business model for the university-industry collaboration in open innovation [J]. Procedia Economics and Finance, 2016, 39: 674 - 678.

[278] Jing X, Maia D. The construction and development of App application platform for public information products of urban grand media in the context of artificial intelligence [J]. Computational and Mathematical Methods in Medicine, 2021, 2021 - 11.

[279] Joseph K, Thevaranjan A. Monitoring and incentives in sales organizations: an agency-theoretic perspective [J]. Marketing Science, 1998, 17 (2): 107 - 123.

[280] Kano N, Seraku N, Takahashi F, et al. Attractive quality and must-be quality [J]. The Journal of Japanese Society for Quality Control, 1984, 14 (2): 39 - 48.

[281] Lin T C, Wu S, Lu C T. Exploring the affect factors of knowledge sharing behavior: the relations model theory perspective [J]. Expert Systems with Applications, 2012, 39 (1): 751 - 764.

[282] Luan Y, Zhang Z. Research on e-commerce integrated management information system of cross-border enterprises based on collaborative information middleware [J]. Information Systems and e - Business Management, 2020, 18 (4): 527 - 543.

[283] Lusch R F, Nambisan S. Service innovation: a service-dominant

logic perspective [J]. Management Information Systems Quarterly, 2015, 39 (1): 155 – 175.

[284] Madlberger M, Roztocki N. Digital cross-organizational collaboration: a metatriangulation review [C]//2010 43rd Hawaii International Conference on System Sciences. IEEE, 2010: 1 – 10.

[285] Maskell P. Towards a knowledge-based theory of the geographical cluster [J]. Industrial and Corporate Change, 2001, 10 (4): 921 –943.

[286] Mathiassen L, Soreness C. Towards a theory of organizational information services [J]. Journal of Information Technology, 2008, 23 (4): 313 – 329.

[287] Matić D, Cabrilo S, Grubić – Nešić L, et al. Investigating the impact of organizational climate, motivational drivers, and empowering leadership on knowledge sharing [J]. Knowledge Management Research & Practice, 2017, 15 (3): 431 –446.

[288] Mauri AG, Minazzi R, Muccio S. A review of literature on the gaps model on service quality: a 3 – decades period: 1985 – 2013 [J]. International Business Research, 2013: 06 (12): 134 – 144.

[289] Mehra A, Grundy J, Hosking J, Supporting collaborative software design with a plug-in, web services-based architecture [C]//Workshop on Directions in Software Engineering Environments (WoDiSEE) at ICSE. 2004, 4.

[290] Moore J F. Predators and prey: a new ecology of competition [J]. Harvard Business Review, 1993, 71 (3): 75 – 86.

[291] Nan N. A principal-agent model for incentive design in knowledge sharing [J]. Journal of Knowledge Management, 2008, 12 (3): 101 – 103.

[292] Noriaki K. Life cycle and creation of attractive quality [C]//Proceedings of the 4th QMOD Conference, Linkoping, Sweden. 2001: 12 – 14.

[293] Ordaz C C, Cruz J G, Ginel E S. Facilitadores de los process de compartir conocimiento y su influencia sobre la innovación [J]. Cuadernos de Economía y Dirección de la Empresa, 2010, 13 (42): 113 – 150.

[294] Papadomichelaki X, Mentzas G. E – GovQual: a multiple-item scale for assessing e-government service quality [J]. Government Information Quarterly, 2012, 29 (1): 98 – 109.

[295] Parasuraman A, Zeithaml V A, Berry L L. A conceptual model of service quality and its implications for future research [J]. Journal of Marketing, 1985, 49 (4): 44.

[296] Paul D. Think tanks [M]. New York: Athene-um, 1971.

[297] Piyush C, Cheryl L. VAT rebates and export performance in China: firm-level evidence [J]. Journal of Public Economics, 2013, 102 (6): 13 –22.

[298] Porter L W, Lawler E E. Managerial attitudes and performance [J]. Industrial & Labor Relations Review, 1969, 23 (1): 199 –204.

[299] Qi D, Tian Y. Study on modular motivation planning synergy decision-making base on knowledge innovation [C]//2008 International Conference on Management Science and Engineering 15th Annual Conference Proceedings. IEEE, 2008: 1078 –1083.

[300] Scornavacca E, Becker J L, Barnes S J. Information needs, enterprise growth and e-commerce intermediation: a study of Southern – Brazilian companies [J]. Management and Enterprise Development, 2004, 1 (3): 218 – 232.

[301] Shen B. Ecologies, Outreach, and the evolution of medical libraries [J]. Journal of the Medical Library Association, 2005, 93 (4): S86 – S92.

[302] Shin Y, Bae H. Providing knowledge collaboration service based on open service platform [C]//SoftCOM 2012, 20th International Conference on Software, Telecommunications and Computer Networks. IEEE, 2012: 1 –5.

[303] Singla A R. Enterprise resource planning systems implementation: a literature analysis [J]. International Journal of Business and Systems Research, 2009, 3 (2): 170 –185.

[304] Smith J, Price G R. The logic of animal conflict [J]. Nature, 1973, 246 (5427): 15 –18.

[305] Tamura S, Miwa M, Saito Y, et al. Information sharing between different groups: a qualitativestudy of information service to business in Japanese public libraries [J]. Information Research, 2007, 12 (2): 12 –21.

[306] Tansley A G. The use and abuse of vegetational concepts and terms [J]. Ecology, 1935, 16 (3): 284 –307.

[307] Taylor P D, Jonker L B. Evolutionary stable strategies and game dynamics [J]. Mathematical Biosciences, 1978, 40 (1 –02): 145 –156.

[308] Van den Boer Y, Arendsen R, Pieterson W. In search of information: Investigating source and channel choices in business-to-government service interactions [J]. Government Information Quarterly, 2016, 33 (1): 40 –52.

[309] Van Oudenhoven A P E, Schröter M, Drakou E G, et al. Key criteria for developing ecosystem service indicators to inform decision making [J]. Ecological Indicators, 2018, 95: 417 –426.

[310] Vargo S L, Lusch R F. From repeat patronage to value co-creation in service ecosystems: a transcending conceptualization of relationship [J]. Journal of Business Market Management, 2010, 4 (4): 169 –179.

[311] Wang C. Analyzing the effects of cross-border E – Commerce industry transfer using big data [J]. Mobile Information Systems, 2021.

[312] Wang J, Wang R, Yu F, et al. Learning continuous and consistent strategy promotes cooperation in prisoner's dilemma game with mixed strategy [J]. Applied Mathematics and Computation, 2020, 370: 1 –8.

[313] Webster P. Interconnected and innovative libraries: factors tying libraries more closely together [J]. Library Trends, 2006, 54 (3): 382 –393.

[314] Xue C, Wen W, Li S. Enterprise strategy analysis of synergy between cross-border e-commerce and logistics in a dynamic environment [J]. Systems Science & Control Engineering: An Open Access Journal, 2022, 10 (1): 459 –467.

[315] Zahra S, Nambisan S. Entrepreneurship and strategic thinking in

business ecosystems [J]. Business Horizons, 2012, 55 (3): 219 –229.

[316] Zhang F, Gong Z. Supply chain inventory collaborative management and information sharing mechanism based on cloud computing and 5G Internet of Things [J]. Mathematical Problems in Engineering, 2021: 1 –12.

[317] Zhang Z W, Xue Y J, Li J X, et al. Supply chain logistics information collaboration strategy based on evolutionary game theory [J]. IEEE Access, 2020, 8: 46102 –46120.

[318] 추효비, 김승철. A Study on the Relationship of Quality Recognition of Cross Border e – Commerce Platform and the Intention of Purchasing [J]. 국제상학, 2018, 33: 329 –349.

附　　录

附录一　中小微企业对出口跨境电商平台信息需求的调查问卷

尊敬的经理人：

您好！本问卷旨在调查中小微企业出口跨境电商信息需求的情况，十分感谢贵企业在百忙之中填写此问卷。本问卷仅用于学术论文研究，调查为匿名方式，会对企业信息进行严格保密并承诺不会泄露贵企业的信息，请您放心如实填写。

再次感谢贵企业能够积极配合此次调查，祝贵企业事业蒸蒸日上，蓬勃发展！

第一部分——贵企业基本信息

1. 贵企业所在地区：_____

2. 贵企业经营出口跨境电商的时间：

○1 年以下　　　○1～5 年　　　○5～10 年　　　○10 年以上

3. 贵企业的在职员工数：

○10 人以下　　　○10～50 人　　　○50～100 人　　　○100～300 人

○300 人以上

4. 贵企业是否已经利用跨境电商平台开展对外贸易？【最少选择 1 项】

□否　　　　　　　　　　　　□Shopee

□阿里巴巴国际站　　　　　　□Lazada

□速卖通　　　　　　　　　　□环球资源网

☐亚马逊 ☐中国制造网

☐Wish ☐敦煌网

☐eBay ☐其他（贵企业选择的平台是＿＿＿）

5. 贵企业出口跨境电商的主要经营模式是什么？

○B2B ○B2C

○B2B＋B2C 相结合 ○其他（贵企业的经营模式是＿＿＿）

6. 贵企业主营产品所属行业：【可多选】

☐服装服饰 ☐3C 电子产品 ☐户外用品 ☐健康与美容

☐珠宝首饰 ☐家具园艺 ☐母婴玩具 ☐鞋帽箱包

☐安全监控 ☐汽车配件 ☐灯光照明

☐其他（贵企业主营产品所属行业＿＿＿＿＿＿）

第二部分——针对出口跨境电商平台是否提供该项信息，您的态度情况说明：

满意：让您感到满意、开心、惊喜。

理应如此：您认为是应该的、必备的信息。

无所谓：您不会特别在意，但还可以接受。

勉强接受：您不喜欢但可以接受。

不满意：让您感到不满意、不开心。

7. 环境维度：①贸易国政策法规信息（法律法规信息、政策环境信息等）［矩阵单选题］*

	满意	理应如此	无所谓	勉强接受	不满意
如果跨境电商平台有此项信息，您觉得	○	○	○	○	○
如果跨境电商平台无此项信息，您觉得	○	○	○	○	○

8. 环境维度：②贸易国宏观经济环境信息（经济条件、贸易水平等信息）［矩阵单选题］*

	满意	理应如此	无所谓	勉强接受	不满意
如果跨境电商平台有此项信息，您觉得	○	○	○	○	○
如果跨境电商平台无此项信息，您觉得	○	○	○	○	○

9. 环境维度：③贸易国文化信息（文化习俗、宗教信仰等信息）［矩阵单选题］*

	满意	理应如此	无所谓	勉强接受	不满意
如果跨境电商平台有此项信息，您觉得	○	○	○	○	○
如果跨境电商平台无此项信息，您觉得	○	○	○	○	○

10. 环境维度：④环境突变信息（自然灾害、疫情、气候变化等信息）［矩阵单选题］*

	满意	理应如此	无所谓	勉强接受	不满意
如果跨境电商平台有此项信息，您觉得	○	○	○	○	○
如果跨境电商平台无此项信息，您觉得	○	○	○	○	○

11. 环境维度：⑤市场及行业信息（市场供需信息、同行竞争信息等）［矩阵单选题］*

	满意	理应如此	无所谓	勉强接受	不满意
如果跨境电商平台有此项信息，您觉得	○	○	○	○	○
如果跨境电商平台无此项信息，您觉得	○	○	○	○	○

12. 环境维度：⑥人才供求及对接信息［矩阵单选题］*

	满意	理应如此	无所谓	勉强接受	不满意
如果跨境电商平台有此项信息，您觉得	○	○	○	○	○
如果跨境电商平台无此项信息，您觉得	○	○	○	○	○

13. 经营维度：①平台规则信息及语言翻译等相关服务 ［矩阵单选题］*

	满意	理应如此	无所谓	勉强接受	不满意
如果跨境电商平台有此项信息，您觉得	○	○	○	○	○
如果跨境电商平台无此项信息，您觉得	○	○	○	○	○

14. 经营维度：②产品及供应商信息（包括选品及采购信息）［矩阵单选题］*

	满意	理应如此	无所谓	勉强接受	不满意
如果跨境电商平台有此项信息，您觉得	○	○	○	○	○
如果跨境电商平台无此项信息，您觉得	○	○	○	○	○

15. 经营维度：③产品技术和研发等信息 ［矩阵单选题］*

	满意	理应如此	无所谓	勉强接受	不满意
如果跨境电商平台有此项信息，您觉得	○	○	○	○	○
如果跨境电商平台无此项信息，您觉得	○	○	○	○	○

16. 经营维度：④产品营销信息（包括营销策略、成功案例等信息）［矩阵单选题］*

	满意	理应如此	无所谓	勉强接受	不满意
如果跨境电商平台有此项信息，您觉得	○	○	○	○	○
如果跨境电商平台无此项信息，您觉得	○	○	○	○	○

17. 经营维度：⑤运营信息（包括运营推广信息等）［矩阵单选题］*

	满意	理应如此	无所谓	勉强接受	不满意
如果跨境电商平台有此项信息，您觉得	○	○	○	○	○
如果跨境电商平台无此项信息，您觉得	○	○	○	○	○

18. 经营维度：⑥金融信息（包括融资、贷款等信息）［矩阵单选题］*

	满意	理应如此	无所谓	勉强接受	不满意
如果跨境电商平台有此项信息，您觉得	○	○	○	○	○
如果跨境电商平台无此项信息，您觉得	○	○	○	○	○

19. 经营维度：⑦风控信息（包括纠纷、侵权、维权等信息）［矩阵单选题］*

	满意	理应如此	无所谓	勉强接受	不满意
如果跨境电商平台有此项信息，您觉得	○	○	○	○	○
如果跨境电商平台无此项信息，您觉得	○	○	○	○	○

20. 交易维度：①订单信息（包括订单量、支付方式、交易时间等信息）［矩阵单选题］*

	满意	理应如此	无所谓	勉强接受	不满意
如果跨境电商平台有此项信息，您觉得	○	○	○	○	○
如果跨境电商平台无此项信息，您觉得	○	○	○	○	○

21. 交易维度：②核算信息（包括汇率、税率等信息）［矩阵单选题］*

	满意	理应如此	无所谓	勉强接受	不满意
如果跨境电商平台有此项信息，您觉得	○	○	○	○	○
如果跨境电商平台无此项信息，您觉得	○	○	○	○	○

22. 交易维度：③售后信息（包括退换货信息等）[矩阵单选题] *

	满意	理应如此	无所谓	勉强接受	不满意
如果跨境电商平台有此项信息，您觉得	○	○	○	○	○
如果跨境电商平台无此项信息，您觉得	○	○	○	○	○

23. 交易维度：④仓储信息（包括仓储费用信息、仓位信息等）[矩阵单选题] *

	满意	理应如此	无所谓	勉强接受	不满意
如果跨境电商平台有此项信息，您觉得	○	○	○	○	○
如果跨境电商平台无此项信息，您觉得	○	○	○	○	○

24. 交易维度：⑤运输信息（费用、时效、运输方式等信息）[矩阵单选题] *

	满意	理应如此	无所谓	勉强接受	不满意
如果跨境电商平台有此项信息，您觉得	○	○	○	○	○
如果跨境电商平台无此项信息，您觉得	○	○	○	○	○

25. 交易维度：⑥海关信息（包括检验检疫信息及通关等信息）[矩阵单选题] *

	满意	理应如此	无所谓	勉强接受	不满意
如果跨境电商平台有此项信息，您觉得	○	○	○	○	○
如果跨境电商平台无此项信息，您觉得	○	○	○	○	○

再次感谢您！

附录二　跨境电商信息服务协同质量评价专家调查问卷

尊敬的专家：

您好！感谢您在百忙之中抽出时间来协助我们进行调查，本次调查的主要目的是确定企业用户感知视角下跨境电商信息服务协同质量评价指标体系。

概念解释：

跨境电商信息服务协同：是指跨境电商信息服务协同参与主体为提高行业整体信息服务水平和质量、实现信息资源效用最大化而共同开展的深度交流与合作。

跨境电商信息服务协同参与主体：是指参与协同的各类跨境电商信息服务提供商，包括：交易服务运营商（如阿里巴巴国际站、亚马逊等）、物流服务提供商（如递四方、出口易等）、支付服务提供商（如P卡、万里汇等）等。

企业用户：专指从事跨境电商出口交易的中小微企业用户。

填表说明：本研究在前期文献研究基础上，形成了企业用户感知视角下的跨境电商信息服务协同质量评价指标体系框架。现就各指标设置是否合理及重要程度征求您的意见。

1. 指标设置是否合理：请您根据自己的专业知识和实践经验在对应表格选择同意与否（同意打"√"，不同意打"×"）

2. 指标重要性评分：5＝非常重要，4＝重要，3＝一般重要，2＝不重要，1＝非常不重要。请您对每个评价指标给出相应的分值，并在合适的分值下打"√"。

3. 如若您认为该指标不合适需要修改、删除、增加或合并，请在"修改意见"栏中注明，请勿空项和漏项。

4. 若您对本研究还有其他建议，请在"您对本研究的建议"下注明。再次感谢您！

跨境电子商务信息服务协同创新模式研究项目组

表1 一级指标筛选

一级指标	是否同意		重要程度					修改意见
	是	否	5	4	3	2	1	
信息资源协同								
信息服务主体协同								
信息服务策略协同								
信息服务协同环境								

表2 二级指标筛选

一级指标	二级指标	指标含义	是否同意		重要程度					修改意见
			是	否	5	4	3	2	1	
信息资源协同	信息资源总量丰富性	该指标主要测评企业用户对协同状态下信息资源供给充足性的感知,指协同平台拥有的信息资源总量丰富,能够满足企业用户的信息需求								
	信息资源共享性	该指标主要测评企业用户对协同参与主体信息资源共享能力和水平的感知,指各协同主体所拥有的信息资源能够相互流转,共同使用								
	信息资源实时更新同步性	该指标主要测评企业用户对协同状态下信息资源更新一致性与及时性的感知,指各协同参与主体间的信息资源能够实时同步更新,企业用户任何时间在任何协同参与主体平台都可以查阅相关信息								
	信息资源格式兼容性	该指标主要测评企业用户对协同状态下信息资源格式一致性及兼容性的感知。指各协同参与主体所传递和共享的信息资源格式一致且能够互相兼容,不会出现乱码或其他情况								
信息服务主体协同	协同参与主体多样性	该指标主要测评企业用户对协同主体类型多样性的感知,指协同平台汇集了物流、支付、金融等多种类型的协同参与主体,能够为企业用户提供全方位的信息服务								
	协同参与主体信誉度	该指标主要测评企业用户对协同主体信誉度的感知,指企业用户可以了解协同参与主体的商业信誉情况								

一级指标	二级指标	指标含义	是否同意		重要程度					修改意见
			是	否	5	4	3	2	1	
信息服务主体协同	协同组织文化宣传程度	该指标主要测评企业用户对协同状态下协同组织文化宣传程度的感知，指各协同参与主体对协同组织文化进行积极宣传								
信息服务策略协同	跨平台检索服务	该指标主要测评企业用户对协同状态下跨库检索功能的感知，指企业用户可以通过一个接口对多个协同参与主体提供的信息资源进行查询								
	多语种信息服务	该指标主要测评企业用户对协同状态下跨语言信息服务的感知，指协同主体提供的多语言信息服务能使企业用户利用熟悉的语言文字了解其他语种信息资源								
	跨平台咨询服务	该指标主要测评企业用户对协同状态下跨平台咨询服务功能的感知，指企业用户可以在协同平台对任何协同参与主体提出咨询服务并得到回应								
	跨平台个性化信息服务	该指标主要测评企业用户对协同状态下信息服务个性化的感知，指协同平台可以对协同参与主体共享的数据进行挖掘与分析，为企业用户提供个性化推荐服务								
	跨平台流程追踪服务	该指标主要测评企业用户对协同主体所提供业务流程追踪服务的感知，指企业用户可以随时在协同平台对经营商品进行追踪，了解与该商品有关的所有信息								
	可视化信息服务	该指标主要测评企业用户对信息服务产品内容可视化的感知，具体指协同主体利用可视化信息技术，以图像或视频等生动直观的形式为企业用户提供信息服务								
	一站式便捷信息服务	该指标主要测评企业用户对协同服务便捷性的感知，指协同平台能够为企业用户提供从选品到售后，直至完成整个交易活动的所有信息服务								

续表

一级指标	二级指标	指标含义	是否同意		重要程度					修改意见
			是	否	5	4	3	2	1	
信息服务协同环境	协同服务人员素质水平	该指标主要测评企业用户对协同服务人员信息素质和服务素质的感知,指协同服务人员具有较高的信息素质和服务素质能满足企业用户多样化信息服务需求								
	协同服务人员类型全面	该指标主要测评企业用户对协同服务人员类型和数量的感知,指协同服务人员数量充足,专业背景丰富,能及时响应企业用户多样化的信息服务需求								
	协同目标规则完备度	该指标主要测评企业用户对协同目标以及协同规则的感知,指各协同参与主体具有清晰的协同目标及完备的协同规章制度								
	跨平台系统技术兼容性	该指标主要测评企业用户对各协同系统兼容性与稳定性的感知,指各协同参与主体的信息系统可以相互兼容,切换时运行稳定								
	跨平台信息安全性	该指标主要测评企业用户对协同状态下信息安全的感知,指企业用户身份信息及交易信息不会被参与主体泄露或滥用								
	协同主体内部控制	该指标主要测评企业用户对协同主体之间协调控制能力的感知,指协同参与主体可以对服务进行控制调配,共同采取预防和纠正措施解决企业用户反馈的问题								
	政府部门外部监管	该指标主要测评企业用户对协同外部监督保障机制的感知,指政府及有关部门对协同过程中出现的违法违规行为能够及时进行监督和处罚								

1. 您的任职单位

_____

2. 您的研究方向是

☐跨境电商　　　　　　　☐信息服务

☐信息协同　　　　　　　☐其他_____

3. 您在本领域的研究年限

□1 年以下　　　　□1 ~ 5 年　　　　□5 ~ 10 年　　　　□10 年以上

4. 对于上述指标，您还有哪些补充或其他意见？

_____

再次感谢您的支持！

附录三 跨境电商信息服务协同质量评价企业调查问卷

尊敬的先生/女士：

您好！感谢您在百忙之中抽出时间来协助我们进行调查，这是一份学术性调查问卷，目的是建立一套适合跨境电商信息服务协同质量评价的指标体系，调查结果将直接影响研究结论及质量，请您按照实际情况如实回答。本问卷所有数据仅供学术分析之用，请您放心填写，谢谢您的支持与配合。

跨境电子商务信息服务协同创新模式研究项目组

第一部分——企业基本信息调查

1. 您所在企业所属地区：_____省_____市
2. 您所在企业经营的主要产品有

□服装配饰   □电子产品

□家具及办公用品   □家装家纺

□五金配件   □包装耗材

□户外用品   □母婴玩具

□个人洗护   □彩妆用品

□医疗保健   □其他

3. 您所在企业经营出口跨境电商的年限：

□1 年以下   □1～5 年   □5～10 年   □10 年以上

4. 您所在企业的员工规模

□10 人以下   □10～50 人   □51～100 人   □101～300 人

□300 人以上

5. 您所在企业出口跨境电商的主要经营模式是什么？

□B2B   □B2C

□B2B＋B2C 相结合   □其他_____

6. 您所在企业使用过的跨境电商信息服务类型？

□信息导航服务　　　　　　　□信息检索与查询服务

□行业发布、传递与交流服务　□信息跟踪服务

□信息推荐服务　　　　　　　□信息咨询服务

□行业数据报告　　　　　　　□专家讲座及课程辅导服务

□制订问题解决方案　　　　　□多语种信息服务

□其他_____

第二部分——跨境电商信息服务协同质量评价

填表说明：

1. 下列问题中的指标评价由您对协同平台（跨境电商交易平台）的期望值和实际感受值两方面组成，其中，期望值是本企业希望协同平台能达到该指标的期望程度，实际感受值是本企业使用协同平台时对相应指标的真实评价感受，请您对每个评价指标给出相应的分值，并在合适的分值下打"√"。

注：以下问卷中的协同平台指您所在企业主要使用的跨境电商平台的简称，敬请留意。

2. 名词解释：

跨境电商信息服务协同：是指跨境电商信息服务协同参与主体为提高行业整体信息服务水平和质量、实现信息资源效用最大化而共同开展的深度交流与合作。

跨境电商信息服务协同参与主体：是指参与协同的各类跨境电商信息服务提供商，包括：交易服务运营商（如阿里巴巴国际站、亚马逊等）、物流服务提供商（如递四方、出口易等）、支付服务提供商（如 P 卡、万里汇等）等。

3. 选项中"5～1"分别代表"很期待/非常好""比较期待/较好""一般期待/一般""较不期待/较差""不期待/极差"。分值越高，代表您的期待值/实际感受值越高。

1. 您所在企业使用过的跨境电商平台？【最少选择1项】

□阿里巴巴国际站   □速卖通

□亚马逊   □eBay

□中国制造网   □环球资源网

□Wish   □Shopee

□Lazada   □敦煌网

□雨果网   □其他_____

2. 您所在企业主要使用的跨境电商平台？【单选题】

□阿里巴巴国际站   □速卖通

□亚马逊   □eBay

□中国制造网   □环球资源网

□Wish   □Shopee

□Lazada   □敦煌网

□雨果网   □其他_____

表1   跨境电商信息服务协同质量评价

一级指标	二级指标	指标含义	期望值					实际感受值				
			非常期望	期望	一般	不太期望	不期望	非常好	较好	一般	较差	极差
信息资源协同	信息资源总量丰富性	指协同平台信息资源总量丰富，能够满足本企业信息需求										
	信息资源共享性	指本企业可以在协同平台获得其他协同参与主体所发布的不同类型的信息资源										
	信息资源实时更新同步性	指协同参与主体间的信息资源能够实时同步更新，本企业任何时间在任何协同参与主体平台都可以查阅相关信息										
	信息资源格式兼容性	指协同参与主体所传递和共享的信息资源格式一致并且能够互相兼容，不会出现乱码或其他情况										

一级指标	二级指标	指标含义	期望值					实际感受值				
			非常期望	期望	一般	不太期望	不期望	非常好	较好	一般	较差	极差
信息服务主体协同	协同参与主体多样性	指协同平台汇集了物流、支付、金融等多种类型的协同参与主体，能够为本企业提供全方位的信息服务										
	协同参与主体信誉度	指本企业可以了解协同参与主体的商业信誉情况										
	协同组织文化宣传程度	指本企业经常可以看到协同参与主体对协同组织文化进行宣传										
信息服务策略协同	跨平台检索服务	指本企业可以通过一个接口对多个协同参与主体提供的信息资源进行查询										
	多语种信息服务	指本企业可以在协同平台上利用熟悉的语言了解其他语种的信息资源										
	跨平台咨询服务	指本企业可以在协同平台向任何协同参与主体提出咨询服务并得到回应										
	跨平台个性化信息服务	指协同平台可以对协同参与主体共享的数据进行挖掘与分析，为本企业提供个性化推荐服务										
	跨平台流程追踪服务	指本企业可以随时在协同平台对经营商品进行追踪，了解与该商品有关的所有信息										
	可视化信息服务	指协同参与主体可以利用可视化信息技术，以图像或视频等生动直观的形式为本企业提供信息服务										
信息服务协同环境	协同服务人员素质水平	指协同服务人员专业背景丰富、有较高的信息素质和服务素质，能满足本企业多样化信息服务需求										
	协同目标规则完备度	指协同参与主体具有清晰的协同服务目标及完备的协同规章制度										

续表

一级指标	二级指标	指标含义	期望值					实际感受值				
			非常期望	期望	一般	不太期望	不期望	非常好	较好	一般	较差	极差
信息服务协同环境	跨平台系统技术兼容性	指各协同参与主体的信息系统可以相互兼容，切换时运行稳定										
	跨平台信息安全性	指本企业身份信息及交易信息不会被协同参与主体泄露或滥用										
	协同主体内部控制	指协同参与主体可以对服务进行控制调配，共同采取预防和纠正措施解决本企业反馈的问题										
	政府部门外部监管	指政府及有关部门对协同过程中出现的违法违规行为能够及时进行监督和处罚										

关于跨境电商信息服务协同，您还有哪些设想？

_____。

再次感谢您！

后　记

　　本书旨在探讨跨境电子商务信息服务协同创新模式的构建和实施，为中小微企业在跨境电商领域的发展提供有效的信息服务支持。在编写本书的过程中，我们深入研究了跨境电商信息服务生态系统的理论模型，并从宏观到微观层面全面分析了跨境电商信息服务的协同创新模式、信息服务主体协同度评价、信息服务协同质量用户感知评价以及协同发展影响因素等问题。

　　本书研究结论表明，在跨境电商领域中，各个信息服务主体之间需要积极协同合作，建立起高效的信息服务协同创新模式，才能满足企业的信息服务需求，促进中小微企业在跨境电商领域的健康发展。同时，本书也提出了一系列的实践操作建议，旨在帮助企业快速实现信息服务协同创新，提高信息服务效率和质量。

　　在这个信息化、全球化、数字化的时代，跨境电子商务已成为我国经济发展的重要方向之一。随着数字经济的兴起和发展，信息服务环境发生了深刻变化，跨境电商的转型升级对信息服务提出了更高的需求和更多的挑战。因此，我们相信通过本书的研究和讨论，可以为跨境电子商务信息服务协同创新模式的建设提供新思路、新方法和新途径，推动跨境电子商务行业的健康、可持续发展。

　　在此，要感谢所有为本书提供支持和帮助的人，包括为本书提供案例、数据和经验分享的企业代表，以及为本书提供意见和建议的学者、专家和读者。特别要感谢我的研究生团队成员，他们充分发挥了自身的专业知识和创造力，提出了许多独到见解和深刻的思考，为本书的最终呈现打下了坚实的基础，期待他们在未来的学术研究和实践中取得更加优异的成果。

郭海玲